Kreativ – Los!

Laura Helena

Kreativ-Los!

Eine Reise zu deiner Kreativität

POLARISE

Ein Imprint der dpunkt.verlag GmbH
Wieblinger Weg 17
69123 Heidelberg
www.polarise.de

1. Auflage 2019
Autor und Covergestaltung: Laura Helena Rubahn
Lektorat: Steffen Körber
Copy–Editing: Elena Kraus

Printed in Germany

ISBN (Buch) 978-3-947619-27-6
ISBN (PDF) 978-3-947619-28-3
ISBN (ePub) 978-3-947619-29-0
ISBN (Mobi) 978-3-947619-30-6

Bibliografische Information der Deutschen Nationalbibliothek: Die Deutsche Nationalbibliothek verzeichnet diese Publikation in der Deutschen Nationalbibliografie; detaillierte bibliografische Daten sind über https://dnb.d–nb.de abrufbar.

Inhalt

1 Freund oder Feind? ... 6
2 Auf der Suche nach der wahren Bedeutung ... 16
3 Perspektivwechsel ... 26
4 Riskiere einen Blick über den Tellerrand ... 44
5 Lass los ... 76
6 Innere Dämonen ... 105
7 Die Gifte der Kreativität ... 133
8 Die Fürsprecher deiner Kreativität ... 177
9 In der Ruhe liegt die Kraft ... 214
10 Die Fesseln lösen ... 268
11 Folge deinem Herzen, es kennt den Weg! ... 290
12 Danke ... 302
13 Literatur ... 304

1

Freund oder Feind?

Kennst du dieses Gefühl, wenn das Leben dir den Boden unter den Füßen wegreißt? Wenn du das Gleichgewicht verlierst und fällst? Hilflos, starr vor Angst, immer tiefer? Es kann grausam sein. Dabei warst du sicher, deinen Weg gefunden zu haben. Du hast alles dafür getan, rolltest Felsen zur Seite, gabst nie auf, bliebst positiv sogar in den dunkelsten Stunden. Doch schon hinter der nächsten Biegung lauert ein weiteres Hindernis. Es ist kein Ende in Sicht. Du bist völlig außer Atem. In deinem Kopf macht sich ein schmerzhaftes Pochen breit. Es unterbindet jeden klaren Gedanken. Plötzlich flüstert dein Verstand dir zu: »Du hast auf das falsche Pferd gesetzt.«

Sie haben dich gewarnt. Alle! Erinnerst du dich noch? Familie, Freunde, die Freunde deiner Freunde. »Mach lieber etwas Vernünftiges!« Und plötzlich glaubst du es selbst. »Neue Wege zu beschreiten, ist gefährlich. Sie bergen ein großes Risiko. Dafür bist du nicht bereit. Daran wirst du scheitern. Außerdem ist es egoistisch und du kannst sowieso nicht davon leben. Wähle die sichere Variante. Tanz nicht aus der Reihe oder brich dir dein Genick bei dem Versuch.«

Als ich mich selbstständig machte, war mein Ziel ein anderes gewesen. Ich wollte tun, was ich liebte. Meiner Kreativität nachgehen, mit ihr die Welt bunter gestalten, andere durch meine Augen sehen lassen und sie inspirieren. Mein Herz sollte jeden Tag lachen, während meine Fantasie aus Luftschlössern etwas Reales erschuf. Doch wie konnte mein Herz dies, wenn meine Welt all ihre Farbe verlor? Sie war grau. Und ich? Statt im Land meiner Träume befand ich mich in einem schwarzen Loch voll düsterer Gedanken. Mein Körper schmerzte. Ich nahm das dumpfe Pochen hinter meiner Schläfe nicht mehr wahr. Das Gedankenkarussell drehte sich auf Hochtouren, dabei hatte ich ganz andere Sorgen als meinen Job. Konnte dieser nicht für einen Augenblick warten, damit ich wieder zu Atem kam? Die Stimme eines Bekannten hallte durch meine Gedanken: »Selbstständig bedeutet – selbst und ständig!« Du musst auf Kommando kreativ sein, egal wie es in deinem Leben läuft. Ein quälendes Ziehen im Rücken brachte mich zurück.

Der Krankenhausstuhl wurde auf Dauer unbequem. Seit einer Woche war ich jeden Tag hier. Mehrmals hatte ich die lange Autofahrt auf mich genommen, um Familie und Job unter einen Hut zu bringen. Die Müdigkeit stand mir ins Gesicht geschrieben. Ich spielte auf Zeit. Bald würde mein Körper die Notbremse ziehen. Niemand konnte eine solche Belastung ewig durchhalten. Ich hielt ihre Hand. Sie war geistig weggetreten. Doch meiner Überzeugung nach spürte sie meine Anwesenheit. Wenn das Ende kam, würde ich da sein. Alles andere könnte ich mir nicht verzeihen.

Das Wetter zeigte sich ununterbrochen von seiner schönsten Seite. Der Sommer brachte seine wohlige Wärme mit sich. Goldgelbe Sonnenstrahlen fluteten ihr Zimmer. Sie ließen ihr Bett einladend erscheinen und nahmen dem Raum seinen sterilen Touch. Diese freundliche Stimmung passte kein bisschen zu meiner Gefühlssituation. Besser so, andernfalls wäre der Himmel grau gewesen und Regen hätte gegen die Fenster gepeitscht, bevor ein tosender Gewittersturm tobte. Nichts und niemand tobte. Es herrschte Stille, welche nur durch den angenehmen Gesang der Vögel unterbrochen wurde.

Die Stimme des Arztes durchbrach meinen Dämmerschlaf. Er forderte mich auf, nach Hause zu fahren. Ich solle mich ausruhen. Man werde anrufen, wenn sich an ihrem Zustand etwas ändere. Aber wäre ich dann schnell genug? Und was war mit ihr? Fühlte sie sich einsam? Es dämmerte bereits und ich wollte sie nicht alleine lassen. Er versicherte mir, sie werde es nicht merken. Doch ich vertrat eine andere Meinung. So fiel meine Wahl auf einen lauwarmen Kantinenkaffee und den Stuhl an ihrem Bett. Keine zehn Pferde bekamen mich von ihrer Seite. Mit der Dunkelheit wurde die Stille bedrückender. Sie löste Angst in mir aus. War das die Ruhe vor dem Sturm?

Ihr Körper regte sich nicht. Nur das leise Rasseln ihrer Lunge verriet den letzten Funken Leben in ihr. Der Kampf musste zehrend sein. Es bildeten sich immer wieder Schweißperlen auf ihrer Stirn. Mit einem warmen Waschlappen tupfte ich sie davon. Innerlich zerriss es mich in tausend Teile. Zum einen wollte ich ihr erlauben, zu gehen und endlich Ruhe zu finden. Ihre Schmerzen sollten aufhören! Zum anderen war ich nicht bereit, sie loszulassen. Ich liebte sie so sehr! Vielleicht wurde doch noch alles gut? Morgen säßen wir wieder im Garten, grillten und veranstalteten unsere Kirschkern-Weitspuckwettbewerbe. Das alles wäre nur ein Albtraum. Doch das tiefe ungesunde Rasseln ihrer Atemwege belehrte mich eines Besseren. Es erinnerte mich einmal mehr daran, dass dies der einzige Weg war, der ihr weiteres Leid ersparte.

Insgeheim bewunderte ich sie. Schließlich war es eine schwerwiegende Entscheidung alle lebenserhaltenden Maßnahmen einzustellen. Stur und liebevoll wie eh und je, tat sie alles zum Wohle der Familie. Selbst diese schwere Entscheidung nahm sie uns ab. Ihr Entschluss stand fest. Dieser sollte das Unausweichliche leichter für uns gestalten. Wir durften uns verabschieden, uns vorbereiten. Sie konnte nicht wissen, dass niemand mich auf diese Situation hätte vorbereiten können. Aber vielleicht machte sie es etwas leichter?

Der Mensch ist ein Meister darin, zu verdrängen, dass unser Dasein auf dieser Erde endlich ist. Erst in solchen Momenten wird es ihm schmerzlich bewusst. Die Zeit ist das wertvollste Gut, trotzdem verschwenden wir sie so häufig. Bis kein Sandkorn mehr übrig ist und die Uhr für immer stehen bleibt.

Sie wäre gerne mehr gereist und liebte es, wenn ich ihr mit dem Fotoalbum in den Händen von meinen Abenteuern erzählte. Egal, wie groß der nächste Traum sein mochte, dem ich hinterherjagte – sie stand stets hinter mir. Wenn ich in den Glauben verfiel, nicht zu genügen, hatte sie immer ein aufmunterndes Wort für mich. Griffen meine inneren Dämonen an, reichte sie mir Schild und Schwert. Verlor ich eine Schlacht, fand ich Halt in ihren Armen.

Das Wasser plätscherte, während ich den Waschlappen reinigte. Ich nahm nicht wahr, als es an der Tür klopfte. Doch machte es keinen Unterschied, der Pfleger hätte den Raum so oder so betreten. Er machte mich sanft, aber bestimmt darauf aufmerksam, dass die Besuchszeit zu Ende sei und ich nach Hause fahren solle, um ein wenig zu schlafen. Ich wollte mich weigern, doch der flehende Blick meines Gegenübers verdeutlichte mir, dass es keine Widerrede gab. Dies war ein Krankenhaus, kein Hospiz. Hier gab es Besuchszeiten und keine Betten für Angehörige. Langsam ging ich zu ihrem Bett und legte den Waschlappen auf ihre Stirn. Sie glühte. Der Pfleger murmelte, ich müsse mir keine Sorgen machen, sie werde es nicht realisieren. Missmutig blickte ich ihn an und wandte ihm dann den Rücken zu. Meine Lippen hauchten einen zarten Kuss auf ihre Wange. »Ich habe dich sehr lieb«, flüsterte ich, sodass nur wir zwei es hörten. Auch wenn sie mir nicht antwortete, hören konnte sie mich sicher. Ich wollte, dass die letzten Worte, die sie wahrnahm, voller Wärme und Liebe waren. Als meine Lippen sich von ihr lösten und ich mich gerade zum Gehen wandte, bewegten sich ihre Lippen kaum merklich. Eine Träne floss ihre Wange hinab und ein schwaches »Ich dich auch, mein Schatz«, drang an meine Ohren. Magie erfüllte den Raum. Einmal mehr hatten wir zwei es unseren Zweiflern gezeigt und etwas getan, was alle für unmöglich hielten. Tränen schossen mir in die Augen und ich griff nach ihrer Hand. Doch die Magie verflog so schnell wie sie kam. Nur das leise, kranke Röcheln einer Sterbenden blieb. Wie sich später herausstellte, waren dies ihre letzten Worte.

Zu Hause angekommen, sank ich in einen unruhigen Schlaf. Mein Geist waberte durch eine dichte, traumlose Leere. Erschrocken fuhr ich zusammen, als mein Smartphone klingelte. Unvermittelt riss es mich aus dem Schlaf. Die Telefonnummer des Krankenhauses blinkte hektisch auf dem Display. Das konnte nichts Gutes verheißen. Das Gespräch war kurz und einseitig. Mit ihm startete mein Wettlauf gegen die Zeit. Konnte ich schnell genug da sein? Der Motor meines Wagens heulte auf. So früh an einem Sonntag waren die Straßen zum Glück wie leergefegt. Der Morgen kündigte sich mit einem roten Streifen am Horizont an. Er verschmolz mit dem zarten Blau der Dämmerung. Die Erde würde sie gebührend verabschieden. Ein Kloß bildete sich in meinem Hals. Schnellen Schrittes, fast rennend, führte mich mein Weg vom Parkplatz in ihr Zimmer. Da war sie wieder, diese bedrückende Stille. Diesmal schwiegen selbst die Vögel. Alle anderen standen bereits um ihr Bett verteilt. Müde, zerzaust und mitgenommen. Ein lausiges Abschiedskomitee. Gut, dass sie uns nicht wahrnahm. Wäre es nach ihr gegangen, so hätten wir unsere schönsten Kleider getragen und auf sie angestoßen, mit knallenden Korken. Doch die Realität sah anders aus. Das Warten auf den Tod war wenig feierlich. Hoffentlich dauerte es nicht zu lang.

Die Sonne stieg am Himmel empor und ließ den Tag in all seiner Pracht erstrahlen. Sommerduft lag in der Luft und alles kleidete sich in warme Farben. Durch die Fenster wehte eine angenehme Brise, während die schlichten Vorhänge sanft im Wind schwangen. An solchen Tagen verbrachte sie die meiste Zeit im Garten. Sie liebte die Natur, die Wärme und das Licht der Sonne. Doch in den letzten Jahren ging sie immer seltener hinunter. Die Treppe ihres schönen Hauses wurde zu einer unüberbrückbaren Hürde. Ihr Garten verwilderte. Atmen konnte sie nur, wenn sie sich nicht anstrengte, deshalb fristete sie die meiste Zeit auf ihrem Sofa. Nur das Sauerstoffgerät und unzählige Medikamente hielten sie am Leben. Sie gab nie zu, unglücklich zu sein, denn sie war stark, stark für uns. Doch die Krankheit kannte keine Barmherzigkeit und immer öfter verbrachte sie ihre Zeit im Krankenhaus. Über Jahre spielte sie dieses Spiel. Verstecken vor dem Tod. Dabei sprang sie ihm mehrmals von der Schippe. Jetzt war sie des Spiels überdrüssig.

Ich weiß nicht, wie lange ich neben ihr saß und ihre Hand hielt, wie oft ich ihr leise zuflüsterte: »Du darfst jetzt gehen, lass los.« Der Tropf mit dem Morphium leerte sich allmählich. Niemand musste ihn ein weiteres Mal auffüllen. Sie entschwand über Nacht. Allein ihr Körper sträubte sich dagegen, der Endgültigkeit ins Auge zu sehen. Auf und Ab. Das Einzige, was unseren lebenden von einem verwelkten Körper unterscheidet, ist der Atem. Das meditative Anheben und Senken des Brustkorbes, wenn Sauerstoff ein- und ausströmt. Ihre Hand war kühl, die Bewegung ihrer Atemzüge kaum noch wahrzunehmen. Das Rasseln der zerstörten Lunge trieb mich in den Wahnsinn. Wie ein Fisch auf dem Trockenen. So wollte sie nicht in Erinnerung behalten werden!

Es wurde Mittag. Mein Magen knurrte lauthals. Auch der Rest meiner Familie musste hungrig sein. So schlug ich vor, uns etwas Essbares zu organisieren. In der Cafeteria wurde ich fündig. Vollgepackt mit extra starkem Kaffee, Wasser, belegten Brötchen und Süßkram trat ich den Rückweg an. Das Tablett klirrte bedrohlich, als ich die Tür des Krankenzimmers mit der Schulter aufschieben wollte. Sie blockierte von innen. Ich drückte mit voller Wucht dagegen: »Lasst mich rein! Die Tür klemmt! Ich habe Kaffee!« Sie öffnete sich einen Spalt breit. Ein aschfahles, von Tränen überflutetes Gesicht blickte mir entgegen. Ich vernahm ein sachtes Kopfschütteln. Der Mund öffnete sich, dann schloss er sich wieder. Kein Ton kam über seine Lippen. Doch die Augen erzählten mir, was in diesem Augenblick auf der anderen Seite geschah. Ein Arzt drängte sich an mir vorbei. Die Tür verschloss sich vor meiner Nase. Ich drückte ein weiteres Mal dagegen, ohne Erfolg.

Plötzlich berührte mich jemand an der Schulter. Ich erschrak fürchterlich und zuckte so sehr zusammen, dass mir das Tablett mit samt der Leckereien aus den Händen glitt. Scheppernd krachte es zu Boden. Der Kaffee ergoss sich wie ein Bach über den gesamten Flur. Die Brötchenhälften erinnerten an kleine, davon schwimmende Boote. Wie bedauerlich, unser Mittagessen konnten wir jetzt vergessen. Gereizt fuhr ich herum. Gerade wollte ich lauthals rumnörgeln, doch ich bremste mich, als ich in das von Tränen benetzte Gesicht meiner kleinen Schwester sah. Mein Ärger verpuffte augenblicklich.

Ich verstand nur noch Bahnhof. Warum war sie hier auf dem Flur und nicht drinnen bei den anderen? Warum die Tränen? Was war passiert? »Es ist vorbei. Sie ist gestorben. Gerade eben. Ich musste raus. Es war zu schrecklich. Ihr Körper fing an ... Ich dachte sie würde aufwachen, doch die Bewegungen ...« Sie brach ab und weinte bitterlich. Ihr ganzer Körper zitterte, als ich sie in den Arm nahm. Mir wurde flau. Ohne Vorwarnung brach alles zusammen. Taumelnd trat ich in den Hof des Krankenhauses. Auf einer Treppenstufe sank ich zusammen. Sie streichelte mir tröstend über den Rücken, doch der Sog wurde immer schlimmer. Gedanken, Erinnerungen, Wut, Trauer, Erleichterung – alles überschlug sich. Der Bach entwickelte sich zu einer reißenden Flut. Der Kloß in meinem Hals zu einer unüberwindbaren Mauer. Ich wusste nicht mehr, wie ich atmen sollte, wusste nicht mehr, wie man weinte. Mein Magen krampfte, meine Beine wurden butterweich. Alles verschwamm, als meine Augen von einem Meer aus Tränen überrollt wurden. Mein Körper befand sich im Kampf mit dem Gift der Trauer. Er versuchte, es auszuspülen, wusste aber nicht, wie er reagieren sollte. Mit diesem Gift hatten wir es noch nie zu tun gehabt. Wie sollte man gegen einen Gegner bestehen, den man nicht kannte? Hätte ich damals geahnt, dass die Trauer meinen stärksten Verbündeten darstellte und nicht meinen Feind, so hätte ich sie einfach zugelassen. Solange bis sie von selbst ging.

Die Wochen zogen ins Land zwischen dem Zeitpunkt ihres Todes und der Beerdigung. Ich war ein Schatten meiner selbst. In Momenten, in denen ich mich der Trauer nicht entreißen konnte, lief das Lied *Everglow* in Dauerschleife und ich weinte hemmungslos. Doch immer öfter verbannte ich den vermeintlichen Feind, stürzte mich in mein Leben und in meine Arbeit. Auf der Flucht vor stillen Momenten und Zeit mit mir allein, trieb ich von Job zu Job. War ich alleine, musste ich sie zulassen. Hier ein langes Seminar, dort ein Projekt, bloß keine Zeit für zu viele Gedanken verschwenden. Ich überhörte die gut gemeinten Warnungen, dass man nicht davonlaufen könne, dass die Trauer am Ende jeden einholt. Doch ich wollte es versuchen und lief so schnell ich konnte. Abends saß ich teilnahmslos auf dem Sofa. Essen kochen? Keine Lust. Etwas unternehmen? Keine Lust. Freunde treffen? Keine Lust. Zeit mit meinem Freund verbringen? Ja, vielleicht eine Serie schauen. Ansonsten keine Lust auf gar nichts. Ich wollte einfach nur dasitzen, mich von irgendetwas berieseln lassen. Eine tiefe Leere erfüllte mich. Wie es den Menschen um mich herum damit ging, bekam ich nicht mit. Zu sehr war ich mit mir selbst beschäftigt. Doch auch der beste Marathonläufer kann nicht ewig durchhalten und mittlerweile lief ich seit Monaten davon.

2

Auf der Suche nach der wahren Bedeutung

Meine Flucht vor der Trauer raubte mir nach und nach alle Energiereserven und mit ihnen verschwand eine meiner treuesten Wegbegleiterinnen – die Kreativität. Wenn ich genau darüber nachdachte, fiel mir nicht ein Tag in meinem Leben ein, an dem sie fortgewesen war. Schon als Kind begleitete sie mich wie eine beste Freundin. Früher zeichnete ich jeden Tag und brachte alles zu Papier, was mir in den Sinn kam. Mein Ideenreichtum kannte keine Grenzen. Mal inspirierten mich meine geliebten Märchen, mal die fantasievollen Spaziergänge mit meinem Vater über den Schmetterlingspfad oder durch die bedrohliche Drachenschlucht. Prachtvolle Farben, wunderschöne Fabelwesen und die Natur faszinierten mich am meisten. Ich liebte die Harmonie, doch die letzten Monate stellten sich als wenig harmonisch heraus. Vielleicht verließ sie mich aus diesem Grund? Vielleicht musste ich mein Leben ändern, es zurückerobern, um meine verlorene Kreativität zurückzugewinnen? Doch wie sollte ich aus diesem Teufelskreis ausbrechen? Alles erinnerte mich an Tod. Alltägliche Situationen setzten mich unter Druck und ließen die Blockade immer größer werden. Blieb ich hier, trieb es mich in den Wahnsinn. Und meine Kreativität? Sie würde auf Nimmerwiedersehen sagen, wenn ich so weitermachte. Die einzige Chance sah ich darin, meinem dunklen Alltag den Rücken zu kehren, wenigstens für eine Weile, in der Hoffnung, dass mir neue Einflüsse Inspiration schenkten. Und genau diese benötigte ich dringend.

Leider litt nicht nur meine Kreativität unter der schwierigen Situation, auch die Beziehung zwischen meinem Freund und mir wurde seit Monaten einem Härtetest unterzogen. Ein Tapetenwechsel würde ihr sicherlich auch gut tun. Was das anging, waren wir uns einig. Und so buchten wir kurzerhand Tickets für einen Flug nach Argentinien. Reisen war schon immer unser Ding gewesen. Es stärkte unsere Verbindung und ließ die Liebe durch gemeinsam gesammelte Erfahrungen wachsen. Durch schöne Erlebnisse gelang es mir hoffentlich, die Distanz der letzten Zeit zu überbrücken. Und wo sollte dies besser möglich sein als auf den einsamen Wanderpfaden Patagoniens? Allein der Gedanke brachte die Schmetterlinge in meinem Bauch munter zum Flattern. Das erste Mal überhaupt würde ich Gletscher sehen! Wie sie wohl in echt aussahen? Waren sie wirklich so türkis? Wie gerne erinnerte ich mich an unsere vergangenen Reisen. Die salzige Gischt des Meeres auf meiner Haut, der feuchte erdige Geruch und die hohe Luftfeuchtigkeit des Dschungels, das summende Flügelschlagen der Kolibris, die Sandkörner der Sahara in meinen Augen. Hand in Hand mit meiner besseren Hälfte, überglücklich und dankbar die Wunder dieser Welt erleben zu dürfen.

Aus dem Flieger zu steigen und neue Welten zu entdecken, weckte das Kind in mir. Auch in diesem Moment saß ich unruhig im Sitz und konnte es kaum erwarten, endlich anzukommen. Ich wollte den Duft der Fremde einsaugen und mich von den Eindrücken des Unbekannten überfluten lassen. Doch den Hauptantrieb dieses Abenteuers stellte meine verschollene Kreativität dar. Ich musste sie wiederfinden. Aus diesem Anlass entschied ich mich dazu, ein Notizbuch zu führen, in dem ich alles aufschrieb, was mir dabei helfen würde. Ich nahm mir vor, Antworten zu finden auf grundlegende Fragen wie: Was bedeutet Kreativität überhaupt? Wie entsteht sie? Was blockiert sie und wie kann ich sie schützen und fördern?

Als wir auf das Rollfeld hinaustraten griff ich nach der Hand meines Freundes Julian. Vor Aufregung waren meine Hände ganz feucht. Fliegen gehörte definitiv nicht zu meinen Lieblingsbeschäftigungen. Aber ich nahm es gerne auf mich. Endlich hatten wir wieder festen Boden unter den Füßen. Das Erste, was ich wahrnahm, war ein süßlicher Blütenduft. Es roch nach Frühling. Der Geruch beschwor Bilder von fremden Landschaften voller Farbenpracht in mir herauf.

Während der Busfahrt vom Flughafen zu unserem Hostel ließ ich mich von den vorbeiziehenden Lichtern der Stadt berieseln. Es wurde bereits dunkel und bald brach die Nacht herein. Wir sahen nicht viel von unserem Ankunftsort Buenos Aires. Doch in den nächsten Tagen stand eine Entdeckungstour auf dem Plan, bevor es nach Patagonien weiterging.

Eigentlich mochte ich Städte nicht. Ich gehörte zu den Menschen, die Natur vorzogen. Mit zu viel Trubel und Hektik konnte ich nichts anfangen. Diese Metropole jedoch zog mich von Beginn an in ihren Bann. Obwohl sie riesig war, konnten wir den Großteil der Umgebung zu Fuß erkunden. Von Stress keine Spur. Trotz des geschäftigen Treibens blickten wir in lachende, freundliche Gesichter. An jeder Ecke standen lila blühende Bäume, die sie weniger wie eine Großstadt wirken ließen. Ich bekam nicht genug von den wunderschönen Farben und dieser angenehmen Lebendigkeit. Sie erfüllten mich mit Wärme und das Schmunzeln auf meinem Gesicht manifestierte sich zum Dauerzustand. Wir waren gerade erst angekommen, doch ich fühlte mich irgendwie zu Hause.

Ob es das Eis war, das ich hier in rauen Mengen genoss und das so herrlich auf meiner Zunge zerging? Ich wusste es nicht. Meine Welt gewann schon am ersten Tag an Farbe. Der Knoten in mir lockerte sich ein wenig. Alles erschien fröhlicher, bunter und lebendiger. Wie ein Schwamm sog ich die Eindrücke auf und ließ mich treiben. Es war schön, eine Fremde zu sein. Einzig und allein mein Julian kannte mich. Auch er blühte auf, was ich ziemlich erstaunlich fand. Denn was Städte anging, waren wir aus demselben Holz geschnitzt. Wir mochten sie nicht besonders und liebten es, durch die unberührte Natur zu wandern, am liebsten stundenlang und in Gedanken versunken. Doch hier wirkte er völlig entspannt.

Während der Mittagszeit saßen wir auf einer Parkbank in der Sonne und beobachteten die Einheimischen. Sie liefen in Scharen zu dem Eis-Geschäft, das uns empfohlen worden war. Die Verkäufer kamen gar nicht hinterher mit den Bestellungen, trotzdem strahlten sie Gelassenheit aus. Ich verstand kein Spanisch, genoss es aber, die Argentinier miteinander sprechen zu hören. Gute Laune lag in der Luft. Die neuen Eindrücke umhüllten mich. Sie ließen mich die Vergangenheit für einen Moment vergessen und öffneten die Tür für Gefühle, die sich lange zurückgezogen hatten. Ein Hauch von Fröhlichkeit und Leichtigkeit erhielt Einzug. Seit Monaten verspürte ich keine Lust, meine Kamera in die Hand zu nehmen, doch hier auf der Parkbank kribbelte es plötzlich in meinen Fingern. Jahrelang bildete die Fotografie eine meiner größten Leidenschaften. Ich lebte von ihr. Doch anstatt zu genießen, was ich tat, verspürte ich mittlerweile einen Zwang, der fast in Abneigung umschlug. Generell verlor ich die Freude am kreativen Arbeiten. Eigentlich tat ich so viele Dinge gerne: Zeichnen, Kostüme nähen, schreiben – aktuell tat ich es nur, wenn mein Job es verlangte. Geld verdiente sich eben nicht von alleine. Die Liebe erlag dem Pflichtbewusstsein. Es setzte mich unter Druck und manchmal machte es mich unglücklich. Nun wieder ein Kribbeln zu verspüren, die sanfte Lust, etwas zu erschaffen, das war etwas Gutes!

Ein dickes Grinsen breitete sich auf meinem Gesicht aus. Julian blieb dies nicht verborgen. »Ist das Eis so gut?« Lächelnd schob ich mir einen weiteren Löffel Schokoladeneis in den Mund. »Es ist der Oberhammer! Aber weißt du, was noch besser ist? Ich habe richtig Lust, meine Kamera auszupacken. Ehrlich gesagt wusste ich gar nicht mehr, wie sich das anfühlt. Schau dir die Bäume an! Ein passendes Kleid in diesem wunderbaren Lila, das würde klasse aussehen.«

Während ich vor mich hin schwärmte, wurde sein Grinsen breiter: »Schreib dir die Idee auf. Alles was dir einfällt. Bei den langen Busfahrten kannst du ihnen Leben einhauchen. Zumindest jenen, die nicht sofort umsetzbar sind.« Ich nickte anerkennend und zückte mein Smartphone. Unser Gepäck bestand nur aus zwei Travelrucksäcken. Mein Notizbuch für die Kreativitätssuche packte ich ein, doch für mein Ideenbuch gab es keinen Platz. Vorerst müsste mein Smartphone herhalten, bis ich zu Hause alles übertragen konnte.

Nach unser mehrstündigen Tour durch die Straßen Buenos Aires' und gefühlten zehn Kilo Eis später, fiel ich im Hostel vollgestopft, aber glücklich auf mein Bett. Heute würde ich nur noch zu zwei Dingen in der Lage sein: lesen und schlafen. Ich startete mit ersterem, denn wenn ich einmal schlief, bekam mich nichts und niemand wach. Ich schlug das Buch auf, das mich bereits im Flieger beschäftigte. Es befasste sich mit Kreativität – genauer genommen damit, wie diese auf biologischer Ebene entstand. Wenn ich erst wusste, wie Kreativität funktionierte, fiel es mir unter Umständen leichter, meine Kreativität wiederzufinden. Zudem konnte es mir Möglichkeiten eröffnen, sie zu schützen und mir selbst zu helfen, falls ich feststeckte. Während des Lesens griff ich nach meinem Notizbuch, um alle Gedanken und Erkenntnisse aufzuschreiben die mir dabei in den Sinn kamen.

Was ist Kreativität?

Was ist Kreativität eigentlich genau? Um ehrlich zu sein, wusste ich bis eben keine Antwort darauf. Kreativ wird man oft genannt, wenn man schön malen kann, tolle Gedichte schreibt oder singt. »Du bist so kreativ« hörte ich immer dann, wenn ich in einem künstlerischen Bereich gute Noten mit nach Hause brachte. Aber ist das richtig? Nach dem Lesen des Buches zweifle ich daran. Was ist, wenn »kreativ sein« bedeutet, eine Idee zu haben und diese nicht nur im Kopf zu behalten, sondern sie auch in die Tat umzusetzen? Dann könnte jeder Mensch kreativ sein. Der Satz »Ich bin nicht talentiert genug« wäre nur noch eine Ausrede oder reine Unwissenheit.

Was würde passieren, wenn wir Talente wie Singen, Malen und Schreiben nur als Kanal betrachten, in dem wir unsere Kreativität ausdrücken? Jeder Mensch besäße demnach einen passenden Kanal. Denn wer behauptet, dass nur Kunst kreativ ist? Spinne ich diesen Gedanken weiter, könnte Kreativität bedeuten, etwas zu erschaffen, was vorher nicht da war. Im besten Falle etwas Nützliches oder Erfüllendes. Dafür müsste jeder Mensch den Dingen nachgehen, die er gerne tut.

Warum? Versteckt sich die Kreativität nicht genau da? Haben wir wirklich gute Ideen nicht immer da, wo unsere Talente liegen oder die Fähigkeiten, die wir gerne nutzen? Kreativität bedeutete demnach, Ideen real werden zu lassen und das auf verschiedensten Gebieten. So wäre nicht nur der Künstler kreativ, sondern auch der Wissenschaftler, der Techniker, der Handwerker oder der Marketing-Spezialist.

Was ist, wenn ich mich einfach frage: Was tust du gerne? Wäre die Antwort vielleicht ein verlässlicher Kompass zu meiner Kreativität? Welche Fähigkeiten liegen mir, machen mir Spaß, wobei beginnen meine Finger zu kribbeln? Genau dort könnte sie sich verstecken.

Das ist ein spannender Ansatz, oder? Schließlich war Einstein super kreativ, als er die Relativitätstheorie erschuf, oder Edison, der die Glühbirne patentierte. Niemand hätte solche bahnbrechenden Erfindungen für möglich gehalten, bis jemand sie aus einer Idee heraus Realität werden ließ.

Aber was ist dann ein Talent? Für mich ist Talent eine Fähigkeit, in der ich besonders gut bin, in der es mir leicht fällt, Dinge zu erlernen und ich schnell besser werde. Wenn ich zum Beispiel gut zeichnen kann, läge das daran, dass meine Handmotorik feiner justiert ist. Zudem könnte meine bildliche Vorstellung ausgeprägter sein oder mein Gefühl für Farben und Perspektiven. Vielleicht sind diese Attribute in meiner Familie wiederkehrend und damit vererbbar. Sie machten es mir auf jeden Fall leichter, eine gute Malerin zu werden, da die Grundvoraussetzung gegeben ist.

Da mir das Malen oder Zeichnen leicht von der Hand ginge, hätte ich Spaß daran und würde es gerne tun. Aus meiner Erfahrung heraus kann ich sagen, dass meine eigene Kreativität sich immer bei Tätigkeiten zeigt, an denen ich Freude empfand. Zog sie sich also zurück, als aus Freude Pflicht wurde? Welche Zutaten braucht die Kreativität, um richtig aufzublühen?

Ich wollte nie die Beste sein, sondern meine Ideen und Vorstellungen verbildlichen. Sie mussten einfach raus. Sie wollten Realität werden. Allein durch das Erschaffen, das Gehen des Weges, entstehen neue Ideen. Bis es zu einem wirklich grandiosen Einfall kommt, dem Moment, an dem dir ein Licht aufgeht und du einfach weißt, dass diese Idee gut werden muss! Der Geistesblitz kommt plötzlich und ohne Vorwarnung. Doch traf er mich immer nur bei Themen und Tätigkeiten, die mich interessierten, für die ich brannte. Warum ist das so? Vielleicht wird das Buch es mir verraten.

Ich starrte auf meine Notizen und las sie immer wieder durch, selbst ungläubig darüber, welche Gedankenflüsse dieses Buch in mir lostrat. Doch ich kannte mich zu gut und wusste, wie schnell ich das Interesse verlor. Bei den Recherchen zur Kreativität durfte mir das nicht passieren, sie waren der richtige Weg, um mein Problem am Schopf zu packen. Plötzlich kam mir eine Idee: Verträge hatten eine Verbindlichkeit. Unterschrieb man einen Vertrag, hielt man sich an die Vorschriften, andernfalls drohten Strafen. Würde es genügen, einen Vertrag mit mir und meiner Kreativität einzugehen, um am Thema dranzubleiben? Mit Sicherheit konnte ich das nicht sagen. Manchmal war ich sprunghaft, geradezu eine Chaotin. In einem Moment sprühte ich vor Motivation, doch genauso schnell konnte sie ins Gegenteil umschlagen. Mehr als mein Bestes geben konnte ich nicht. Also ließ ich es auf einen Versuch ankommen und setzte einen Vertrag mit meiner Kreativität auf. Während ich den Vertrag verfasste, dachte ich darüber nach, wie wichtig es war, anzuwenden was ich las, also vom reinen Lesen in die Umsetzung zu kommen. Ich konnte noch so viele Bücher in mich hineinfressen, sie würden keine Früchte tragen, wenn ich ihr Wissen nicht nutzte. Neben der vertraglichen Vereinbarung setzte ich mir spontan ein weiteres Ziel: Ich würde mir immer wieder kleine Aufgaben und Fragen zu den Themen stellen. Dadurch wollte ich mich genauer und tiefgreifender mit ihnen befassen, sodass ich überprüfen konnte, ob ich sie wirklich begriff.

Vertrag mit mir und meiner Kreativität

Hiermit gehe ich, ..., einen Vertrag mit mir selbst und meiner Kreativität ein. Ich bin mir darüber im Klaren, dass die Suche nach meiner Kreativität eine intensive Reise wird. Ich verpflichte mich, diese Reise anzunehmen und in vollen Zügen zu genießen. Zudem bin ich mir bewusst, dass ich mich Aufgaben stellen werde, welche Emotionen auslösen können. Ich werde mich diesen Aufgaben stellen und mich mit ihnen auseinandersetzen.

Ich versichere mir, dass ich die gesamte Reise gut auf mich achten werde. Ich werde genug schlafen, mich ausgewogen ernähren, genügend bewegen und mich mit kleinen Belohnungen und Überraschungen verwöhnen.

Ich bin mir darüber im Klaren, dass ich wertvoll bin. Mein Wert als Mensch hängt weder von meiner Arbeit noch von meiner Kreativität ab.

Datum: Unterschrift:

3

Perspektivwechsel

Die zahlreichen Erfahrungen der letzten Tage machten mich völlig sprachlos. Heute ging es für uns weiter Richtung Patagonien. Eine sehr lange Busfahrt stand uns bevor. Es konnte nur eine Frage der Zeit sein, bis ich einschlief. Hinter der Fensterscheibe musste sich schon einiges abspielen, damit ich wach blieb. Normalerweise schlief ich als Beifahrer innerhalb von Minuten ein. Wer sich spannende Gesellschaft erhoffte, wurde also enttäuscht. Das sanfte Schaukeln des Fahrzeugs wiegte mich zuverlässig in den Schlaf. Selbst wenn ich mich konzentrierte, nicht wegzudämmern wurden meine Augen schwer wie Blei, das Blinzeln im Minutentakt ausgedehnter und die Phasen, in denen sie geschlossen waren, immer länger, bis ich den Kampf gegen den Sandmann verlor. Jedes Mal! Vorausschauend wie er war, hatte mein Schatz sich bereits Kopfhörer aufgesetzt. Er wusste, dass er nicht mit mir rechnen konnte.

Die Landschaft schien endlos und weit. Tatsächlich erwischte die Müdigkeit mich aber nicht augenblicklich. Ein

Anflug von Spannung ergriff mich. Was verbarg sich hinter der nächsten Kurve? Wann kamen die Anden in Sicht? Würde ich aus dem Bus Gletscher sehen? Sie verflog jedoch so schnell, wie sie kam. Wir fuhren durch das große Nichts. Ich lehnte meinen Kopf an die Fensterscheibe und ließ mich treiben. Mein Blick richtete sich nach draußen. Gedanklich trat ich allerdings weg. Dieser Moment war vergleichbar mit der Zeit, die man unter der Dusche verbrachte, im Garten, während des Haushalts oder einer langen eintönigen Autofahrt. Man übte eine Tätigkeit aus, währenddessen der Kopf sich mit anderen Dingen auseinandersetzte.

In täglichen Situationen gestand ich mir die Zeit zum Tagträumen nicht ein. Gesellschaftlich betrachtet verlor eine Person, die fantasierte oder mit den Gedanken abschweifte, den Fokus. Ihn zu verlieren bedeutete in der Businesswelt eine Schwäche. »Where the focus goes the energy flows«, hieß es dort. Das Buch, das ich gerade las, beschäftigte sich glücklicherweise nicht mit Business, Marketing und dem ganzen Kram. Diese Themen hingen mir zum Hals raus. Ich konnte sie nicht mehr sehen und wollte schon gar nicht noch einen Schinken darüber lesen. Es beleuchtete Themen wie das Tagträumen von Seiten der Kreativität. War es immer noch eine Schwäche, wenn es aus Sicht eines Kreativen betrachtet wurde? Was steckte biologisch hinter diesem Phänomen? Förderte Tagträumen vielleicht sogar die Kreativität? Und wie entstand sie im Allgemeinen? War ein Bereich in unserem Gehirn für sie verantwortlich oder doch mehrere? Wie wirkte sich unser Lebensstil auf sie aus? Gab es vielleicht spezielle Kreativ-Zutaten? War der Geistesblitz, von dem ich bereits las, eine dieser Zutaten? Was Kreativität laut Definition hieß, hatte ich bereits gelernt: Ideen haben und umsetzen. Doch mit jeder Antwort, die ich fand, ploppten unzählige weitere Fragen auf.

Die Inhalte des Buches interessierten mich brennend, es war aber so kompliziert und wissenschaftlich geschrieben, dass mir nach kurzer Zeit der Kopf qualmte und ich das Gelesene verarbeiten musste. In diesem Moment beschäftigte es mich so sehr, dass ich trotz langer Fahrt keinen Schlaf fand, sondern alles in meinem Notizbuch festhalten wollte. Mein gedankliches Chaos musste schließlich zu Papier gebracht werden.

Geistesblitz

Ist der Geistesblitz eine Zutat für meine Kreativität? Jeder kennt den Moment: Ganz plötzlich geht uns ein Licht auf und eine Idee wird geboren. Wir haben das Gefühl, dass uns der Geistesblitz ganz unvermittelt trifft. Doch ist das wirklich so? Und was ist er eigentlich genau? Ich glaube, dass der Geistesblitz keine direkte Zutat für den kreativen Fluss ist. Jedoch könnte er das Endresultat aller Zutaten sein. Schließlich stellt der Geistesblitz die ultimative Idee dar. Das wäre einleuchtend, oder? Demnach müssten einige Faktoren erfüllt werden, um einen Geistesblitz auszulösen, aber welche?

In diesem Zusammenhang stieß ich auf die Geschichte einer meiner Lieblingsautorinnen. J.K. Rowling benötigte 20 Jahre, bevor sie auf die Idee von Harry Potter kam. Fehlten ihr zuvor die Zutaten? Hinderte ihr Alltag sie daran, alles zusammenzutragen oder manipulierte sie sich selbst? Glücklicherweise schlug der Geistesblitz zu, sonst gäbe es heute einige wundervolle und inspirierende Bücher weniger. Es geschah an einem verregneten Tag während einer langen Zugfahrt. Die Schriftstellerin tat nichts Bestimmtes. Um genau zu sein, ließ sie ihre Gedanken schweifen. Von ihrem Sitzplatz aus beobachtete sie die düstere, vorbeiziehende Landschaft. Doch gedanklich waberte sie durch die unendlichen Weiten ihres Unterbewusstseins. Ganz plötzlich, wie aus dem Nichts, schlug der Blitz ein! Harry Potter stand vor ihrem inneren Auge. Ideen blubberten nach oben wie eine Armee von Seifenblasen. Das aufkommende Gefühl und dieses Kribbeln in den Fingern konnte sie in späteren Interviews nur schwer zusammenfassen. Was war passiert? Wieso hatte es so lange gedauert? Warum traf der Geistesblitz sie genau zu diesem Zeitpunkt?

Die Entstehung der Harry-Potter-Romane zeigt deutlich, dass der Geistesblitz das Ergebnis von einem Zusammenspiel kreativer Zutaten ist. Es wird klar, dass niemand einfach von der Muse geküsst wird. Eine großartige Idee kommt nicht von allein. Sie reift lange zuvor. Sie braucht Zeit. Es scheint so, als müssten spezielle Faktoren erfüllt werden, damit wir über den Geistesblitz Zugang zu dieser Idee erhalten.

Ihre Geschichte brachte mich zum Nachdenken. Hatte das Tagträumen, von dem ich gelesen habe, etwas mit ihrem Geistesblitz zu tun? War es der Tropfen auf den heißen Stein für die Idee der Autorin gewesen? Wie hingen diese Dinge zusammen? War der Tagtraum eine der Zutaten für ihren Kreativ-Cocktail?

Aufgaben und Anregungen:

- → Warte nicht darauf, dass dich die Muse küsst: Bilde dich in Themen weiter, für die du Ideen haben möchtest.
- → Könnte das Tagträumen eine Zutat für meine Kreativität sein? Finde es heraus, indem du es ab und an ausprobierst.
- → In welchen Situationen setzt bei mir das Tagträumen ein? Unter der Dusche? Während eines Spaziergangs? Beim Putzen? Liste mindestens fünf Situationen auf.

Ich startete augenblicklich meine Suche nach weiteren Antworten. Fand ich womöglich Beweise, dass Tagträumen gar keine Schwäche sondern eine Stärke war, wenn es aus einer anderen Perspektive betrachtet wurde? War es eine Zutat für meinen Kreativ-Cocktail? Das würde einiges erklären! Mein Interesse war jedenfalls geweckt. So las ich mehrere Stunden – und das, obwohl mir bei holprigen Strecken schlecht wurde. Das Rumoren meines Magens ignorierte ich. Viel zu heiß war die Spur, viel zu spannend die Erklärungen, was in uns vorging, während wir vermeintlich vor uns hinträumten. Unser Gehirn tat niemals nichts. Allerdings arbeiteten unterschiedliche Bereiche, wenn wir aktiv oder inaktiv waren. Gönnte ich mir also nie Pausen, gab ich manchen Bereichen meines

Gehirns nicht die Möglichkeit, aktiv zu werden. Unterband ich so eventuell kreativitätsfördernde Abläufe?

Mit einem Rumpeln kam der Bus zum Stehen. Wie passend, denn gerade schwirrte mir der Kopf bei all den wissenschaftlichen Formulierungen. Als das Fahrzeug hielt, reckte ich mich genüsslich. Ein wenig frische Luft tat sicher gut. Die Fenster waren beschlagen, daher konnte ich nicht sehen, was mich erwartete. Liebevoll stupste ich Julian an. Er gab nur ein paar unverständliche murrende Laute von sich. Dabei zog er seine Kapuze tiefer ins Gesicht. Er wollte also nicht aussteigen. So sanft wie möglich schob ich mich an ihm vorbei. Der Nachteil, wenn man am Fenster saß. Er grummelte ein wenig vor sich hin, bevor das Land der Träume ihn vollends wieder hatte.

Wieso nochmal hatten wir uns für eine 24-stündige Busfahrt anstatt eines kurzen Fluges entschieden? Ach ja, genau! Um die Landschaft Argentiniens zu genießen. Meine eingeschlafenen Beine machten mir deutlich, dass dies vielleicht nicht mein stärkster Einfall gewesen war. Verpasst hatte ich offensichtlich nichts, während ich die letzten sechs oder sieben Stunden recherchierte. Wir hielten irgendwo im Nirgendwo. Es handelte sich nicht einmal um den typischen Tourishop mit argentinischem Steak und Bier aus der Region. Es war vielmehr ein Kiosk mit einer kleinen Auswahl an Getränken, eingeschweißten Sandwiches und Süßigkeiten aus der Lieblingszutat aller Argentinier und Brasilianer: gesüßter Kondensmilch. Mir wurde klar, dass Touristen die Strecke von über 2.000 km eben nicht mit dem Bus fuhren. Der Fahrer machte mich in gebrochenem Englisch äußerst freundlich darauf aufmerksam, dass wir die nächsten zehn Stunden durchfahren würden, da sein Kollege nun übernehmen werde. Sollte ich mich nicht mit Proviant eingedeckt haben, so wäre dies die letzte Gelegenheit. Dankend wandte ich mich dem kleinen Kiosk zu, um zu sehen, welche Leckereien außer Kondensmilch er anbot. Den winzigen Holzofen und das Blech voller frisch gebackener Teigtaschen hatte ich von außen nicht gesehen. Empanadas waren eine Spezialität des Landes. Sie rochen verführerisch. Obwohl ich keinen Hunger hatte, lief mir das Wasser im Mund zusammen. Es gab sie in verschiedensten Sorten, gefüllt mit Käse, Hähnchen, Gemüse und und und. Optisch erinnerten sie an kleine Calzone Pizzen. Ich kaufte zehn Empanadas, schließlich erwartete uns noch eine lange Fahrt und wer wusste, ob wir irgendwo etwas Besseres bekamen? Zurück im Bus erfüllte der Duft meiner Teigtaschenauswahl bald den gesamten Innenraum. Sie waren noch warm. Neben mir regte sich jemand. Wenn es ums Essen ging, läuteten bei Julian immer gleich alle Alarmglocken.

Verschlafen fragte er mich, ob wir schon da seien. Ich lachte lauthals. »Ja natürlich, du hast die letzten 24 Stunden tief und fest geschlafen.« Die Verwirrung in seinem Blick war es wert, bis er realisierte, dass ich ihn auf den Arm nahm. Er funkelte mich an. Ich war mir sicher, es käme eine spitze Bemerkung, denn wer im Glashaus saß, sollte nicht mit Steinen werfen. Normal war ich diejenige, die immer und überall schlief. Er besann sich. Wahrscheinlich wurde ihm klar, dass der leckere Duft aus der Tüte in meinen Armen kam. Stattdessen fragte er: »Was riecht hier so gut?« Ihn aufzuziehen machte Spaß. »Die Tüte in meinen Armen.« Er zog eine Augenbraue nach oben. Lachend knuffte ich ihn an der Schulter: »Nur Spaß! Du Schlafmütze bist nicht mal wach geworden als wir Pause machten. Du machst mir Konkurrenz. Ich habe uns was zu futtern besorgt, Empanadas«, antwortete ich und wedelte mit der Tüte verführerisch vor seiner Nase herum. »Darf ich eine probieren?« Ich reichte ihm die Tüte. Er griff sich die erstbeste Teigtasche und biss hinein. Dass sie lecker war, brauchte er mir nicht sagen. Sein Blick sprach Bände. »Und was hast du die ganze Zeit gemacht? Hast du nicht geschlafen?«, fragte er schmatzend. »Tatsächlich war ich die ganze Zeit wach.« Er vollführte eine ausschweifende Handbewegung. »Und? Was hast du dann stattdessen gemacht?«

»Zuerst aus dem Fenster geschaut. Deswegen wollte ich ja unbedingt mit dem Bus fahren. Naja, bisher gab es aber nicht viel zu sehen. Keine Gletscher, keine Anden.« Er lachte. »Schatz, das Land ist riesig. Bis du Gletscher oder Gebirge siehst, werden wir noch ein paar Stunden fahren. Erinnerst du dich noch an unsere Brasilienreise? Da war es ganz ähnlich. Wir fuhren ewig durch die flache weite Landschaft und sie veränderte sich nur alle paar hundert Kilometer. Das wird jetzt auch so sein. Wieso hast du nicht geschlafen, als dir langweilig wurde?«

»Mir wurde nicht langweilig. Die ganze Zeit gingen mir Gedanken über Kreativität durch den Kopf. Wie entsteht sie? Was beeinflusst sie? Was passiert in meinem Gehirn? Das hat mich richtig aufgewühlt. Deswegen habe ich gelesen und aufgeschrieben, was mir durch den Kopf ging. Ich dachte über den Geistesblitz nach und dass er der ultimative Ausdruck von menschlicher Kreativität sein könnte. Dadurch entstanden jedoch immer mehr Fragen. Welche Zutaten benötigt Kreativität, um in Fahrt zu kommen? Durch die Geschichte von J.K. Rowling kam mir die Idee, dass der Tagtraum eine Zutat sein könnte.«

Sein Blick verriet mir, wie schwer es ihm fiel, meinen Gedanken zu folgen: »Okay, du Fleißbienchen. Und hast du einen Beweis für deine Idee gefunden?« Mein Nicken erfolgte zögerlich: »Puh, vielleicht. Es ist alles so kompliziert geschrieben. Ich muss erstmal klarkommen. Was denkst du, könnten Zutaten für den Kreativ-Cocktail sein?« Bevor er antwortete, verputzte er erst noch seine Empanada. Man konnte ihm ansehen, dass er dabei über meine Frage grübelte: »Du hast mir gesagt, kreativ sein bedeute, Ideen zu haben und diese umzusetzen.« Ich unterbrach ihn: »Stopp! Das sage nicht nur ich, sondern auch ein Haufen ranghoher Wissenschaftler und Professoren, die man kaum versteht, wenn sie den Mund aufmachen.« Er winkte ab. »Das ist doch egal. Aber wenn Kreativität genau das bedeutet, hätte ich die eine oder andere Idee. Wie wäre es mit Wissen als Zutat für deinen Kreativ-Cocktail?« Ich sah ihn zweifelnd an und zitierte Albert Einstein: »Fantasie ist wichtiger als Wissen, denn Wissen ist begrenzt.« Sein Kopfschütteln machte deutlich, dass er anderer Meinung war. »Muss das eine das andere ausschließen? Richtig gute Ideen sind für mich Einfälle, die es so vorher nicht gab und die der Menschheit dienlich sind. Ich denke speziell an Wissenschaftler, die ein Medikament aus einem Pilz isolieren, an Ingenieure, die eine neue Technologie entwickeln oder an Künstler, die den Mut haben, über den Tellerrand hinauszublicken und Kunstformen entwickeln, die uns neuartig und manchmal merkwürdig erscheinen. Doch wie soll ich auf einem Gebiet eine gute Idee generieren, wenn mir das passende Wissen fehlt? Ich kann nur kreativ arbeiten, wenn ich weiß, womit ich es zu tun habe, oder? Vorher wird es mir schwerfallen, meine Fantasie in die richtigen Bahnen zu lenken. So würde es mir zumindest gehen. Wissen schenkt meinem Gehirn neue Ansätze und gibt ihm Futter, das es nutzen kann, um an meinen Ideen mitzuwirken. Ich würde sagen, es beflügelt die Fantasie. Es erweitert meinen Horizont. Es macht mich offener für neue Eindrücke. Es mag begrenzt sein, aber ist unsere Fantasie ohne Wissen dass nicht ebenfalls? Könnte man Wissen nicht als Futter der Fantasie bezeichnen? Oder um es noch schöner zu umschreiben, könnte Wissen nicht das Holz für den Brennofen deiner Fantasie darstellen? Es muss ja nicht immer fachliches Wissen sein. Nehmen wir dich als Beispiel. Du bist Fantasy-Spezialistin. Du hast tonnenweise Bücher aus diesem Genre gelesen und weißt alles darüber. Das Wissen, das du dir durch Fantasy-Bücher angelesen hast, füttert deine Fantasie und inspiriert dich. Ich rede also nicht nur von Fachwissen, sondern eben von Erfahrungen und Informationen, die du sammelst. Und all dieses Wissen regt letzten Endes nicht nur deine Fantasie an. Ich gehe noch weiter und sage: es macht dich kreativ, es macht dir Lust, Ideen umzusetzen.«

Wow, seine Antwort erschlug mich. Krachte meine Kinnlade gerade auf den Boden des Busses? Meine anfängliche Skepsis wurde durch plausible Logik im Keim erstickt. Mir fehlten die Worte. Ja, ja und ja! Würden Forschungen seine Meinung stützen können? Wenn er Recht behielt, könnte dies meine Tagtraumthese stützen. Denn wenn wir träumten, richteten wir unseren Blick vom Außen aufs Innen und somit auf unser Unterbewusstsein. Dieses nahm täglich viel mehr Informationen wahr als unser Bewusstsein – und Informationen waren Wissen. Alles, was wir erlebten, war Wissen. Er hatte recht. Immer, wenn ich ein Fantasy-Buch las, wurde meine Fantasie richtig aktiv. Meist konnte ich gar nicht abwarten, das Buch beiseite zu legen und meinen Pinsel zu schwingen oder ein Kostüm zu entwerfen. »Okay, du hast mich umgestimmt. Da könnte was dran sein. Das muss ich erstmal sacken lassen. Mein Freund ist schlauer als Einstein.« Seine Miene wurde ernst: »Das ist Quatsch. Dieses Zitat wurde wahrscheinlich aus dem Zusammenhang gerissen. Und bei genauem Lesen sagt es ja auch nicht, dass Wissen unwichtig ist. Es stellt nur klar, dass Fantasie mehr Priorität haben könnte. Denn Wissen zu besitzen alleine genügt nicht. Man muss es auch anwenden können, um Ideen zu generieren – und da käme die Fantasie ins Spiel.«

»Hast du noch eine Zutat für meinen Cocktail, Einstein der Zweite?« Überlegte er, ob er schmollen sollte wegen dieser Witzelei? Es schien so. »Komm, ich möchte es dir nicht aus der Nase ziehen«, bat ich ihn in versöhnlichem Ton. »Ja, ich habe noch einen Vorschlag. Vielleicht kommst du selber drauf. Er hat auch mit Wissen zu tun. Einen Tipp gebe ich dir: Wenn ich mir bereitwillig Wissen aneigne, dann bin ich was? Oder noch einfacher: Du warst in der Schule ein Streber und Streber sind für gewöhnlich?« In meinem Kopf arbeitete es. »Fleißig? Wenn man viel lernt, ist man fleißig!«, rief ich, als sei dies die Antwort auf die Eine-Millionen-Euro-Frage bei *Wer wird Millionär*. Die in der Nähe sitzenden Mitfahrer sahen mich entgeistert an. Ups, so laut wollte ich gar nicht reden. »Jabs, darauf wollte ich hinaus. Auch wenn du nicht den ganzen Bus hättest aufscheuchen müssen. Kommst du auch drauf, wieso? Aber bitte leise«, flüsterte er und zwinkerte mir schelmisch zu. »Fleißig sein bedeutet für mich, bereitwillig zu lernen und sich viel Wissen anzueignen. Viel Wissen zu haben würde bedeuten, über einen riesigen Pool an potenziellen Ideen zu verfügen. Ungefähr so wie bei einem Puzzle. Stell dir vor, ein vollständiger kreativer Einfall ist vergleichbar mit einem Puzzle. Am Anfang habe ich nur sehr wenige passende Teile. Die Puzzleteile sind das Wissen, das mir noch fehlt. Je mehr ich mir davon aneigne, desto schneller füllt es sich mit den fehlenden Teilen. Je fleißiger ich bin, desto schneller werde ich alle fehlenden Stücke beisammen haben. Zudem würde der Fleiß meine Fantasie anregen, da ich sie stetig mit neuem Futter – oder wie du so schön gesagt hast: Holz – füttern würde. Mein Brennofen der Fantasie würde zum Hochofen mutieren und der Ideenfluss wäre nicht mehr zu stoppen. Na was denkst du?« Er zwinkerte mir zu. »Gut kombiniert, Sherlock! Aber auch Spitzendetektive und Fleißbienchen müssen sich ausruhen.« Sanft strich er mir über den Kopf. Sah er mir an, dass ich langsam echt müde wurde? »Gleich werde ich mich ausruhen, aber erst möchte ich unsere Erkenntnisse notieren. Es wäre schade, wenn sie verloren gingen«, antwortete ich motiviert und griff nach meinem Notizbuch. Nachdem ich alles aufgeschrieben hatte, lehnte mein Kopf erschöpft an seiner Schulter. Müde vom vielen Denken wurden meine Augen schwer. Das gleichmäßige Schaukeln des fahrenden Busses tat sein Übriges. Innerhalb weniger Augenblicke sank ich in einen tiefen Schlaf.

Geistesblitz als Ausdruck der Kreativität

Ist der Geistesblitz Ausdruck unserer Kreativität? Gehört das Tagträumen zu den Zutaten, für meinen Kreativ-Cocktail? Habe ich weitere Bestandteile finden können? Oh ja! Um diese Fragen zu beantworten, muss ich allerdings meine kleine Forscherin auspacken. Aber keine Angst, ich werde versuchen, nicht mit Fachwörtern um mich zu werfen:

Zuerst wird es Zeit, das Kapitel »Geistesblitz« abzuschließen: Er ist zwar keine Zutat für meinen Kreativ-Cocktail, doch ist er ein Ausdruck der Kreativität selbst. Werden wir von ihm getroffen, so bringt er meist eine großartige Idee mit sich, die wir nur noch umsetzen müssen. Bewiesen haben dies verschiedenste Wissenschaftler. Es ist aber nicht nur Tagträumen dafür verantwortlich, dass uns plötzlich ein Licht aufgeht. Forscher fanden bereits in den Zwanzigerjahren heraus, dass dieses Phänomen immer in ähnlichen Mustern abläuft.

Vorbereitung

Das Licht geht uns niemals ohne Vorbereitung auf, auch wenn es sich im Moment der »Erleuchtung« so anfühlen mag. Allen tollen Ideen, egal ob im Bereich der Wissenschaft oder der Kunst, geht langes Lernen und Üben auf dem jeweiligen Gebiet voraus. Niemand wird einfach so von der Muse geküsst und mit Ideen überhäuft. Wir verdienen sie uns, indem wir uns Wissen aneignen und uns auf sie vorbereiten.

Inkubation

Forscher sind sich einig, dass es bis zu sieben Jahre dauern kann, bis einem Kreativen ein Licht aufgeht. Bei J.K. Rowling und ihrer Idee zu Harry Potter vergingen ja immerhin 20 Jahre! Trotz einer guten Vorbereitung ist es nicht möglich, den Geistesblitz bewusst auszulösen. Denn die erlernten Dinge müssen während der Inkubationsphase reifen, ähnlich wie ein guter Käse. Für diesen Reifungsvorgang nutzen wir unser Unterbewusstsein. Doch vielleicht fehlen unserem Käse noch passende Zutaten, daher kann niemand bestimmen, wie viel Zeit er benötigt. Hier dachte ich gleich an das Beispiel mit dem Puzzle. Solange Teile fehlen und das Bild nicht vollständig ist, kann ich es nicht nutzen. Doch Tief in uns drin arbeiten wir daran, es fertigzustellen. Manchmal passiert das, ohne dass wir es merken. Gerade wenn wir denken, untätig zu sein, arbeiten wir an der Zubereitung der Käsespezialität oder daran, unser Puzzle zu vervollständigen. J.K. Rowling fügte ihre letzten Zutaten im Zug hinzu, als sie aus dem Fenster schaute und augenscheinlich nichts tat. Kommt hier das Tagträumen als Zutat zum Tragen?

Vorahnung

Aber machen wir weiter: Dir liegt etwas auf der Zunge. Kennst du dieses Gefühl? Manchmal stellt sich eine Art Vorahnung ein, bevor dir eine großartige Idee in den Kopf schießt. Du fühlst, dass sich etwas anbahnt. Die Schmetterlinge in deinem Bauch flattern munter los. Mir kommt dieses Gefühl sehr bekannt vor. Oft kribbelt es in meiner Magengegend, bevor eine Idee hochkommt. Ich kann sie noch nicht greifen, merke jedoch, dass etwas auf dem Weg ist.

Erleuchtung

Es folgt der Moment, dem jeder Kreative sein Leben lang hinterherjagt – die Erleuchtung. Wie vom Blitz getroffen erwischt dich eine grandiose Idee mit ihrer vollen Wucht. Du hast das Gefühl, sie kommt aus dem Nichts. Aufregung steigt in dir hoch, während du am liebsten laut losjubeln würdest. Dir ist von Anfang an klar, dass deine Suche erfolgreich war. Doch damit ist der Geistesblitz nicht vollendet. Bisher hat die Eingebung nur Raum in deinem Kopf. Es ist an der Zeit, sie in die Welt hinauszutragen. In der Wissenschaft werden nun Experimente durchgeführt, um die Ideen zu realisieren und auf Herz und Nieren zu prüfen. Künstler beginnen, ihren Einfall zu Papier zu bringen.

Bestätigung

Dieser letzte Schritt wird als Bestätigung bezeichnet. Nur mit ihm entfaltet sich unsere Kreativität vollständig. Hätte J.K. Rowling ihre wunderbare Geschichte um den Zauberlehrling Harry Potter nie niedergeschrieben, so hätte sie zwar eine tolle Idee gehabt, wäre jedoch niemals kreativ geworden, da ihr der wichtige letzte Schritt, die Umsetzung, fehlte.

Alleine die Erkenntnisse über den Geistesblitz machen deutlich, dass es Zutaten für die Kreativität gibt oder Elemente, die meine Kreativität in ihrem Fluss unterstützen. Tagträumen, Wissen und Fleiß gehören für mich dazu. Über das Träumen oder fantasieren las ich sehr viel. Es ist verrückt, dass diese menschliche Eigenschaft heutzutage so unterbewertet ist. Viele setzten sie mit Faulheit oder damit gleich, dass man den Fokus verliert. Aber es hat rein wissenschaftlich gesehen so viele Stärken! Um die Vorteile zu sehen, müssen wir nur mutig genug sein, die Perspektive zu wechseln und das Tagträumen unter dem Aspekt der Kreativität zu betrachten.

Aber was passiert wenn ich meine Gedanken schweifen lasse und wieso hat dies positive Auswirkungen auf meine Kreativität? Für mich ist es kaum zu glauben, wozu unser Gehirn in der Lage ist. Dabei ist es uns nicht einmal möglich, seine volle Kapazität auszuschöpfen. Nun kommt ein wenig Wissenschaft und Hirnforschung auf dich zu, aber ich verspreche dir, es wird nicht langweilig werden. Unser Gehirn ist niemals untätig, selbst dann nicht, wenn wir es sind. Lassen wir unsere Gedanken schweifen oder verfallen in einen Tagtraum, so werden drei Bereiche in unserem Gehirn aktiv, die im normalen Alltagstrubel inaktiv sind. Erstmals untersucht wurde diese Aktivität von einem Hirnforscher namens Marcus Raichle. Er nannte die drei Hirnregionen *Default Mode Network* (bestehend aus mittlerem Stirnhirn, hinterem singulären Cortex und dem seitlichen Scheitellappen). Einfach gesagt, sind diese für die Fähigkeit des Perspektivwechsels, die Erschaffung eines stabilen Selbstbildes und kreativer Ideen mitverantwortlich. Zudem ist das DMN Träger unserer Intelligenz und

Ursprung unserer Tagträume. Lassen wir uns treiben, wird es aktiv und beginnt mit seiner Arbeit. Dafür greift es auf unser Unterbewusstsein zu, das tagtäglich viel mehr Informationen aufnimmt als unser Bewusstsein. Neben den genannten Aufgaben brütet es über all unseren Informationen und fügt sie spielerisch zusammen. So kann es passieren, dass uns unbewusste Informationen während des Träumens bewusst werden – die Kreative Idee wird geboren. Und zwar nicht während wir konzentriert in eine Arbeit vertieft sind, sondern viel wahrscheinlicher bei einem Bad, einer warmen Dusche oder einem Spaziergang an der frischen Luft. Das Tagträumen ist somit Mittäter, wenn es um unsere kreativen Ideen geht oder um den kreativen Cocktail, den ich zu mischen versuche. Das Fokussieren kommt zum Tragen, sobald es an die Umsetzung der Idee geht.

Es ist manchmal also nicht schlimm, den Fokus zu verlieren und sich treiben zu lassen. Eventuell trägt es sogar dazu bei, dass du deine Arbeit besser zu Ende bringen kannst, weil dir, während du aus dem Fenster schaust, ein Licht aufgeht. Aus dieser Perspektive betrachtet wird das Tagträumen zu einem unterstützenden Parameter unserer Ideenfindung. Es ist nicht länger eine Schwäche. Wenn wir die Zeiten, in denen wir fokussiert arbeiten, und die Zeiten, in denen wir es uns zugestehen, die Gedanken schweifen zu lassen, gezielt trennen, könnte dies unsere Arbeit, unsere Ideen, unsere Fantasie, unsere Kreativität und eigentlich unser gesamtes Leben beflügeln. Vielleicht sollten wir aufhören, das Tagträumen als Schwäche zu sehen und anfangen, es für unsere Ideenfindung einzusetzen.

Durch dieses neu erlangte Wissen stellt sich mir nun die nächste Frage: Sind Selbstbild, Perspektivwechsel oder Intelligenz ebenfalls beteiligt, wenn es um unsere Kreativität geht? Interessant zu wissen wäre auch, ob wir uns in unserer Kreativität hemmen, wenn wir uns das Tagträumen verbieten? Generell frage ich mich, was dafür sorgt, dass wir blockiert sind? Das gilt es als Nächstes herauszufinden.

Doch was ist mit den Parametern Wissen und Fleiß, die Julian für Zutaten hält? Durch die Studien über den Geistesblitz und das Tagträumen erklärt es sich von selbst, dass sie ebenfalls einen Platz auf der Kreativ-Cocktail-Zutatenliste bekommen. Die Phasen des Geistesblitzes machen deutlich, dass Lernen und Üben ein fester Bestandteil bei der Ideensuche ist. Der Unvorbereitete wird nicht von der Muse geküsst. Ideen auf dem Silbertablett gibt es nur, wenn wir bereit sind, für sie zu arbeiten. Vorbereiten kann man sich, indem man sich Wissen zu dem jeweiligen Gebiet aneignet, auf dem man kreativ arbeiten möchte. Sich stetig Wissen anzueignen und sein Gehirn mit neuen Informationen zu füttern, bedeutet gleichwohl Fleiß aufzubringen. Durch den Fleiß erlangen wir letzten Endes die fehlenden Puzzleteile, die wir benötigen, um die kreative Idee in ihrer vollen Pracht wahrzunehmen. Viele der Puzzleteile wabern durch das Unterbewusstsein, denn dieses greift täglich wesentlich mehr Informationen auf als das Bewusstsein. Während wir tagträumen, spielen wir mit den Puzzleteilen. Wir erlauben uns, von der Zukunft zu fantasieren oder uns einfach ziellos durch die Weiten unseres Unbewussten treiben zu lassen. Fleißiges Üben und lernen füttert uns immer weiter, bis wir alle Teile beisammen haben. Es inspiriert, regt die Fantasie an, die dann den kreativen Schaffensdrang freisetzt.

Damit ich mir die Kernelemente meiner Suche besser merken kann, werde ich ab jetzt eine Zutatenliste führen. Vermutlich hat die Kreativität noch viel mehr Bausteine. Eine kleine Liste wird helfen, den Überblick zu bewahren:

Zutaten des Kreativ-Cocktails

- ➔ Tagträumen
- ➔ Wissen
- ➔ Fleiß

Wow! Langsam fühle ich mich wirklich wie Sherlock Holmes auf den Spuren der Kreativität. Ich habe das Gefühl, viele Faktoren sind dafür verantwortlich, dass die Kreativität sich im Fluss befindet. Es ist nicht nur ein Ablauf im Gehirn. Das wäre zu simpel. Schließlich müssten wir sonst einfach regelmäßig unsere Gedanken schweifen lassen und die Ideen würden nur so vom Himmel regnen. Es muss mehr dahinterstecken. Ich vermute, dass unser Umfeld ebenfalls eine Rolle spielt. Ebenfalls, was wir selbst über unsere Kreativität denken. Es ist ein riesiges und komplexes Mosaik voller bunter Farben. Was aber lässt seine Farben ergrauen? Was vergiftet sie? Kreativität zu verstehen ist nur der erste Schritt auf einer langen Reise.

Anregungen

- Kreativität äußert sich im umsetzen von Ideen.
- Wissen und Fleiß sind das Holz für den Brennofen der Fantasie. Die Fantasie ist der Stoff, aus dem Ideen entstehen.

Aufgaben

- In welchen Bereichen ist deine Neugierde und dein Wissensdurst am größten? Zähle sie auf.
- Eigne dir Wissen zu dem Thema an, in dem du kreativ sein möchtest.
- Gönne dir gezielt eine Auszeit (Tagträumen), um das Wissen zu verarbeiten.
- Nutze die fünf Situationen, die du zuvor aufgezählt hast.

4

Riskiere einen Blick über den Tellerrand

Durch all das, was mir im Kopf umherschwirrte, verging die Busfahrt wie im Flug. Mittlerweile waren wir nur noch einen Katzensprung von El Calafate, unserem Zielort, entfernt. Meine Nase klebte regelrecht am Fenster. Hatte ich in meinem Leben je so türkises Wasser gesehen? Selbst bei Bewölkung kleidete sich der Largo Argentino in diese ungewöhnlich gesättigte Farbe. Im Reiseführer stand, dass dies mit dem Schmelzwasser der Gletscher zusammenhing. Jetzt bloß nicht blinzeln! Meine Augen mussten die Größe von Tellern angenommen haben. Dieser See und die gesamte Landschaft drumherum waren von gigantischem Ausmaß. Wir glichen vor dieser Kulisse Ameisen, winzig klein und unbedeutend. Der riesengroße See wurde umrahmt von den Anden, die hier und da bis in die Wolken ragten. Es war mir nicht möglich, meine Gefühle in Worte zu fassen. Ich legte eine hohe Messlatte an die argentinische Landschaft.

Ein Jahr zuvor bereiste ich Brasilien und mit ihm die Iguazú-Wasserfälle, die die natürliche Grenze zwischen Brasilien und Argentinien bildeten. Ich bekam heute noch eine Gänsehaut und einen Anflug von Herzrasen bei dem Gedanken an dieses atemberaubende Naturspektakel. Die Wasserfälle erstreckten sich über 2,7 km. Sie bestanden aus 20 großen Kaskaden und rund 255 kleineren Wasserstürzen. Niemand konnte sich das Tosen der Wassermassen vorstellen, solange man es nicht am eigenen Leib erfuhr und mit eigenen Augen sah, wie sie in die Tiefe donnerten. Allein das Spritzwasser sorgte dafür, dass Besucher in kürzester Zeit nass bis auf die Haut waren. Obwohl ich mich auf der Brasilianischen Seite der Iguazú-Fälle mitten im Geschehen befand, war es die Argentinische Seite, die mich komplett in ihren Bann zog. Von ihr aus konnte ich einen Großteil der gewaltigen Schlucht überblicken. Sie erschien grenzenlos mit ihren Kaskaden, die bis zum Horizont reichten. Das Einzige, was die Wassermassen hier und da verbarg, war dichter Dschungel. Absolut faszinierend. Es fehlte eigentlich nur noch Indiana Jones, mit einem Fallschirm aus dem Flugzeug springend, der sich auf die Suche nach einem verborgenen Schatz in dieser grünen Hölle begab. Das war meine erste Bekanntmachung mit Argentinien. Wen wunderte es da noch, dass ich extrem hohe Erwartungen hatte? Nach der langen Fahrt durch das Nichts stieg meine Angst, enttäuscht zu werden. Doch in diesem Augenblick entschädigte mich die unsagbare Weite und Farbenpracht dieser epischen Landschaft. Was würde in mir losbrechen, wenn ich den ersten Gletscher sah?

El Calafate lag direkt am Largo Argentino. Ansonsten brachte es das typische Touriangebot mit sich. Hierher kam niemand, um sich lange im Ort aufzuhalten. Reisende, die

El Calafate besuchten, wollten den Perito Moreno mit eigenen Augen sehen. Einen der größten Gletscher Patagoniens. Natürlich waren sich die Einheimischen darüber bewusst. Geschätzt jedes zweite Ladenlokal bot das perfekte Gletscherreiseerlebnis an. Julian und ich konnten uns dem Drang, diese Naturgewalt live zu erleben, ebenfalls nicht entziehen. »Hier in der Nähe sollte sich ein riesiger Gletscher befinden?«, dachte ich und band mir meine Jacke um die Hüften, während ich aus dem Bus stieg. Warme Sonnenstrahlen kribbelten auf meiner Haut. Für den Weg bis zum Hostel brauchte ich keine Jacke. Erst recht nicht, wenn ich meinen schweren Rucksack auf dem Rücken trug und meinen Fotorucksack, der unwesentlich leichter war, vor meinem Bauch umherschleppte. Nur ein kühler Wind und eine angenehme Frische in der Luft kündigten an, dass das Wetter schnell umschlug.

»Und? Wie ist dein erster Eindruck?« Julians Augen leuchteten. »Die Landschaft ist krass! Alles ist riesengroß und irgendwie bunt. Das Wasser ist blauer, der Himmel ebenfalls. Der See sieht eher aus wie die Mündung eines Meeres und die Berge ragen bis in den Himmel. Ich glaube unsere Wanderungen werden sehr beeindruckend.« Ich nickte begeistert: »Oh, ja! Ich kann kaum erwarten, dass es losgeht. Aber irgendwie dachte ich, es würde kälter sein.« Schmunzelnd antwortete er: »Warte mal ab. Ich wette das kommt noch.«

Der Marsch zum Hostel führte uns an unzähligen Veranstaltern von geführten Touren, Restaurants und Wanderbekleidungsgeschäften vorbei. Dieser Ort lebte vom Tourismus. Unsere Unterkunft glänzte nicht gerade durch Individualität oder Ideenreichtum, aber sie war günstig und wir würden sie ohnehin nur zum Schlafen nutzen. Die Rucksäcke abgelegt, machten wir uns gleich wieder auf den Weg. Trotz der vielen

Empanadas knurrte mein Magen mittlerweile. Gab es etwas anderes als Steak, Bier oder Schnitzel? Der typische Tourikram eben, den es hier an jeder Ecke gab. Ja, auch wir waren Touristen, doch gerne aßen wir landestypische Speisen. Für gutes Essen investierten wir auf unseren Reisen das meiste Geld. Schnitzel und Pommes konnten wir schließlich auch zu Hause essen. Doch bevor wir uns dem Essen zuwenden konnten, gab es noch eine wichtige Mission zu erfüllen: Die Gletschertour musste gebucht werden. Es überforderte mich maßlos. Fast alle boten die gleichen Leistungen zu unterschiedlichen Preisen an. Gut, dass Julian dabei war. Er konnte super organisieren und verlor nie den Überblick. Während ich mich völlig im Zahlenurwald verirrte, war er die Ruhe selbst.

»Möchtest du nur um den Gletscher wandern, oder hast du auch Lust auf die Bootstour und das Gletscher-Trekking?«, fragte er gelassen. Diesmal wollte ich das volle Programm! »Alles, wenn es der Geldbeutel zulässt.« Er zuckte mit den Schultern. »Das Trekking auf dem Gletscher reizt mich nicht. Es ist sicher cool, aber für den Preis? Das ist die typische Abzocke.«

»Aber wenn wir schon mal hier sind, würde ich gerne das Gletschereis unter meinen Sohlen knirschen hören. Wir könnten uns einen Anbieter suchen, der mit seinen Einnahmen die Erhaltung des Gletschers und des Naturschutzgebietes unterstützt«, konterte ich und setzte im gleichen Zug meinen niedlichsten Dackelblick auf. »Okay, wenn wir einen passenden Anbieter finden, bin ich dabei.« Euphorisch und mit einem siegessicheren Lächeln stapfte ich voran. »Nichts leichter als das!«, posaunte ich fröhlich heraus. Es kostete uns allerdings vier Stunden, unzählige Gespräche, Verhandlungen und den ein oder anderen Nerv. Doch morgen würde ich den ersten Gletscher in meinem Leben erblicken. Neugierde kitzelte durch meine Finger, wie eine Ameisenstraße bahnte sie sich ihren Weg durch meinen Körper. Ich konnte es kaum abwarten.

In Gedanken malte ich mir ganz genau aus, wie es sich wohl anfühlte: Würde kalter Wind durch meine Haare streichen und Schneeflocken meine Wange kitzeln? Würde die Gischt der Wellen mein Gesicht benetzen, wenn das Schiff sich seinen Weg zur Eiswand bahnte? Würde mein Herz vor Überwältigung bis zum Hals schlagen? Solche Gefühle waren mir nicht fremd. Durch sie überwand ich immer wieder meine Angst vorm Fliegen. Der Reiz des Neuen, die Neugierde, die Verbundenheit zu unserem Planeten spiegelten mir meine Lebendigkeit wider. Ein klitzekleines Teilchen in einem riesigen Organismus, der schöner nicht sein konnte. Voller Farben, Ästhetik, Schönheit und Experimentierfreude, raubte Mutter Natur mir immer wieder den Atem. Sie stellte für mich den wahren Ausdruck von Kreativität dar. Kreativität in ihrer reinsten Form. Anstatt einer einzigen Blume entwarf sie Millionen – in Farben und Formen, wie wir sie uns niemals hätten erträumen können. Anstatt einer Hand voll Tiere erschuf sie Vielfalt. Überall, wo wir hinblickten, schwang sie ihre Pinsel. Ein Klecks hier und schon flogen unzählige Schmetterlinge in unvorstellbaren Nuancen durch den Dschungel. Ein Klecks dort und es entstand eine Wüste aus Eis so fremd, fern und so unwirklich, dass wir Leben für unmöglich erachteten. Doch sie schuf Leben, weil sie so lange experimentierte, bis es existieren konnte. Ihre Neugierde triumphierte über die Vernunft. Ihr Wille zu gestalten, stellte sich als unerschöpflich heraus. Das Schaffen war ihr Atem, ihr Herzschlag und ihr Puls, der unseren eindrucksvollen Planeten am Leben hielt.

Und wir? Bildeten wir nicht einen Teil von ihr? Sollten wir sie dann vielleicht unterstützen? Einfach den Pinsel in die Hand nehmen und damit beginnen, unsere Welt bunt anzumalen? Jeden Tag experimentieren und uns unserer angeborenen Neugierde hingeben, bis unsere Ideen funktionierten? Wie Kinder, die spielerisch alles erprobten? Kinder dachten nicht lange nach, sie handelten. Versteckte sich hier ein weiterer Schlüssel? Konnte eine Medizin gegen die Kreativlosigkeit das Tun selbst sein? So könnte ich mich alleine aus der Starre befreien. Ich trüge selbst die Verantwortung.

Den restlichen Tag probierten wir uns durch die lokalen Bierspezialitäten. So gut wie jedes argentinische Lokal verfügte über eine eigene Biersorte oder sogar über eine Brauerei. Was das Essen anging? Naja, wir befanden uns in einem Touristenort, doch immerhin fanden wir ein kleines Lokal, das unsere neue Leibspeise – Empanadas – anbot. Des Suchens überdrüssig gaben wir uns mit dieser Ausbeute zufrieden und genossen den Abend. Eigentlich konnte ich den nächsten Tag ohnehin kaum abwarten.

Heiße Tränen rannen über mein Gesicht. So beeindruckt war ich von dem Gletscher Perito Moreno. Eine eisige Bö packte mich. Gleich würden sie zu Eiszapfen gefrieren. Das Schiff, auf dem wir uns befanden, bot 200 schaulustigen Touristen Platz, um bis auf wenige hundert Meter an den Gletscher heranzufahren. Im Vergleich zu ihm sah es aus wie eine Streichholzschachtel. Die Eiswand erstreckte sich über eine Gesamtlänge von 30 Kilometern und ragte an dieser Seite vom Wasserspiegel aus über 60 Meter in den Himmel. Unweigerlich erinnerte mich ihr Bild an die Mauer aus Eis, welche in meiner Lieblingsserie eine wichtige Rolle spielte. Gleich erhob sich der Nachtkönig auf den Schwingen seines

Drachens über den Gletscher. Das Eis war wirklich so türkis wie auf den Bildern, die ich zuvor anschaute. Und auch das Wasser des Sees trug diese Farbe. Das allein genügte, um mich umzuhauen, jedoch legte Mutter Natur noch einen drauf. Umrahmt wurde der Gletscher von den gigantischen Anden. Diese Dimensionen konnte ich weder erfassen noch hätte ich sie mir in meinen kühnsten Träumen vorgestellt. Der eisige Wind auf dem Schiff war kaum auszuhalten. Gestern noch band ich mir meine Jacke um die Hüfte, heute segelten leise und sanft Schneeflocken vom Himmel. Was zu Hause als Orkan galt, verglich man in Patagonien mit einer sanften Brise.

Meine Gedanken wurden von einem tiefen, donnernden Grollen unterbrochen. Plötzlich geschah es! Ein Stück der Anweisend löste sich und fiel krachend in den See. Wasser spritzte fontänenartig in die Höhe, Wellen schlugen auf. Die Stimme im Lautsprecher teilte uns mit, dass wir deshalb nicht näher an den Gletscher heranfahren durften. Ein Naturspektakel wie dieses erlebte ich zum ersten Mal. Meine Kamera lief heiß. Diesen wunderschönen Ort musste ich bildlich festhalten. Jede Zelle in meinem Körper schrie danach. Erinnerungen und Geschichten wollte ich sammeln, um sie in der Heimat mit meinen Liebsten zu teilen. Dafür benötigte es keine hundert Bilder, aber dieser Gletscher weckte Lust in mir. Die Lust, welche vor vielen Jahren der Grund war, warum ich Fotografin wurde. Zudem sah er aus jeder Perspektive anders beeindruckend aus. Auch wenn es mir schwerfiel, entschied ich mich nach einiger Zeit und gefühlt tausend Bildern später, meine Kamera wegzustecken. Erstens, weil meine Finger vor Kälte schmerzten. Zweitens, weil ich diese Erfahrung nicht erleben konnte, solange ich mich nur auf das perfekte

Bild fokussierte. Jetzt war ich hier! Und wenn ich wirklich hier sein wollte, musste ich all meine Sinne nutzen, um das wahrzunehmen, was gerade um mich herum geschah. Gerne brachte ich meiner Familie Bilder von den Reisen mit. Doch was waren sie wert, wenn ich keine Erfahrungen und Gefühle mit ihnen verknüpfte, weil ich mich nur auf sie konzentrierte? Nichts.

»Warum weinst du?« Verwirrt blickte ich mich um. Die Frage kam nicht von Julian. Er kannte meine Gründe, auch wenn er sie nicht nachvollziehen konnte. Aus meiner Gedankenwelt gerissen dauerte es einen Moment, bis ich das kleine Mädchen neben mir an der Reling ausmachte. Sie blickte mir neugierig entgegen. »Vor Begeisterung. Ich muss nicht traurig sein, um zu weinen.« Die Kleine nickte: »Freust du dich, weil das Eisschloss noch viel schöner ist als im Film?« Ich zog fragend eine Augenbraue hoch: »Welcher Film denn?«

»Na der von der Eiskönigin! Er ist mein Lieblingsfilm. Aber in echt ist ihr Schloss viel schöner und größer«, antwortete sie. Dabei deuteten ihre winzigen Finger staunend auf den Gletscher. »Ah, ich verstehe. Die Eiskönigin wohnt hier. Da hast du Recht. Ein passenderes zu Hause hätte sie sich nicht aussuchen können.« Die kindliche Fantasie, was für eine wunderbare Gabe. Kinder kannten das Wort *unmöglich* nicht. Möglichkeiten, Wünsche und Träume erschienen für sie grenzenlos. Sie trauten sich, Gedanken zu spinnen. Ob sie dafür belächelt wurden, interessierte sie nicht die Bohne. Wann wurden Menschen von ihrem inneren Kind verlassen? Wann trauten wir uns nicht mehr, zu fantasieren und zu träumen? Wann wurde es uncool, sich zu kostümieren und zu spielen? Konnte man sich sein Kind bewahren?

»Wie heißt du?«, fragte ich sie. »Ich heiße Emma. Möchtest du was mit mir spielen?«, antwortete sie und lächelte mich an. »Wenn wir bei dem Spiel weiter das Schloss der Eiskönigin ansehen können, sehr gerne.«

»Ja, das Schloss ist ganz wichtig für das Spiel. Kannst du Gesichter oder Tiere finden in dem Eis? Manche Stellen sehen aus wie Tiere. Schau! Da sehe ich eine Giraffe.« Ihrem Finger folgend, dauerte es einen Moment, bis ich die Giraffe erkannte. Doch bei genauerem Hinsehen hatte Emma recht. Dieser Eisklops sah schon irgendwie aus wie eine Giraffe: »Ja, ich sehe sie.«

»Du bist dran«, erwiderte das Mädchen. »Hmm, findest du das lachende Gesicht?« Es dauerte nicht lange und schon hatte sie die Stelle entdeckt, welche uns entgegen lächelte. Wir spielten noch eine ganze Weile dieses Spiel. Emma war Meisterin darin. Sie entdeckte Spinnen, ein Einhorn, eine Blume und sogar einen furchteinflößenden Drachen. Dieses kleine Mädchen gab eine wunderbare Lehrerin ab, wenn es um Fantasie ging. Offen für alles und nur aus Spaß handelnd, verzauberte mich ihr Wesen. Waren ihre Eigenschaften Zutaten für die Kreativität, die wir zu verlieren drohten, wenn wir erwachsen wurden? Offenheit allem gegenüber, Handeln aus uneingeschränktem Willen, das Spiel mit der Fantasie? Ich konnte mir das gut vorstellen. Nach der Schifffahrt trennten sich unsere Wege. Emma war zu klein, um die gesamte Tour, die uns noch bevorstand, zu bewältigen. Wie großartig war es, wenn Eltern ihren Kindern ein solches Erlebnis boten? Sie war ein kleines Mädchen, aber das Schloss der Eiskönigin würde sie nicht so schnell vergessen. Es würde ihr Stoff für viele fantasievolle Abenteuer bieten.

Unser Ausflug an den Perito Moreno endete nicht mit der Schifffahrt, schließlich buchten wir das volle Programm. Der nächste Punkt auf der Tagesordnung: Die Wanderplattformen, welche rund um den Gletscher errichtet wurden, damit man ihn aus noch mehr Perspektiven bewundern konnte. Von oben wirkte er noch mächtiger, denn nun bekamen wir einen vollen Blick auf seine Zunge. »Ein Himmel aus Eis«, schoss es mir durch den Kopf. Die Fläche breitete sich bis zum Horizont aus und verschwand daraufhin in einem mystischen Nebel. Nur einige Sonnenstrahlen durchbrachen die Nebelwand, wodurch das Szenario in dramatisches Licht getaucht wurde. Wenn ich zuvor bereits dachte, beeindruckt zu sein, so musste ich für meine jetzige Empfindung ein neues Wort erfinden. Die Farbenpracht! Eis und Wasser himmelblau, durchzogen von weißen Schlieren – doch das Land, auf dem wir uns befanden, bestand aus roter Erde, gesäumt von grünen Büschen mit roten Blüten. Ein eindrucksvoller Kontrast. Von der oberen Plattform hatte ich den vollen Überblick. Ich sah die kleinen Schiffe, die in Relation zu der Landschaft wie Nussschalen aussahen, auf der einen Seite der Eiswand. Und die längere Seite des Gletschers, die uns zuvor verborgen geblieben, war auf der anderen. Immer wieder knackte und knirschte das Eis bedrohlich, bis dann und wann Brocken abbrachen und mit ohrenbetäubendem Lärm ins Wasser stürzten. »Iguazú oder Perito Moreno?«, fragte ich Julian. Er schüttelte den Kopf. »Da kann und will ich mich nicht entscheiden. Beide Orte sind so vielfältig und unterschiedlich. Nur den Größenwahnsinn haben sie gemeinsam«, lachte er. »Mutter Natur hat keine Angst, sich auszutoben und rumzuprobieren«, murmelte ich. »Das stimmt, wenn sie ein Mensch wäre, wäre sie ein Wissenschaftler oder ein Kind mit einem sehr offenen Mindset.« Ich ließ mich auf einer Bank nieder. »Das hast du schön gesagt. Mein Kopf ist gerade richtig voll von den neuen Eindrücken. Wollen wir hier mit Blick aufs Eis eine kleine Pause einlegen?« Er ließ sich neben mir nieder und kramte den Proviant aus der Tasche. »Gute Idee.« Ich nutzte die Gelegenheit und notierte mir meine neuen Erkenntnisse.

Kann es sein, dass ich über weitere Zutaten für meinen Kreativ-Cocktail gestolpert bin? Was ist mit Fantasie, Offenheit für neue Erfahrungen und dem inneren Antrieb? Könnten diese nicht weitere Zutaten sein? Auf die Idee haben mich meine Gedanken über Mutter Natur und die kleine Emma gebracht. Emma und die Natur haben für mich eine Gemeinsamkeit. Sie trauen sich, zu spinnen und sie trauen sich, Kind zu sein. Ist das Kind in uns vielleicht eine Gabe, die uns hilft, unsere Fantasie zu bewahren, auch wenn wir erwachsen werden? Bewahrt diese Gabe unsere Offenheit Neuem gegenüber und unseren inneren Antrieb? Kinder tun schließlich nichts, was sie nicht tun wollen. Emma erschuf aus einem Eisklotz eine Giraffe, ließ Einhörner über die Eiswüste galoppieren und Spinnen die Eishöhlen verteidigen. Die Natur kreiert statt einer Art gleich Millionen Arten in unterschiedlichsten Formen, Farben und Ausführungen und ist dabei so spielerisch und experimentell wie ein Kind, das in einem Moment eine Sandburg baut, nur um im nächsten ein köstliches Stückchen Sandkuchen anzubieten.

Fantasie

Die Fantasie könnte dafür sorgen, dass wir Dinge für möglich erachten, welche jemand anderes als unrealistisch abtut. Edison muss über unwahrscheinlich viel Fantasie verfügt haben. Wie konnten seine Vorstellungen in Sachen *Glühbirne* ansonsten soweit reichen? Schließlich gab es diese Technologie zuvor nicht identisch. Es mussten Fakten und Möglichkeiten aus anderen Forschungen zusammengetragen, kombiniert und weiterentwickelt werden. Fantasie ist Vorstellungskraft ohne Grenzen. Was ich mir vorstellen kann, kann ich erschaffen. Mit ihr ist es möglich, Dinge zu entwickeln, die es vorher nicht gab. Durch sie sind Ideen nicht gleich unrealistisch, nur weil sie im ersten Moment unmöglich erscheinen. Fantasievolle Menschen geben ihren Hirngespinsten eine Chance. Somit wäre sie für mich eine essenzielle

Zutat der Kreativität. Denn wirklich große Ideen, sind doch die, die etwas Neuartiges erschaffen und damit die Menschheit voran bringen, oder?

Offenheit für Neues

Eigentlich geht dieser Punkt mit der Fantasie einher, denn beide Parameter erweitern den Horizont des Kreativen. Blocke ich nicht gleich ab bei Dingen, die ich nicht kenne, so können sich mir ganz neue Welten eröffnen, die mir einen Blick über den Tellerrand ermöglichen. Diese Welten haben das Potenzial, mir Inspiration zu schenken, wodurch die Chance auf neuartige und kreative Ideen steigt. Offenheit sorgt für neue Erfahrung und diese sorgt für Inspiration. Zudem glaube ich, dass wir uns eher Herausforderungen stellen. Das ist ein wichtiger Schritt auf dem Weg zu einer Idee. Ich sprudle zum Beispiel nach Reisen über vor Ideen. Könnte dies nicht auch an den neuen Erfahrungen und Eindrücken liegen, die ich währenddessen sammeln durfte? Wahrscheinlich steckt biologisch sogar noch mehr dahinter. Ich werde die Spur gespannt weiterverfolgen.

Innerer Antrieb

Fängt ein Maler mit dem Malen an, um Geld zu verdienen oder eher, weil er es liebt? Fängt ein Forscher an, wegen Anerkennung nach einem Medikament zu forschen oder, weil er seine eigene innere Neugierde stillen möchte? Wenn du mich fragst, haben kreative Menschen Eines gemeinsam: Sie sind kreativ, um der Kreativität Willen. Geld und Anerkennung stehen zumindest am Anfang nicht an vorderster Front. Daraus könnte man schlussfolgern, dass sie einem inneren Antrieb folgen, wie es bei spielenden Kindern der Fall ist. Kinder leben in den Tag hinein und folgen immer ihrer Lust und ihrem Antrieb, wenn wir sie lassen. Allerdings geht es ihnen dabei nicht darum, etwas von außen zu bekommen. Nein, sie genießen einfach nur das, was sie tun. Sollten wir uns wieder mehr trauen, Kind zu sein?

Neue Zutaten für den Kreativ-Cocktail

- ➔ Innere Balance (Gefühle und Gedanken)
- ➔ Herausforderungen
- ➔ Loslassen

Fragen und Aufgaben

- ➔ Was möchtest du in deinem Leben unbedingt machen? Hast du eine Bucket List, auf der steht, was du unbedingt tun möchtest? Vielleicht ist es das Tauchen mit Delphinen oder ein asiatischer Kochkurs, das Bewandern des Jakobswegs oder der Salsa-Tanzkurs? Starte eine Liste, auf der du all die Dinge niederschreibst, die du gerne machen würdest.
- ➔ Schau dir deine Liste an. Sei ehrlich zu dir: Was hält dich davon ab, diese Dinge zu tun? Schreibe einen Brief an deine Zweifel. Sammle Ideen, um mindestens einen Punkt auf deiner Liste bald wahr werden zu lassen.
- ➔ Warum denkst du, könnte Offenheit für Neues eine Zutat für deine Kreativität sein?
- ➔ Hast du Ideen, wie du das Kind in dir bewahren kannst? Was tust du für deine Fantasie?
- ➔ Bei welcher Tätigkeit hast du den zuvor erwähnten inneren Antrieb schon einmal gespürt. Warum denkst du, ist das so?

Meine Bucket List

Begleitet von zwei erfahren Guides stand uns eine fünfstündige Eiswanderung bevor. Um gut gewappnet zu sein, bekamen wir zuerst eine Sicherheitseinweisung, gefolgt von eisfester Ausrüstung und Steigeisen. Meine Spannung stieg. Einer der Guides erklärte uns, dass eine gute Ausdauer sehr wichtig sei, da die Route über bedrohliche Gletscherspalten und durch Eishöhlen führe. Es erwarte uns eine andere Welt.

Von Weitem wirkte die Eiswand kantig und spitz, doch nun befanden wir uns in einem Labyrinth von Farben und Formen. Die Linien schwangen abgerundet und sanft. Das Eis schimmerte in schillernden blauen Nuancen. Wir beobachteten unterirdische Flüsse und Wasserfälle, durchquerten enge Eishöhlen und überwanden beängstigende Gletscherspalten. Mein Adrenalinspiegel explodierte, während die Abenteuerlust ins Unermessliche stieg! Das Eis knirschte unter den Steigeisen. Dieser Gletscher sprühte vor Leben. Er knackte und grollte. Jederzeit konnte sich krachend eine neue Spalte auftun. Paul, einer der Guides, lehrte uns, dass der Perito Moreno einer der wenigen Gletscher auf der Erde sei, welcher sich nicht zurückzog. Viele andere fielen der Erderwärmung zum Opfer, doch der argentinische Gletscher war seit Jahrzehnten stabil. Die kalte Luft brannte in unseren Lungen. Paul und Adam gaben ein zügiges Tempo vor, anders würden wir unser Ziel, einen Gletschersee, nicht rechtzeitig erreichen. Körperlich kam ich an meine Grenzen, hier und da verspürte ich Angst, wenn sich eine besonders große Spalte vor mir auftat, doch dieses Erlebnis – oder besser: diese selbst gewählte Herausforderung – würde ich so schnell nicht vergessen.

Nach zweieinhalb Stunden erreichten wir unser Etappenziel. Ich hatte es für unmöglich gehalten, doch es ging noch blauer und noch klarer. Staunend betrachtete ich diesen weltfremden Ort. Befand ich mich noch auf der Erde? Eine Hand berührte mein Kinn. Julian schob liebevoll, aber höhnisch lachend, meinen offen stehenden Mund zu. Auch die Guides konnten sich ihr Lachen nicht verkneifen, als sie meinen etwas dämlichen Gesichtsausdruck bemerkten. Ich schüttelte die Hand ab und lief rot an, dann wandte ich mich an Paul und Adam: »Habt ihr euch jemals an diesen Anblick gewöhnt?« Paul übernahm das Antworten. Er sprach Deutsch und übte sich gerne darin: »Es ist jedes Mal anders, wenn wir hier oben sind. Der Gletscher lebt. Er ist ständig in Bewegung. Wo gestern nichts war, kann morgen eine Spalte oder eine Höhle sein. Dieser See hat sich erst vor einer Woche gebildet. Es beeindruckt mich jeden einzelnen Tag, wozu unsere Erde fähig ist. Daher versuchen wir wenigstens, diesen kleinen Teil von ihr so gut wie möglich zu schützen. Ich kann also gut verstehen, warum dir die Kinnlade runterklappt«, witzelte er. Am Seeufer angekommen, ließen wir uns zu einem kleinen Picknick nieder. Für jeden der Gruppe gab es auf Wunsch einen Schluck Whisky zum Aufwärmen. Völlig geplättet lehnte ich an meinem Liebsten. Mein Kopf stand nach all diesen Eindrücken nicht still. Hier hätte die kleine Emma noch mehr Tiere entdecken können.

»Wieso seid ihr eigentlich Guides geworden?«, durchbrach Julian die Stille. »Aus Leidenschaft. Anders kannst du diesen Job nicht machen. Weißt du, ich liebe, was ich tue. Solange ich von den Einnahmen meine Familie versorgen kann, ist es mir nicht wichtig, wie viel Geld ich verdiene oder ob ich angesehen bin, weil ich das tollste Haus im Viertel habe. Ich habe das Gefühl, viele Europäer oder Menschen aus großen Städten denken da anders. Sie machen ihren Job, um möglichst viel Geld mit nach Hause zu bringen, um sich teure

Autos zu kaufen und ein schöneres Haus als der Nachbar zu besitzen. Es geht nicht um Leidenschaft und Liebe für das, was man tut, sondern um das, was man dafür bekommt«, antwortete Adam, während Paul übersetzte. Ich dachte einen Moment über seine Worte nach. »Dann hast du für mich die bessere Wahl getroffen. Ich meine, wenn du deinen Job aus Liebe und Leidenschaft tust, dann kommt dir deine Arbeit nicht wie Arbeit vor, sondern wie eine Herzensangelegenheit. Und das ist wirklich eine großartige Motivation.« Paul nickte. »Mir geht es wie Adam. Ich liebe unseren Job. Toll ist nicht nur, immer wieder neue spannende Menschen aus aller Welt zu treffen, durch die wunderschöne Natur zu wandern und dafür bezahlt zu werden, sondern auch, dass man unsere Ideen schätzt. Niemand kennt den Gletscher und das Naturschutzgebiet so gut wie die Guides. Uns fällt auf, wenn sich etwas verändert. Wir kennen die Menschen, die solche Touren buchen. Damals gab es die Wanderungen auf den Gletscher nicht. Die Forscher hatten Angst, es könne diesem einzigartigen Ökosystem schaden. Doch es fehlten Einnahmen, um es wirklich zu schützen. Und hier kamen wir ins Spiel. Wir brachten die Idee ein, dass es unter besonderen Sicherheitsmaßnahmen möglich sei, Gletscherbesuche anzubieten. Außerdem schlugen wir mit diesem Konzept zwei Fliegen mit einer Klappe, denn es sensibilisierte Menschen aus aller Welt und regte sie zum Umdenken an, was das Thema Umweltschutz anging. Die Touristen erleben die Ästhetik hautnah und das ist völlig anders als den Gletscher nur aus der Ferne zu betrachten, oder? Dazu kommt, dass diese Touren kostspieliger sind und wir über mehr Budget für das Naturschutzgebiet verfügen.« Julian strahlte vor Begeisterung: »Ich freue mich für euch, dass ihr eure Passion gefunden habt. Es ist total spannend. Das würde bedeuten, dass ihr die Motivation oder den Antrieb, etwas zu tun, in zwei Kategorien unterteilt. Zum einen in die Kategorie, dass man einer Tätigkeit nachkommt, weil man erwartet, etwas dafür zu erhalten und zum anderen gibt es Menschen, die ihrer Arbeit nachgehen, weil sie diese lieben, weil es für sie eine Leidenschaft ist. Ihr Antrieb kommt von Innen und benötigt keine äußeren Anreize.« Er blickte mich an: »Schatz, willst du dir das nicht aufschreiben? Vielleicht hat das was mit Kreativität zu tun.«

Oh ja! Ich war mir sogar sehr sicher, dass die Worte von Adam und Paul etwas damit zu tun hatten. Schließlich stolperte ich in Bezug auf Kinder bereits über den inneren Antrieb. Nun gab es offensichtlich auch Erwachsene, die ihrer inneren Motivation folgten. Irgendetwas lag mir, seitdem ich die beiden sprechen hörte, auf der Zunge. Hatte ich in einem dieser Business-Schinken nicht etwas über diese Motivationen gelesen? Wahrscheinlich musste ich nur Google bemühen, um es herauszufinden. Das nahm ich mir für unsere Rückkehr vor.

Der zweieinhalb Stunden lange Rückweg vom Gletscher zu unserem Bus zog sich wie ein Kaugummi. Ich liebte diesen Ort und konnte mich an seinen Farben und Formen, den Spalten und Höhlen nicht sattsehen, doch trotz der guten Ausrüstung war ich mittlerweile völlig durchgefroren. Der Gedanke an eine heiße Dusche wurde immer verlockender. Ich griff nach der Hand meines Schatzes. Meine Emotionen fuhren schon den ganzen Tag Karussell und vor lauter Gletscher vergaß ich völlig, mich zu bedanken.

»Danke, dass du das hier möglich gemacht hast und dass ich dich überreden konnte, auf den Gletscher zu steigen«, flüsterte ich und sah ihm tief in die Augen. »Danke, dass du mich überredet hast. Ich habe meine Meinung geändert. Das hier ist keine Abzocke. Es ist eine Erfahrung, die das Geld wert ist«, antwortete er und gab mir einen Kuss. Die letzten Monate in Deutschland waren düster gewesen, doch diese Reise ließ das Durchgemachte in weite Ferne rücken. Ich breitete die Arme aus und warf mich ein wenig kindisch in seine.

Das warme Wasser auf meiner Haut malte ich mir weniger schmerzvoll aus. Selbst während der Busfahrt fror ich. Nun meldeten meine Nerven, dass meine Zehen nicht abgestorben waren. Autsch, das tat weh (und gut zugleich). Keine Ahnung, wie lange ich unter der Dusche stand, bevor ich mich in mein Handtuch wickelte und auf das Bett warf. Ein verlockender Duft stieg mir in die Nase. Wie aus dem Nichts meldete sich mein Magen. Wir hatten den Tag über nicht wenig gegessen, doch die Anstrengung und Ausdauer forderten ihren Tribut. »Was riecht hier so gut?« Julian tat so, als wisse er nicht, wovon ich sprach, dann lächelte er und zog eine Schachtel unter dem Bett hervor. »Tripadvisor hat mir verraten, dass es hier die besten Empanadas weit und breit geben soll. Da du heute sicher nicht mehr rauswillst, habe ich uns Abendessen besorgt.« Oh ja, diese köstlichen Teigtaschen waren genau das, was ich nun brauchte, bevor ich Nachforschungen über das heute Gelernte anstellte. »Danke«, presste ich aus vollgestopften Wangen hervor. »Wir wissen ja beide, was passiert, wenn du Hunger hast«, erwiderte er schelmisch. »Schokoriegel immer am Start!«, lachte ich und nahm den nächsten Bissen. Der Empanada-Vorrat war schneller weggeputzt als wir schauen konnten. Bevor die Müdigkeit mich lähmte, schnappte ich mir mein Smartphone und googelte nach *Motivation von innen* und *Motivation von außen*. Der Erste Beitrag, der in der Suchmaschine aufpoppte, warb mit einem Podcast. Dieser drehte sich um Businessthemen, interessanterweise aber auch um Psychologie, im Zusammenhang mit Mitarbeiterführung und Belohnungssystemen. Einmal kurz reinhören konnte ja nicht schaden.

Nach wenigen Minuten wurde mir bewusst, dass ich über die innere und die äußere Motivation tatsächlich schon gelesen hatte. Im Fachjargon wurden sie die intrinsische und die extrinsische Motivation genannt. Von Intrinsisch wurde gesprochen wenn eine Motivation von innen heraus kam, der Tätigkeit wegen. Intrinsisch motivierte Menschen benötigten keine äußeren Anreize für ihre Motivation. Sie übten die intrinsisch motivierte Tätigkeit nicht aus, weil sie damit Geld oder Anerkennung von der Familie erwarteten, sondern, weil sie Freude empfanden, wenn sie ihr nachgingen. Die extrinsische Motivation dagegen geht von einer Motivation von außen aus. Menschen, die sich durch extrinsische Motivationen triggern ließen, taten dies, weil sie beispielsweise eine Bezahlung erwarteten oder Lob von ihrem Umfeld, nicht unbedingt, weil die Tätigkeit ihnen Freude bereitete.

Interessanterweise wurde wissenschaftlich nachgewiesen, dass die extrinsische Motivation die intrinsische sogar hemmen konnte. Probanden, die ursprünglich intrinsisch motiviert waren, wurden belohnt für ihre Leidenschaft. Mit der Zeit verlor die intrinsische Motivation für diese Menschen nachweislich an Wert, bis sie im schlimmsten Fall nur noch von außen motiviert werden konnten, um die ursprünglich intrinsisch motivierte Tätigkeit auszuüben. Aus intrinsisch wurde extrinsisch.

Was für eine wertvolle Information! Diese konnte ich gut auf mich selbst reflektieren. Solange die Fotografie nur ein Hobby darstellte, übte ich sie rein intrinsisch aus. Ich liebte es, mich mit ihrer Hilfe selbst zu verwirklichen. Am Anfang der Selbstständigkeit hielt die innere Motivation an. Regelmäßig führte ich freie Projekte durch, um mich kreativ auszutoben. Doch mit der Zeit spielten Geld und Anerkennung eine immer wichtigere Rolle, denn letztlich musste ich von meiner Leidenschaft leben. Mit dem Druck, dem Erfolg und dem Geld sank die Lust, in meiner Freizeit zu fotografieren. Wie konnte ich also meine intrinsische Motivation am Leben erhalten, wenn ich von meiner Passion lebte? Mit einem Schreck wurde mir bewusst, dass meine Kreativität im ähnlichen Maß abnahm wie meine innere Motivation. Es musste einen Zusammenhang geben! Hektisch kramte ich nach meinem Buch über Kreativität. Hatte es die Lösung für mich parat? Im Stichwortverzeichnis wurde ich fündig. Motivation stellte generell ein wichtiges Thema dar, wenn es um Kreativität ging. Sie füllte unzählige Seiten. Einigen Studien zur Folge war die intrinsische Motivation eng verknüpft mit der Kreativität. Forscher gingen sogar so weit, anzunehmen, dass es ohne intrinsische Motivation keine Kreativität gab. Hierzu führten sie verschiedenste Versuche durch. Das Fazit war: Bei der intrinsischen Motivation lag die Belohnung bereits im Ausüben der Tätigkeit. Es war nicht wichtig, was den Kreativen am Ende erwartete, da er bereits den Weg genoss. Menschen wurden kreativ, wenn sie mit Freude bei der Sache waren.

Forscher konnten zudem nachweisen, wie die extrinsische Motivation entstand. Hierfür war die Dopamin-Ausschüttung in unserem Gehirn verantwortlich. Dopamin, ein Hormon im menschlichen Körper, führten sie als Glücks- oder Belohnungshormon auf, da es unter anderem positive Gefühlserlebnisse auslöste. Wurde ein Tester extrinsisch motiviert, stieg sein Dopamin-Spiegel an. Schwierigkeiten gab es jedoch dabei, herauszufinden, wie intrinsische Motivation funktionierte. Schließlich konnte der Tester nicht wissen, ob seine Tätigkeit belohnt werden würde. Warum empfand er das Ausüben der Handlung selbst als lohnend? Warum empfand er währenddessen Freude? Gelegentlich stieg der Dopamin-Spiegel bei den Probanden während einer anderen Situation an. Konnte dies der Schlüssel sein? Dopamin wurde nicht nur ausgeschüttet, wenn sie belohnt wurden, sondern auch, wenn etwas Unerwartetes oder Neuartiges geschah. Doch warum? Etwas Neues musste ja nicht unbedingt etwas Gutes sein. Warum las man gerne ein Buch? Warum liebte man es, Rad zu fahren oder ein Bild zu malen? Im Zuge einer Studie stießen die Wissenschaftler über die Neugierde. Diese stellte sich spannenderweise immer als intrinsisch motiviert heraus. Während man neuen Ansätzen folgte oder ein fernes Land bereiste, konnte kein Mensch wissen, ob am Ende dieser Reise oder Suche eine Belohnung wartete. Neugierige Menschen wurden von der Suche und dem Entdecken verlockt. Es erfüllte sie ihrer Neugierde nachzugehen. Sie wurden belohnt, wenn sie neugierig waren.

Ich hielt inne. Für mich war die Offenheit dem Neuen gegenüber und Neugierde das Gleiche, getarnt unter verschiedenen Namen. Ich hatte bereits vermutet, dass sie eine wichtige Zutat für die Kreativität darstellte. Sie schien jedoch einen wesentlich größeren Anteil an diesem riesigen Puzzle zu haben. Neugierde bzw. Offenheit für Neues löste intrinsische Motivation aus und ohne diese Motivation funktionierte Kreativität nicht. Wieso dies der Fall war, konnten Forscher nicht sicher belegen. Doch diese Zusammenhänge ließen sich in ihren Augen nicht leugnen. Die Offenheit für Neues war wissenschaftlich betrachtet das Hauptmerkmal kreativer Menschen. Die Neugierde motivierte sie, trieb sie voran, erlaubte es ihnen, alte Wege zu verlassen und Neues zu wagen. Nur solche Wege konnten letzten Endes zu neuartigen Ideen führen.

Es ratterte in meinem Kopf. All diese Informationen fügten sich langsam aber sicher zu einem immer deutlicheren Bild zusammen. Neugierde und intrinsische Motivation konnten als Motor der Kreativität bezeichnet werden. Sie sorgten für die Freude am erschaffen und dort, wo die Freude lag, verbarg sich die kreative Quelle.

Aber lag ich richtig bei der Fantasie? War auch sie eine Zutat? In meinen Augen auf jeden Fall. Das menschliche Gehirn unterschied sich von den Gehirnen anderer Lebewesen unter anderem durch den präfrontalen Cortex und dieser beinhaltete unsere Fähigkeit zur Fantasie. Menschen aßen nicht nur, um zu leben, sie aßen, um zu erleben. Sie kochten, um zu experimentieren. Sie taten Dinge aus Freude und Fantasie und das unterschied sie grundlegend von anderen Wesen.

Durch die Fantasie, bezogen auf den Umstand als Kreativer Kopf neue, unbekannte Wege beschreiten zu müssen, um neuartige Ideen zu entlarven, würde ich mich nicht verschließen, weil ich den Erfolg am Ende des Weges nicht für unmöglich hielt. Hatte ich Fantasie, so sah ich mehr Möglichkeiten. Das konnte man meiner Meinung nach mit einer mentalen Grundeinstellung verknüpfen. Fantasie machte mich offener neuen Erfahrungen gegenüber und sorgte für eine gesunde Neugierde. Alle Zutaten gingen somit Hand in Hand und kultivierten sich gegenseitig.

Ich nahm mir nochmals das Stichwortverzeichnis des Buches vor. Das Wort Fantasie fand ich leider nicht. Doch stieß ich über einen anderen Begriff, der mich magisch anzuziehen schien: Das Mindset (oder auf Deutsch: die Denkweise, das Denkmuster). Fantasie veränderte in meinen Augen das Mindset von Menschen. Fand ich den Beweis dazu unter diesem Stichwort? Dann würde die Fantasie ein unterstützender Faktor der Neugierde sein und somit ebenfalls eine wichtige Zutat.

Meine Vermutungen gaben mir Recht, zumindest bei den Bereichen, die man bis heute erforscht hatte. Realistisch betrachtet, gab es gerade in Sachen Kreativitätsentstehung noch viele offene Fragen. Wissenschaftler hatten nicht auf jedes Phänomen eine Antwort. So unterschieden sie die Kreativität, die vom divergenten Denken hervorgerufen wurde und den Geistesblitz, von dem Menschen wie aus dem Nichts getroffen wurden. In Sachen divergentem Denken konnte man keine Parallelen nachweisen, die Fantasie als Zutat der Kreativität darstellten. Beim Geistesblitz war man bis heute zu noch keinem wissenschaftlich eindeutigen Ergebnis gelangt. Jedoch waren sich die führenden Forscher einig, dass ein offenes Mindset wichtig sei, um neue Ideen hervorbringen zu können. Das Mindset wurde geöffnet, indem man nichts für unmöglich hielt. Und hier kam die Fantasie ins Spiel. Immer, wenn ich mir ein Märchen ansah, in dem die physikalischen Gesetze auf den Kopf gestellt wurden, trainierte ich meinen Kopf zur Offenheit und darauf, Dinge für möglich zu halten, die gegenwärtig unmöglich erscheinen. Immer wenn ich mir zugestand, außerhalb der selbst gesteckten Grenzen zu denken, konnte ich neue Wege entdecken und mit ihnen neue Ideen. Die wirklich großen kreativen Köpfe erschufen letzten Endes Innovationen, die sich die Welt zuvor niemals hätte erträumen lassen. Sie sahen etwas, was es so noch nicht gab und dank ihrer Fantasie, ihrer Neugierde und ihrer Motivation, arbeiteten sie so lange daran, bis es gelang, etwas Unmögliches möglich zu machen. Wie sollte diese Kreativität ohne Fantasie funktionieren? Selbst ohne wissenschaftliche Befunde waren Forscher und Kreative sich einig: Kreativität beruht darauf, etwas zu sehen, was so noch nicht da ist. Für dieses Sehen benötigt der Kreative all seine Vorstellungskraft (Fantasie). Auf der einen Seite mussten also alte Denkroutinen (Mindset) verlassen werden, um neue Ideen zu ermöglichen. Auf der anderen Seite stimmte es aber auch, dass ein großer Teil der erschaffenden Kreativität darin bestand, etwas zu verwirklichen, was der Kreative bereits vor seinem inneren Auge sah (Fantasie), auch wenn es noch gar nicht umgesetzt wurde.

Total aufgeregt griff ich nach meinem Notizbuch. Heute fand ich unglaublich viel heraus. Alles schien zusammenzuhängen und alles ergab erschreckend viel Sinn! Zeit es aufzuschreiben.

Durch meinen Ausflug zum Gletscher und die Menschen, welche mir dort begegneten, habe ich viel gelernt. Ich stieß auf einige potenzielle Zutaten: Die Fantasie, den inneren Antrieb, die Freude und die Offenheit Neuem gegenüber. Zuerst vermutete ich nur, dass diese Zutaten für den Kreativ-Cocktail sein könnten, doch nachdem ich nachgeforscht habe, bin ich mir dessen sicher!

Während meiner Suche wurde mir klar, dass Fantasie sich auf unser Mindset auswirkt. Die Denkmuster treffen unbewusste Entscheidungen und können daher unsere Kreativität beeinflussen. Denkmuster wirken sich auf unsere Offenheit aus. Sie sind tief in uns verankert. Aber es muss doch Wege geben, sie umzuschreiben, oder? Sie können die Kreativität meiner Meinung nach sowohl hemmen wie auch steigern. Auch die Fantasie spielt hier mit rein. Sie ist das Tor zu einem offenen Mindset und ermöglicht es uns, Dinge zu ersinnen, die so noch nicht existieren.

Als nächstes begegneten mir die intrinsische und die extrinsische Motivation und ich fand heraus, das Erstere ein wichtiger Baustein der Kreativität ist. Zudem wurde mir klar, dass mit der Offenheit Neuem gegenüber gemeint ist, dass kreative Menschen sehr neugierig und dauerhaft auf der Suche nach neuem Wissen sind. Sie folgen ihrer Motivation und Neugierde voller Freude, ohne dafür eine Belohnung zu erwarten. Die Belohnung ist die Suche sowie der Weg selbst. Freude ist ein weiterer Indikator auf meiner Suche zur kreativen Quelle.

All diese Zutaten erinnern mich an Kinder. Ich fand eine spannende Studie diesbezüglich und möchte nun detailliert zusammenfassen was ich gelernt habe:

Offenes Mindset

Wissenschaftler unterscheiden bei kreativen Leistungen zwischen dem Geistesblitz und dem divergenten Denken. Letzteres fordert

Experimentierfreudigkeit und die Bereitschaft, unkonventionelle Lösungswege zu suchen. Bei dieser Art der Kreativität, konnten keine Parallelen zur Fantasie gezogen werden. Zumindest gab es keine eindeutigen Studien. Im Bezug auf den Geistesblitz und den Auswirkungen von Fantasie auf Kreativität existieren bis heute kaum Forschungen. Jedoch sind Forscher sich einig, dass ein offenes Mindset für mehr Kreativität ausschlaggebend ist. Menschen, die über offene Denkmuster verfügen, sind bereit für neue Erfahrungen, auch wenn diese ihnen zuerst merkwürdig erscheinen. Sie sind offener neuen Wegen gegenüber. Wenn von einem Mindset gesprochen wird, sind Denkmuster gemeint, die tief in uns verankert sind. Sie sind ein wichtiges Tool, sobald wir Entscheidungen treffen. Viele davon fällen wir sogar unbewusst, ohne dass wir es mitbekommen. Sie speisen sich vor allen Dingen aus Erfahrungen und Erlebnissen, die wir in der Vergangenheit gesammelt haben. Je nachdem, wie dieser Erfahrungspool aussieht, kann das Denkmuster förderlich oder hemmend für die Kreativität sein. Doch sie lassen sich durch verschiedenste Techniken umschreiben. Auf jeden Fall sei es gut für die Kreativität, alte Denkmuster zu verlassen und sich für Neues zu öffnen. Hier stolperte ich über den Begriff Glaubenssätze, welchem ich noch auf den Grund gehen werde.

Doch was sorgt für ein offenes Mindset? Dafür, dass ich nicht zu misstrauisch oder zu skeptisch dem Neuen gegenüber bin? Nun kommt die Fantasie ins Spiel. Menschen, die auch im Alter noch Fantasy-Bücher lesen, Märchen schauen oder Fans von Comics sind, verfügen über ein offeneres Mindset, da sie ihr Gehirn regelmäßig mit Situationen füttern, welche der normale Erwachsene für unmöglich erachtet.

Auch Reisen fördert das offene Mindset, weil wir neue Eindrücke sammeln und das mit allen Sinnen! Fantasie ist vielleicht nicht direkt mit Kreativität in Verbindung zu bringen, doch ist sie wichtig, um festgefahrene Denkmuster aufzubrechen und um Innovationen oder Ideen zu sehen, die so bisher nicht existieren. Fantasie unterscheidet unsere Denkweise von den meisten anderen Lebewesen. Durch sie entwickeln wir uns stetig weiter. Schließlich kamen alle großartigen Ideen der Menschheit durch kreative Köpfe zustande, die einfach wussten, dass ihre Idee funktionieren wird. Durch Fantasie und ein offenes Mindset sind Menschen bereit, den Weg des geringsten Widerstandes zu verlassen und sich herauszufordern.

Die intrinsische Motivation

Ist die intrinsische Motivation ein Motor meiner Kreativität? Was bedeutet es, von innen motiviert zu sein? Folge ich einem Hobby, weil ich es gerne tue, so bin ich intrinsisch motiviert. Ich folge dieser Leidenschaft nicht, weil ich eine Belohnung erwarte, sondern weil ich es liebe, sie auszuüben. Kreativität setzt nur ein, wenn der Mensch intrinsisch motiviert ist. Eng mit dieser Motivation verknüpft ist laut Forschung die Neugierde, die nachweislich ein Grundmerkmal kreativer Menschen ist. Rein extrinsisch motivierte Probanden stellten sich oftmals als wenig kreativ heraus. Das lag daran, dass die intrinsische Motivation nicht darauf abzielte, am Ende eine Belohnung zu erhalten. Der Weg des Tuns war bereits die Belohnung genug. Kreative lieben es, ihrem Durst nach Wissen und ihrer Neugierde nachzugehen. Ein schönes Bespiel bietet hier das Lesen. Lese ich ein Buch, so weiß ich nicht, was mich erwartet. Wird mir das Ende zusagen? Wird mir der Inhalt etwas bringen? Das kann ich erst sagen, wenn ich es gelesen habe. Was mich antreibt, es zu lesen, ist in diesem Fall die Neugierde, welche mit Auslöser der intrinsischen Motivation ist.

Während ich diese Zeilen schreibe, wird mir bewusst, dass all diese Zutaten wie kleine Zahnräder ineinandergreifen. Zusammen ergeben sie ein gigantisches Uhrwerk. Kreativität entsteht nicht in einem Bereich des Gehirns, sondern vielmehr im Zusammenspiel von Milliarden Neuronen, die elektrische Impulse senden und neue Erfahrungen mit alten mischen, bis daraus eine Idee entsteht. Jede Erfahrung, die ich sammle, formt mein Mindset, bietet meiner Fantasie Futter und bestätigt mich darin, dass Neugierde etwas Gutes ist. Jede Erfahrung, die ich sammle, dient meinem Gehirn als Rohmaterial, mit dem es etwas kreieren kann. Kreative wollen immer mehr Erfahrungen, um über mehr Rohmaterial zu verfügen. Daraus ergibt sich die Neugierde, die Grundlage kreativer Geister ist.

Neugierde

Durch die Neugierde sind wir immer auf der Suche nach neuen Eindrücken, mehr Wissen und weiteren Erfahrungen, was zur Folge hat, dass unser Gehirn dauerhaft mit Informationen versorgt wird, die es immer neu kombinieren kann, bis daraus ein kreativer Einfall wächst. Sie sorgt dafür, dass wir uns angetrieben fühlen, nicht weil wir am Ende unserer Suche eine Belohnung erwarten, sondern, weil wir jede neue Erkenntnis und damit den Weg genießen. Der Neugierde folgen zu dürfen, ist Belohnung genug. Könnte es nicht sein, dass diese Eigenschaft kreative Menschen dazu motiviert, ihre Denkmuster laufend in Frage zu stellen und nach Herausforderungen zu suchen, um zu neuen Einstellungen zu gelangen, welche im besten Fall den Geistesblitz herauskitzeln? Das würde erklären, warum ihr Durst nach Wissen und Erfahrungen eine so wichtige Zutat ist und warum sie allein bei der Suche so viel Freude empfinden.

Das bringt mich zurück zu meinen Gedanken über Kinder. Kinder sind Rohdiamanten. Sie sind die pure Kreativität. Sie sind neugierig, wollen alles lernen, geben nie auf, tun Dinge, weil sie sie lieben und verschließen sich nicht. Für Kinder ist nichts unmöglich. Sie lassen ihrer Fantasie freien Lauf, ihre Vorstellungskraft ist grenzenlos. Doch im Alter verändern wir uns. Dies zeigt eine erschreckende Untersuchung: Demnach sind Kinder bis zum Alter von fünf Jahren zu 98 Prozent hochgradig kreativ. So gut wie jeder Mensch besitzt also enorme Kreativität, wenn er das Licht der Welt erblickt. Doch sie schwindet mit jedem Jahr, das wir altern. Mit zehn Jahren waren nur noch 30 Prozent der Kinder hochgradig kreativ, mit 15 Jahren gerade einmal zwölf Prozent und im Erwachsenenalter blieben lausige zwei Prozent übrig. Was passierte mit all den kreativen Menschen? Was lässt ihre Quelle versiegen? Wurde durch Erziehung und Umfeld ihr Mindset negativ beeinflusst? Trauten sie sich irgendwann nicht mehr, zu fantasieren, weil sie erwachsen werden mussten, weil Erwachsene nicht träumen dürfen? Wurde ihnen gesagt, dass Neugierde unhöflich ist?

Meinen Beobachtungen nach berauben Umfeld, Erziehung, System und das Erwachsenwerden uns unserer Kreativität. Manche Zutaten passen nicht in eine Welt, in der Erfolg, Geld und gutes Benehmen an erster Stelle stehen. Als Kind nutzen und pflegen wir die Zutatenliste intuitiv. Doch diese Intuition verlieren wir im *Alltagstrott*, so wie ich meine verlor. Vielleicht muss jeder unter Kreativlosigkeit Leidende nur seine Liste vervollständigen, um den Damm zu brechen und seine kreative Quelle erneut sprudeln zu lassen?

Dann könnte es nützlich sein jede einzelne Zutat zu fördern. Wissen und Fleiß, indem ich mich wieder mehr auf Gebieten füttere die mich interessieren. Ich dürfte Tagträumen, um mein Unterbewusstsein anzuregen. Es wäre wichtig, dass ich über ein offenes Mindset verfüge. Allerdings müsste ich dazu erst einmal herausfinden, ob es offen ist und wenn nicht, wie ich diesen Umstand ändern könnte. Ich dürfte im Erwachsenenalter nicht aufhören, meine Fantasie zu nutzen, denn sie könnte meine Offenheit dem Fremden gegenüber unterstützen und Dinge für möglich erachten, die ich eigentlich für unmöglich halte. Zudem dürfte ich meiner Neugierde folgen, was meine intrinsische Motivation förderte. Ich würde den Leidenschaften nachgehen, für die mein Herz brennt und für welche ich eine unbändige Freude empfinde. Dadurch wäre ich nicht nur kreativer, sondern auch glücklicher. Liegt das Glück dort, wo meine Kreativität sich ausdrückt?

Müssen der heutige Lebensstil und die Ideale der Gesellschaft die Kreativität ausschließen? Ist sie nicht der nächste Schritt auf der Leiter der Entwicklung und die einzige Möglichkeit, sich auch in Zukunft weiterzuentwickeln? Mit diesem Wissen sollte uns daran gelegen sein, dafür zu sorgen, dass Kinder ihre Kreativität behalten. Sollte man Kindern nicht lieber beibringen, ihre Zutatenliste zu pflegen, anstatt sich in ein System einzugliedern, für das sie sich verbiegen müssen?

Neue Zutaten für den Kreativ-Cocktail

- → Offenes Mindset
- → Neugierde
- → Intrinsische Motivation

Aufgaben

- → Das Spiel mit der Fantasie: Stell dir vor, du könntest den menschlichen Körper noch praktischer gestalten? Was würdest du tun? Schreibe auf, wie du den menschlichen Körper optimieren würdest. (Bsp: Taschen fürs Smartphone im Körper eingebaut, eine Kamera auf der Stirn usw.)
- → Was hast du als Kind gerne gemacht? Schreibe einen Brief an dein erwachsenes Ich. Trau dich erneut, die Welt aus deinen Kinderaugen zu sehen. Was hast du früher gerne getan? Was hast du geliebt? Was mochtest du gar nicht? Woran hast du früher geglaubt? Was war für dich möglich? Gibt es da etwas, was du heute wieder tun würdest? Tu es!

Vielleicht fragst du dich, wieso du diese Übungen machen sollst. Der Grund ist einfach: Sie öffnen dein Mindset. Wenn du gerade daran zweifelst, dass sie dir etwas bringen könnten, ist dein Mindset etwas verengt und wartet darauf, sich zu öffnen. Deine Perspektive und deine Einstellung entscheidet, was möglich ist und was nicht.

5

Lass los

Patagonien rief Veränderungen in mir hervor. Das erste Mal seit Monaten fand ich mein Lachen wieder, spürte die Unbeschwertheit in meinem Herzen und folgte meinem Gefühl. Die Reise durch diesen rauen Landstrich hatten wir kaum vorbereitet. Hostels buchten wir manchmal erst am Vorabend, nach Bussen schauten wir spontan. Gefiel uns ein Ort, blieben wir länger. Nur El Chaltén, unser nächstes Ziel, buchten wir vorab. Dieses Dorf am Ende der Welt zwischen den atemberaubenden Anden wurde allein für Wanderer errichtet, die den gigantischen Fitz Roy oder den Cerro Torre erschließen wollten. Mutige Bergsteiger bereisten dieses Gebiet, da beide Berge zu den schwersten Kletterrouten der Welt zählten. Das Wetter war meist unbeständig und es fegte ein harter Wind über die Ebene. Oftmals wurde die Bergkette in Wolken gehüllt und Reisende mussten Glück haben, wollten sie das komplette Band in seiner vollen Pracht erblicken. Die Wanderungen verfügten über immense Steigungen und konnten sehr lang und beschwerlich sein. Im Dorf selbst wurde einmal die Woche frisches Gemüse angeliefert. In ganz Patagonien waren Kraftstoff und Tankstellen Mangelware. Ein Mietwagen bot Touristen zwar mehr Möglichkeiten, doch auch das Risiko, irgendwann ohne Hoffnung auf Benzin liegenzubleiben. Wer diesem Risiko entgehen wollte, wählte den Bus. Von El Calafate nach El Chaltén dauerte die Fahrt drei Stunden. Eine sehr kurze Strecke für argentinische Verhältnisse. Doch während dieser Fahrt sah ich weder ein anderes Auto noch Häuser oder Ortschaften.

Unsere Reise ans Ende der Welt nahm ihren Lauf. Würden wir Glück haben und die Bergkette komplett sehen? Bisher hatten wir außerordentlich gutes Wetter. Dennoch kaufte ich mir ein Stirnband, denn eine unserer Wanderungen sollte uns direkt an den Fuß des Fitz Roy und zu einem riesigen Bergsee führen. Mehr als 20 Kilometer durch die rauen Ebenen und danach einen steilen Hang hinauf. Es kribbelte erwartungsvoll, als ich daran dachte. Eintönigkeit bestimmte auch diese Fahrt, doch die Sonne strahlte. Lange bevor wir unser Ziel erreichten, erblickte ich ein Band am Ende des Horizonts. Das musste die Bergkette rund um den Fitz Roy sein. Schon von weitem wirkte sie gigantisch. Kein Wunder, immerhin war allein der Fitz Roy rund 3.400 Meter hoch und ragte mit seiner ungewöhnlich zulaufenden Form in den Himmel. Je näher der Bus kam, desto kleiner kam ich mir vor. Mittlerweile sollte ich mich an die Größenverhältnisse des Landes gewöhnt haben, doch das Gegenteil war der Fall. Meine bereits vorhandene Ehrfurcht wurde immer größer. Der Drang, dieses Gebiet zu bewandern und zu entdecken, brannte. Ich wollte nicht nur sehen. Ich wollte erleben! Der Wind sollte an mir reißen, die Kälte in meine Glieder kriechen, die Beine schmerzen von den vielen Kilometern, welche wir zurücklegten. Ich wollte mittendrin sein! Die Gebirgskette rund um den Berg gehörte ebenfalls dem Nationalpark an, daher bekamen wir eine Einweisung zum Verhalten innerhalb des Naturschutzgebietes. Zudem gab man uns Tipps für die Wanderungen. Durch die tückischen Wetterverhältnisse musste man als Wanderer für alles gewappnet sein. Nachdem der Guide seinen Vortrag beendete, schnappten wir uns die Backpacks und starteten die Suche nach unserem Hostel.

Die Häuser im Dorf sahen winzig aus. Sie wurden von der Gebirgskette überragt und lange Schatten tauchten sie hier und da in Dunkelheit. Schon vom Tal aus erblickte ich weitere Gletscher und Schnee. Unser Hostel lag gut versteckt am Rande des Dorfes. Es stellte sich als klein, aber sehr gemütlich heraus. Wie im ganzen Land empfing man uns warmherzig. Als der Besitzer uns unseren Raum zeigte, musste ich schmunzeln. Die Zimmertür ließ sich gerade so schließen, nachdem die Rucksäcke auf dem Boden lagen. Statt über ein Doppelbett verfügte es nur über ein Hochbett, damit man sich überhaupt bewegen konnte. »Das wird kuschelig«, wandte ich mich lachend an Julian. »Nicht für uns«, erwiderte er grinsend und zeigte auf das Hochbett. Ich zuckte mit den Schultern. »Wir sind ja nicht hier um im Bett zu liegen. Schau mal! Aus dem Fenster kann ich den Fitz Roy sehen!« Gerade wollte ich mein Smartphone laden, als das Licht im Zimmer kurz flackerte und dann völlig erlosch. Verwundert blickte ich zwischen der Lampe und der nicht funktionierenden Steckdose hin und her. »Diesmal sind wir wohl wirklich am Ende der Welt«, murmelte ich. »Vielleicht ist es ja ganz schön, das Handy hier zu lassen. Internet hast du sowieso nicht.« Er hatte Recht! Ich warf das Gerät aufs Bett, schnappte mir meine

Jacke und blickte ihn erwartungsvoll an. »Worauf wartest du? Lass und den Ort erkunden!«

Wir machten eine kurze Wanderung auf die nahe gelegene Anhöhe. Der Himmel war so klar, dass wir von oben, mit ein wenig Glück, den gesamten Kamm überblicken konnten. Bereits nach wenigen Augenblicken des Anstiegs schnappte ich nach Luft. Was hier im Verhältnis einem Hügel glich, nannte man bei uns zu Hause einen Berg. Doch die Seitenstiche sollten belohnt werden. Oben angekommen, konnten wir die gesamte Gebirgskette sehen. Die Sonne sank bereits und tauchte alles in feuerrotes Licht. Wolken bäumten sich hinter den Bergen auf und umhüllten sie langsam mit mystischem Dunst. Der Wind pfiff mit so hoher Geschwindigkeit, dass sich mit jeder Sekunde ein anderer Anblick bot. Gletscher und schneebedeckte Spitzen wurden verschlungen. Nach kurzer Zeit erahnten wir die Berge nur noch als Schemen. Die sie umgebenen Täler hingegen erstrahlten in einem unwirklichen Schimmer. Sie schienen wie gemalt. Wolkenfetzen waberten umher und gaben immer wieder beeindruckende Perspektiven frei. Schattenspiele tanzten über das Land. Alles bewegte sich ästhetisch. Eine Windböe riss an mir und brachte einen Wirbel Schneeflocken mit sich. Als der Tanz des Himmels die Sonne schluckte, sank die Temperatur augenblicklich. Das Schauspiel beeindruckte mich so sehr, dass ich Julians Stimme gar nicht wahrnahm. Er warnte mich, dass ich der Klippe nicht zu nahe kommen sollte. Aus den sanften, sich windenden Fetzen entwickelte sich rasend schnell eine pechschwarze Gewitterfront. Blitze zuckten umher, der Wind fegte, erste Eisregenkörner peitschten gegen mein Gesicht. Die Naturgewalt, mit der das Gewitter über den Nationalpark hereinbrach, war wunderschön und gefährlich.

Julian ließ sich weniger mitreißen und zog mich bestimmt von der Kante weg: »Es ist Zeit zu gehen, außer du möchtest vom nächsten Blitz gegrillt werden.« Ich folgte ihm wortlos, blickte jedoch immer wieder über meine Schulter, um das Spektakel auf mich wirken zu lassen. Der Abstieg ging wesentlich schneller, auch wenn der Eisregen ihn zu einer rutschigen Angelegenheit werden ließ. Platschnass und durchgeweicht erreichten wir das Dorf. In Gedanken war ich immer noch auf dem Gipfel und ließ mich von den Eindrücken treiben. Er blickte mich entgeistert an: »Wie lange wolltest du noch an der Klippe stehen und dem Unwetter zuschauen?« Ich funkelte ihn verständnislos an: »Für mich war es kein Unwetter, sondern ein fesselnder Wolkentanz. Das da oben ist Freiheit.« Er nahm mich in den Arm: »Du bist verrückt. Komm wir ziehen uns etwas Trockenes an und gehen essen.«

Ich träumte von umhertanzenden Schneeflocken, kalbenden Gletschern und krachenden Wassermassen. Stehend auf einem Gipfel konnte ich alles überblicken, was die Natur zu bieten hatte. Ich beobachtete sie, während sie eine neue Kolibri-Art erschuf, wie sie einen Krater in die Erde riss – nur um dann hunderte von Wasserfällen daraus hervorbrechen zu lassen. Ich sah, wie sie sich vor Kindern verneigte und ihnen ein Geschenk überreichte. Mit leuchtenden Augen traten die Kleinen an die Klippe. Kurz blitzte Angst in ihren Augen auf, dann sprangen sie. Anstatt von den Wassermassen verschlungen zu werden, wurden sie von ihnen getragen, immer weiter. Sie jauchzten und jubelten voller Freude. In mir breitete sich eine tiefe Vertrautheit aus. »Spring und ich werde dich auffangen«, flüsterte es leise. Ein riesiger Schwarm Schmetterlinge umgab mich. Ihre zarten Flügel streichelten über meine Wangen. Ich trat näher an die Klippe. Die Schmetterlinge stoben auseinander. Sie verwandelten sich in Millionen feine Wassertropfen, welche auf mich niederprasselten. Das Tosen der Kaskaden ließ keine weiteren Geräusche zu. Mein Herz schlug bis zum Hals. Was, wenn ich nicht getragen wurde? Was, wenn die Wassermassen mich verschluckten? Wenn meine Angst mich erstarren ließe und ich vergaß zu atmen? Was, wenn dies die falsche Entscheidung war? Ein sanfter Windhauch streichte meine Schulter. Vertrauen. Das Wort tauchte hinter meiner Stirn auf, dort blieb es als stiller Begleiter. Nur noch ein Schritt. Ich fiel! Rasend schnell zogen Bäume, der Himmel, die Berge und umherschwirrende Kolibris an mir vorbei. Ich schnappte panisch nach Luft, bereit, von den Wassermassen verschluckt zu werden. Doch sie trugen mich. Eine wohlige Wärme breitete sich in mir aus. Die Angst verflog und wurde durch Vertrauen ersetzt. Eine behutsame Berührung riss mich aus meinem Traum. »Aufstehen, die Sonne geht auf. Wenn wir die komplette Wanderung durchziehen möchten, müssen wir uns langsam fertig machen.« Es dauerte einen Moment, bis ich auch die letzten Illusionen meines Schlafs abgeschüttelt hatte. Was für ein verrückter Traum. All die Eindrücke hinterließen Spuren. Während die Bilder langsam verblassten, blieb das warme Gefühl in meiner Brust.

Schutt knirschte unter meinen Wanderschuhen. Dort, wo gestern noch Blitze über den Himmel zuckten, strahlte nun die Sonne. Fünf Kilometer hatten wir bereits zurückgelegt. Der Weg führte uns durch steinige Täler voller Bäume, immer mit Blick auf die uns überragenden gigantischen Berge. Den Bergsee Laguna de Los Tres, welcher unser Ziel war, konnten wir nicht sehen. Julian und ich wanderten zwar immer gemeinsam, aber wir liebten die Stille währenddessen. Meist führten wir nur während der Pausen Gespräche, sonst zog jeder von uns es vor, die Landschaft auf sich wirken zu lassen oder eigenen Gedanken nachzuhängen. Die frische Luft und die viele Bewegung sorgten für Klarheit in meinem Kopf. Meine Gedanken wurden ruhiger. Ausgeglichenheit nahm ihren Platz ein. Wahnsinn, was ich bis hierher über mich und meine Kreativität gelernt hatte. So viele Faktoren waren für sie verantwortlich. Innere Balance schien ein immens wichtiger Faktor zu sein. Geriet ich aus der Balance, gingen mir Zutaten verloren und ich verlor den Zugang zu meiner Quelle. Bisher stieß ich auf die Neugierde und die intrinsische Motivation, welche wohl mit die wichtigsten Elemente waren, um kreativ zu sein. Doch um auf Ideen zu kommen, musste man auch träumen. Man musste sich eingestehen, fantasieren zu dürfen und seine Vorstellungskraft nutzen, um das eigene Mindset zu öffnen. Wissen und Fleiß speisten die kreative Quelle mit neuen Erfahrungen und Erkenntnissen. Ich wurde das Gefühl nicht los, dass noch so viel mehr dahintersteckte. Schließlich verlor ich meine Kreativität komplett, als die Balance in meinem Umfeld völlig ins Wanken geriet. Hatte die Kreativität mehr mit meinem Innenleben und meinen Emotionen zu tun als mir lieb war? Waren beide Elemente tief miteinander verknüpft? Hielt ein empfindliches Gleichgewicht alles im Fluss? Halfen meine Zutaten, dieses Gleichgewicht aufrechtzuerhalten? Doch wenn diese Balance in mir stattfand, wie konnte ich sie dann von außen unterstützen? Einfach weitermachen, wenn es mir schlecht ging? Das funktionierte nicht. Ich hatte es probiert und sank dadurch nur noch tiefer in den Abgrund der Ideenlosigkeit. Doch auch das Nichtstun und Lamentieren verschlimmerte meinen Zustand nur. Es sorgte dafür, dass ich völlig den Antrieb verlor, zu nichts mehr Lust hatte, nichts mehr fühlte außer Leere. Hätte es die Möglichkeit, wieder auf die Beine zu kommen, vielleicht schon eher gegeben? Hatte ich sie nur nicht gesehen? Schließlich nahm ich momentan ebenfalls eine Pause von meinem Alltag, doch diese half. Hing es damit zusammen, dass ich andere Sachen sah, neue Eindrücke sammelte und täglich meine Neugierde besänftigte? Oder damit, dass ich mir zwar Zeit nahm, meine Seele zu heilen, jedoch nicht durch rumsitzen und warten, sondern durch Aktivitäten, welche mir gut taten? Oder würde ich zurück in der Realität in alte Muster fallen? Was geschah, wenn es darum ging, kreativ zu arbeiten? Kehrte die Leidenschaft zurück? Oder holte mich der Zwang ein? Mein Herz verengte sich bei dem Gedanken und es bildete sich ein Klumpen in meinem Hals. Ich war noch nicht soweit. Die Gedanken an zu Hause machten mir Angst.

Wir erreichten einen der unzähligen Aussichtspunkte auf unserer Route. Von hier sahen wir Wald und Gletscher, welche von den Anden dominiert wurden. Doch ein anderer Anblick erregte mein Interesse. Wir waren nicht alleine. Eine Wandergruppe von fünf Personen hatte sich auf einer Picknickdecke niedergelassen und rastete. Nichts Außergewöhnliches, bis auf den Umstand, dass eine ältere Dame in einer Art Trekking-Rollstuhl bei ihnen saß. Konnte sie den Aufstieg im Rollstuhl bewältigen? Die letzten 600 Höhenmeter zum See sollten unheimlich steil sein und Passagen beinhalten, in welchen man über große Felsen klettern musste. Gesunde Wanderer wurden gewarnt, diese Tour nur mit genügend Kondition zu wagen. Was für eine Herausforderung musste diese Strecke für eine Frau mit Handicap darstellen? Sie bemerkte meinen Blick und ich wollte mich gerade beschämt abwenden, als sie mir ein herzliches Lächeln zuwarf: »Nicht so schüchtern, junge Dame. Keine Angst. Ich kenne diesen Blick«, rief sie auf Englisch und signalisierte mir mit einer Handbewegung, dass ich näher kommen sollte. »Es tut mir Leid, ich wollte Sie nicht belästigen. Ich bin nur erstaunt, dass Sie die Wanderung in einem Rollstuhl bestreiten«, erwiderte ich schnell. Sie schenkte mir ein mildes Lächeln: »Weißt du, ich war nicht immer an diesen Stuhl gefesselt. Früher hatte ich zwei funktionierende Beine, die mich durch die Welt trugen. Ich suchte immer nach neuen Herausforderungen, da sie die größte Quelle meiner Inspiration darstellten.« Ihr letzter Satz weckte meine Neugierde. Was tat sie? Wofür nutzte diese Frau ihre Inspiration. Und konnte es ein Zufall sein, dass ich sie hier und heute traf? »Sie haben sich also immer in neue Abenteuer gestürzt, um Ideen zu bekommen?«, fragte ich. Mein Gegenüber nickte und ihre Augen strahlten, als sie Erinnerungen heraufbeschwor: »Oh, ja! Die besten Ideen hatte ich, wenn ich wirklich über mich hinauswachsen musste. Wenn ich Dinge tat, die mir Angst machten, wenn ich mich selbst für verrückt erklärte.« Ein Kribbeln in meinem Bauch verriet mir, dass ich mehr erfahren wollte. »Wofür haben Sie die Ideen gebraucht?«

»Ich bin Autorin und schreibe von Romanen über Kurzgeschichten und Drehbücher alles, was du dir vorstellen kannst. Wenn du dir immer neue Geschichten überlegen musst, brauchst du Ideen. Auch wenn es deine Leidenschaft ist. Sobald sie zum Beruf wird, musst du liefern, denn du lebst von ihr. Energie, Motivation und Ideen bekam ich, indem ich mich in Abenteuer stürzte. Hier eine Weltreise mit dem Fahrrad, dort ein Tandemsprung. Tauchen durch die Tiefe der

Ozeane umringt von Haien, Walen und Delfinen. Das alles gab mir Stoff für meine Geschichten und hielt meine Kreativität aktiv – egal, wie viel gefordert wurde.«

Ich konnte mir ein Lachen nicht verkneifen. Seit ich mich mit dem Thema Kreativität befasste, war Kreativität überall! Ich fand Bücher zu dem Thema, Menschen, die mich durch ihre Geschichte auf eine Fährte lenkten, und ich wurde gefüttert durch die wunderschönen Eindrücke meiner Reise. War es meine Aufgabe, dieses Puzzle zu vollenden? Langsam kamen mir all diese zufälligen Begegnungen wie inszeniert vor. Wer stand hinter dem Vorhang und zog die Fäden? Die Frau beobachtete mich mit einer hochgezogenen Augenbraue. Meine Reaktion wirkte wohl etwas merkwürdig auf sie. »Es tut mir leid! Es ist nur so: Kreativität ist aktuell ein riesiges Thema für mich. Ich versuche, die dafür nötigen Zutaten zu entwirren und herauszufinden, wie man die eigene Quelle im Fluss hält. Ich frage mich, wie ich es schaffen kann, in der Balance zu bleiben, auch wenn das Leben Überraschungen bereithält? Und seitdem ich mich damit befasse, kommt es andauernd zu Situationen, welche mich auf eine neue Fährte stoßen oder mir einen Tipp geben. Ich frage mich, ob das alles Zufall sein kann?«

»Ich glaube nicht an Zufälle«, antwortete die ältere Dame. »Lass mich dir mehr erzählen und schauen, wohin diese Fährte dich leitet. Wie gesagt, als ich noch laufen konnte, suchte ich das Abenteuer. Es war der Nervenkitzel. Irgendwann war ich süchtig, wollte immer mehr, überschritt die Grenze zu den Herausforderungen, denen ich gewachsen war. Ich dachte, es sei ein leichtes, den Mount Everest zu besteigen. Für diese dumme Idee zahlte ich den Preis. An einer steilen Passage rutschte ich ab, stürzte und brach mir die Wirbelsäule. Heute schätze ich mich glücklich, dass ich den Sturz und den Abtransport ins Tal überlebte. Der Drang nach mehr machte mich verrückt. Ich überschätzte mich maßlos.« Julian sog hörbar nach Luft und auch ich war geschockt von ihrer Geschichte. »Lass mich dir einen Rat geben: Folge deinem Herzen, suche Inspiration in der Herausforderung. Neue Ideen wirst du nicht auf festgetretenen Pfaden finden.« Ich machte große Augen: »Bereuen Sie es denn gar nicht?« Sie schüttelte den Kopf. »Ich sage nicht, dass du die Grenze überschreiten sollst, auch wenn ich meine Überschreitung nicht bereue. All meine Erfahrungen machen mich zu dem Menschen, der ich bin. Ohne meinen Sturz hätte ich nie zu mir gefunden. Ich hätte niemals gelernt, mich selbst zu reflektieren. Du hast etwas von Balance gesagt. Diese wirst du nicht allein in der äußeren Welt finden. Der Schlüssel liegt in dir verborgen. Ich musste erst meine Fähigkeit, laufen zu können, verlieren, um das zu erkennen. Du bekommst die Chance, dir meine Worte gut einzuprägen.« Sie zwinkerte. Ihre Geschichte berührte mich tief. Ich schluckte hörbar und Tränen stiegen in meine Augen: »Und wie wollen Sie an die Laguna de Los Tres gelangen?« Sie grinste schelmisch: »Was meinst du, warum ich diesen vier starken Jungs einen Urlaub in Patagonien spendiert habe? Sie helfen mir dort, wo die Kraft meiner Arme nicht ausreicht. Denkst du zwei Beine halten mich sture Schrulle davon ab? Ich habe meine Lektion gelernt. Reisen und herausfordern möchte ich mich trotzdem noch. Wenn ich mich meiner Lethargie nach dem Sturz hingegeben hätte, wäre nie auch nur eins meiner Werke zustande gekommen. Kreativität liegt im Tun, Liebes. Sobald du in eine Starre verfällst, baust du dir selbst eine Mauer um deine kreative Quelle, bis es dir unmöglich ist, auf sie zuzugreifen.«

Ich griff nach den Händen der Fremden, die mir innerhalb eines Lidschlags so vertraut geworden war. Mehr als ein »Danke« brachte ich nicht hervor. Ihre Geschichte und ihre Einstellung griffen so tief, dass es mich Mühe kostete, die Tränen zurückzuhalten.

Wir gelangten zu dem finalen Anstieg, als die Sonne ihren Zenit erreichte. Ich nahm weniger von meiner Umwelt wahr als in den letzten Tagen. Zu sehr hatten mich die Ratschläge der Reisenden bis hierher beschäftigt. »Ab jetzt solltest du dich voll und ganz auf den Weg konzentrieren. Das wird nicht einfach und ich möchte nicht, dass du den Halt verlierst«, mahnte Julian und blickte mich dabei ernst an. Ich nickte und sah den Hang hinauf. Er war steil, sehr Steil. Ich würde meine Hände zur Hilfe nehmen müssen, um über die Felsen zu klettern. 600 Meter. Ich schnaufte. Berg hochlaufen, davon war ich nie ein Freund gewesen. Doch die glühenden Oberschenkel und die brennende Lunge hatten sich jedes Mal ausgezahlt. Nur so konnte ich den Ausblick an den entlegensten Orten dieser Welt genießen. Nur so erreichte ich Stellen, die kein Touribus zu Gesicht bekam. Julian besaß viel längere Beine und erklomm die Felsen mit Leichtigkeit. Wie eine Bergziege machte er sich an den Aufstieg. Ich kam mir ungelenk und langsam vor. Den ersten großen Felsen überwand ich auf allen vieren. Der Wind zog an Jacke und Haaren. Schon bald dankte ich im Stillen meinem Stirnband. Nach einer gefühlten Ewigkeit erreichte auch ich die Schneegrenze. Keuchend wanderte mein Blick empor. Kein Ende in Sicht. Die Steigung nahm sogar noch zu. Doch Aufgeben war keine Option. Ich stemmte die Arme in die Hüfte, versuchte Luft zu holen und nahm einen Schluck Wasser aus meiner Trinkflasche. Weiter ging es, während Julian hinter der nächsten Kurve verschwand. »Bloß nicht sein Tempo anschlagen, sonst kommst du niemals oben an«, flüsterte eine Stimme in meinem Kopf. »Kehr um, das schaffst du nicht. Dieser Berg ist zu steil für dich. Spürst du, wie der Wind durch deine Kleidung rauscht? Gleich werden dir die Ohren wehtun. Du wirst dir deine Hände und Knie aufschürfen. Was soll das bringen? Hast du noch nie Wald von oben gesehen?« Ich schüttelte die Gedanken ab. Ich würde weitergehen, bis ich mein Ziel erreichte. Nach einer weiteren Endlosigkeit löste eine steile Ebene aus Schutt das Felsenmeer ab. »Weiter, Schatz! Du hast es gleich geschafft!«, rief Julian, der bereits eine Anhöhe erreicht hatte. Auf den letzten Metern reichte er mir die Hand und zog mich hoch. Erschöpft sank ich auf die Knie. Wald von oben, dachte ich enttäuscht, während ich ins Tal blickte. Er berührte mich sanft an der Schulter und ich drehte mich um. Direkt vor meiner Nase stießen die imposanten Berge in den Himmel. Die kurze Ebene vor ihnen war von Schnee bedeckt. Ein steiler Hang führte hinab zur wunderschöne Laguna de Los Tres. Ihr Blau wurde nur durch Eisschollen durchbrochen, die auf ihrer Oberfläche schwammen. Dahinter erhob sich mächtig der Fitz Roy, umrahmt von einem türkisen Gletscher und gekleidet in ein Gewand aus Schnee. Ich vernahm kleine schwarze Punkte am anderen Ufer. Menschen, welche die gefährliche Besteigung des Berges wagten. Sie sahen auf diese Entfernung aus wie Ameisen. Bald verschluckte sie die weiße Pracht vollends. Nicht nur Wald von oben! So ein Panorama hatte ich in meinem Leben noch nicht erblickt – und sogar der Gipfel des Berges war zu sehen! Für gewöhnlich umhüllten ihn Wolken. Unsere Glückssträhne hielt an. Eine tiefe Dankbarkeit breitete sich in mir aus. Wie viele Menschen erlebten dieses Wunder? Ich hatte das Privileg, in einem Land geboren zu sein, in dem ich meines eigenen Glückes Schmied war. Hier zu stehen und auf diese Landschaft zu blicken, war ein Geschenk.

Und plötzlich musste ich an sie denken: Wie gerne wäre sie mehr gereist? Wie gerne hätte sie hier oben an meiner Seite gestanden und einfach nur gestaunt über das, was sie sah? Am Ende hatte ihr die Zeit gefehlt. Wie oft sie mir sagte, ich solle reisen, solange ich es könne, mich nicht bremsen lassen. So viel von der Welt sehen wie möglich. Das tun, was sie nicht konnte. Ich versuchte, den Kloß in meinem Hals loszuwerden. Wie gerne hätte ich sie durch meine Augen sehen lassen. Julians Hand umgriff sanft meine Schulter. »Ich habe etwas für dich. Ich weiß, wie sehr dich ihr Tod mitgenommen hat. Ich weiß, wie sehr du vor der Trauer davongelaufen bist. Ich weiß, wie sehr es dich schmerzt, dass sie nicht hier oben stehen kann.« Bevor er ausgesprochen hatte, brach ich in Tränen aus und vergrub mein Gesicht in seiner Jacke. Er hob mein Kinn und sah mir in die Augen: »Lass mich ausreden. Sie ist immer bei dir. Sie sieht alles, was du siehst. Sie macht jede Reise mit dir gemeinsam.« Währenddessen legte er seine Hand auf mein Herz. Mit der anderen zog er ein Foto aus der Hosentasche – es war ein Bild von ihr und mir, wie ich als Baby in ihren Armen lag. Sie strahlte vor Freude. Ich schenkte ihr mein schönstes zahnloses Babygrinsen. »Sie war die gesamte Reise an deiner Seite und wird immer bei dir sein.« In mir brachen alle Dämme. All das, was ich in den letzten Monaten unterdrückte, kroch wie eine monströse Flutwelle empor. Lauthals schluchzend sank mein Körper in den Schnee. Er hatte das Bild seit Beginn unserer Reise bei sich getragen.

Die Trauer trat wie eine alte Freundin hervor und reichte mir ihre Hand. Mit einer tiefen Umarmung lud sie mich ein, den Schmerz zuzulassen. Es war Zeit, loszulassen und anzuerkennen, dass es für sie immer einen Platz in meinem Herzen gab. Sie würde nie ganz verschwinden und auch der Schmerz würde nie ganz gehen. Doch erinnerte er mich an all die schönen gemeinsamen Momente. Daran, wie sehr ich sie liebte und dass ich nur trauerte, weil ich ihre direkte Gegenwart vermisste. Es gab kein Zurück mehr. Wenn sie mich hier oben stehen sah, würde sie Tränen der Freude in den Augen haben. Sie würde mir auf die Schulter klopfen, stolz darauf, dass ich mich entschied, mein Ding zu machen, meine ganz eigene Geschichte zu schreiben. Das beklemmende Gefühl in meiner Brust löste sich. In den letzten Monaten war es mein stetiger Begleiter gewesen. Jetzt lockerte sich sein eiserner Griff mit jeder vergossenen Träne. Dort, wo es Druck ausübte, breitete sich Leichtigkeit aus. Der Schatten löste sich in Rauch auf. Gefühle, die lange versteckt waren, traten hervor. Wo die Trostlosigkeit ging, kehrte das Leben in all seinen Facetten zurück.

Ich wusste nicht, wie viel Zeit verstrichen war, als ich zu mir kam. Er umarmte mich fest. Seine Wangen waren feucht, seine Augen nass. Hatte er ebenfalls geweint? Ich küsste ihn lange und innig. Wusste er um das, was er hier oben am Ende der Welt für mich in Bewegung gesetzt hatte? Endlich durfte ich mich gebührend verabschieden. Hier lief ich nicht länger davon. Ich beendete meinen Marathon. Einen schöneren Ort, um die Wahrheit endlich zu akzeptieren, gab es nicht. Ich konnte die Vergangenheit nicht ändern. Doch konnte ich aus ihr lernen, wachsen, mich entwickeln und sie dann hinter mir lassen. Ich entschied darüber, ob sie mein Heute und mein

Morgen negativ oder positiv beeinflusste. Entweder ich durchlebte den Schmerz jeden Tag von neuem, spann die gleichen Gedanken und Gefühle immer wieder und entschied mich für ein Leben in der Vergangenheit – oder ich entschloss mich sie als einen Teil von mir anzunehmen. Einen Teil, der mein Lehrer sein durfte. Hier oben, umringt von gigantischen Bergen, leuchtenden Gletschern, Eis und Schnee, entschied ich, dass nicht die Vergangenheit mein Leben lenken werde. Ich hatte das Steuer in der Hand. Ich würden lernen, zu unterscheiden. Auch wenn ich noch nicht wusste, wie.

Wir saßen eine Weile am See. Auf das Wasser blickend, hielt ich seine Hand ganz fest. In Gedanken nahm ich Abschied. Irgendwann vernahm ich ein Geräusch, welches mir fehl am Platz erschien. Ich wandte mich um und erblickte auf der Anhöhe die Reisende in ihrem Trekking-Rollstuhl. Ihre vier Begleiter sanken erschöpft, aber glücklich, nieder. Sie strahlte über beide Ohren. Wer behauptet denn, dass man jedes Abenteuer und jede Herausforderung alleine bezwingen musste?

Es ist möglich, Schmerz und Trauer so tief zu vergraben, dass man nur noch Leere spürt. Es ist aber keine praktische Eigenschaft, um mit diesem Meer an Gefühlen klarzukommen. Die Leere ist wie ein leises Gift, durch das ich in Lethargie verfiel. Als ich meine Trauer vergrub, fühlte ich gar nichts mehr. Gedanken, die einst tiefstes Glück in mir hervorriefen, hinterließen nichts. Dort, wo einst Liebe wuchs, sprießte Gleichgültigkeit. Leere und Lethargie sind der wahre Feind, das weiß ich jetzt. Trauer zuzulassen hingegen ist eine Stärke und die einzige Hoffnung auf Besserung. Tränen spülen all das Gift aus und reinigen die Seele. Es ist falsch, sie zu unterdrücken. Sie sind keine Schwäche! Durch diesen natürlichen Vorgang nehmen wir an, was war und lernen loszulassen, was nicht in unseren Händen liegt. Das Unterdrücken dieses Heilungsprozesses bringt uns nicht nur aus der Balance, es unterbindet zudem unsere Kreativität. Warum?

Mittlerweile werde ich das Gefühl nicht los, dass Kreativität in direkter Abhängigkeit zu unserer inneren Balance steht. Natürlich kann aus traumatischen Erlebnissen Kunst entstehen, doch meist erst, wenn wir bereit sind, diese abzuschließen. Ich habe bereits gelernt, dass Kreativität von Freude und Neugierde an einer Tätigkeit getragen wird. Dabei handelt es sich um Gefühle. Unterbinde ich nun aber meinen Heilungsprozess und verbiete mir, zu trauern, fühle ich irgendwann nichts mehr außer einer tiefen Leere. Ich habe zu nichts mehr Lust. Auch nicht zu Tätigkeiten, welche mir sonst am Herzen lagen, da sie nun wie alles andere keine Emotion in mir auslösen. Die Abwärtsspirale nimmt zu, wenn wir diese Unlust dauerhaft zulassen und daraus ein anhaltender Zustand wird. Plötzlich sieht man keinen Ausweg mehr. Der Weg zur eigenen Kreativität ist verbaut.

Diese Vermutungen beruhen nicht nur auf meinen Erlebnissen, sondern auch auf dem, was die Reisende mir am Fuße des Fitz Roy erzählte. Ein schwerer Unfall fesselte sie an den Rollstuhl. Doch anstatt aufzugeben, sich der Leere hinzugeben und in eine tiefe Depression zu verfallen, machte sie weiter. Herausforderungen bieten ihr neuen Stoff für ihre Leidenschaft, das Schreiben. Zudem halfen sie, ihr Schicksal nicht als gegeben hinzunehmen. Wer bestimmte, dass man im Rollstuhl aufhören musste, die Welt zu sehen? Erst die Grenzüberschreitungen ließen sie zu einer erfolgreichen Buchautorin werden. Davon war sie überzeugt. Nicht jene, die sie des Laufens beraubten, aber jene, die sie aufforderten festgetretene Pfade zu verlassen und neuartige Erfahrungen zu sammeln. Zudem verknüpfte sie innere Balance mit der Fähigkeit zur Kreativität. Ihre Leichtsinnigkeit mochte sie an den Rollstuhl gefesselt haben, doch so fand sie den Weg zur Meditation. In ihren Augen bestand der größte Fehler darin, das Kreieren einzustellen. Wenn die Quelle der Kreativität versiegte, sollte man dranbleiben, den Fokus nicht auf Qualität, sondern Quantität legen, um nicht zu erstarren. Sonst erhielt die Leere Einzug und der Mensch verlor das, was ihn zum Menschen machte. Den offenen Zugang zur eigenen Gefühlswelt. Verweigerte der Mensch sich seiner Gefühle, so zog er eine Mauer um seine Kreativität. Jedes Gefühl bot Stoff für Ideen. Jeder Gedanke konnte der zündende Funke sein, der das Feuer entfachte. Wo nur Leere herrschte, konnte hingegen nichts wachsen, weder Ideen, noch Heilung. Vielleicht konnte Kreativität heilen, wenn wir sie nutzen um Gefühle zuzulassen?

Ich stolperte innerhalb eines Tages also gleich über mehrere Zutaten, welche wichtig sind für mein kreatives Schaffen.

Gefühle

Unterdrücken wir unsere Gefühle, untergraben wir unsere natürliche Kreativität. Denn diese wird von Freude am Erschaffen und der Neugierde am Weg getragen. Selbst wenn ich traurig bin, kann ich diese Emotion kreativ nutzen. Leere und Lethargie hingegen verhindern Ideen und ihre Umsetzung. Emotionen zeigen uns, wo unsere Leidenschaften verborgen liegen und wo wir uns gerne ausdrücken würden. Sie nicht mehr wahrzunehmen, bedeutet den Roten Faden zu verlieren.

Herausforderungen annehmen

Eine Herausforderung ist ebenfalls eine treibende Kraft, da sie unser Mindset öffnet. Durch sie wagen wir einen Blick über den Tellerrand. Wir verlassen alte Pfade und Denkmuster, weil wir unser Hirn aus gewohnten Bahnen auf neue Wege und Denkweisen lenken. Zudem wachsen wir an jeder Herausforderung und entwickeln uns weiter. All die Erfahrungen, die wir durch sie sammeln, bieten Stoff für Ideen.

Loslassen und innere Balance

Ich konnte über Monate nicht loslassen. Jeden Morgen nahm ich das, was passiert war, mit in den neuen Tag und definierte darüber meine Zukunft. Wenn wir eine in der Vergangenheit liegende Situation mitnehmen, ohne sie je wirklich loszulassen, stumpft diese uns mit der Zeit ab und macht uns weniger empfänglich für Gefühle. Ehe wir uns versehen, finden wir uns in einem dunklen Loch wieder. Hier schreibe ich von einer sehr persönlichen Zutat, denn ich erforschte sie am Gipfel des Fitz Roy. Dort oben lehrte mich Julian, loszulassen. Ich wurde mir bewusst, dass ein Schicksalsschlag in der Vergangenheit meine Kreativität erstarren ließ, da ich die schmerzenden Gefühle nicht zuließ.

Allein, dass Gefühle wichtig für unsere kreative Energie sind, zeigt mir, wie wichtig unsere innere Balance sein muss. Mit diesem Thema habe ich mich noch nicht beschäftigt. Ich glaube, es ist an der Zeit, dieser Spur zu folgen, um herauszufinden, was dahintersteckt. Können vielleicht Meditation und Geistespraktiken meine Kreativität unterstützen? Helfen sie mir dabei, innere Dämonen im Zaum zu halten, Gefühle und Gedanken anders zu betrachten?

Neue Zutaten für den Kreativ-Cocktail

- → Innere Balance (Gefühle und Gedanken)
- → Herausforderungen annehmen
- → Loslassen

Aufgaben

- → Forderst du dich bewusst heraus? Wann bist du das letzte Mal über dich hinausgewachsen. Notiere die Situation und erinnere dich genau daran: Worin bestand sie? Wie hast du dich vor der Herausforderung gefühlt? Wie währenddessen? Und wie danach? Was hast du aus ihr gelernt? Hattest du danach eine tolle Idee? Was würdest du gerne tun, auch wenn du ein wenig Angst hast und du weißt, dass dies eine große Herausforderung darstellt? Vielleicht sind dies passende Dinge, die du deiner Bucket List hinzufügen möchtest!
- → Setzte eine Kleinigkeit noch diese Woche um. Zur Inspiration: Koche oder backe etwas, was du als fordernd empfindest. Lerne etwas Neues (lies Bücher oder nimm Probestunden).
- → Erinnere dich an eine Situation, die du als verletzend empfunden hast und schreibe die Emotionen auf: Was ist geschehen? Welche Gefühle hat es in dir ausgelöst? Was fühlst du jetzt, wenn du an dieses Ereignis zurückdenkst?
- → Führe in nächster Zeit eine Liste der Situationen. Werde zum Beobachter deiner Gefühlswelt, um herauszufinden, was deine Kreativität hemmen und fördern kann. Lerne deine Gefühle als Kompass zu sehen. Schreibe genauso positive Erfahrungen auf.
- → Was denkst du: Kann Kreativität heilen? Kann dir eine kreative Idee beim Loslassen helfen? Schreibe Gedanken dazu auf.
- → Wofür bist du dankbar? Notiere dir mindestens zehn Dinge.

Notizen

Bald saßen wir im Flieger zurück nach Deutschland. Allein der Gedanke daran löste Unbehagen in mir aus. Waren wir nicht gerade erst angekommen? Ich wollte nicht zurück in die Realität. Tief in mir flüsterte eine leise Stimme, dass es mehr zu sehen gab, dass meine Reise zu mir selbst und zu meiner kreativen Quelle hier nicht enden musste. Sie hatte gerade erst begonnen. Doch eine zweite Stimme mischte sich unter die Erste und fügte in bedrohlichem Ton eine Kontraliste hinzu: »Du musst alleine weiterreisen, Julian hat keinen Urlaub mehr übrig. Das schaffst du nicht. Und wer weiß, was passiert, wenn ihr so lange voneinander getrennt seid?« Die Liste wurde immer länger und es bildete sich ein bitterer Pfropf in meiner Kehle. Was war das für eine Stimme in mir? Wieso war sie so negativ und wieso erschien sie mir so viel mächtiger als die leise Hoffnung, dass eine Weiterreise möglich sei?

Julian legte seine Arme um meine Taille. »Du hörst es bestimmt nicht gerne, aber ich muss die Rückflüge heute buchen.«

»Raus aus meinem Kopf«, flüsterte ich. Er schaute mich verwirrt an. Ich zuckte unentschlossen mit den Schultern. »Gerade habe ich über unsere Heimreise nachgedacht.« Er schien zu spüren, dass ich mich in einem Zwiespalt befand und drückte mich noch fester: »Verrätst du mir, was durch deinen Kopf geht?«

»Ich möchte nicht nach Hause. Also wenigstens ein Teil von mir würde gerne weiterreisen. Ich hab das Gefühl, noch nicht angekommen zu sein.« Dass er grinste, irritierte mich. »Na dann ist es doch gut, dass ich noch keine Flüge gebucht habe. Wo möchtest du hin?«

»Äh, was? Stopp! Ich weiß nicht, ob ich wirklich möchte«, antwortete ich und sank zusammen. »Schatz, was spricht denn dagegen? Du bist selbstständig, du musst keinen Urlaubsantrag stellen und wenn deine Intuition dir sagt, dass deine Reise weitergeht, dann mach es. Den einzigen Nachteil, den ich sehe, ist, dass ich dich fürchterlich vermissen werde. Aber ich arbeite sowieso jeden Tag bis abends und vielleicht bist du noch nicht bereit, wieder allein zu Hause zu sitzen. Dann bist du deinen Gefühlen und Gedanken völlig ausgesetzt.« Ich wusste nicht, wie ich reagieren sollte, wieso war mir nach weinen? Weshalb sträubte sich trotz seiner Unterstützung jedes Haar an mir? »Es spricht einfach so viel dagegen. Wovon soll ich leben? Was, wenn etwas schief läuft? Was soll ich in einem fremden Land mit mir anstellen? Werden wir uns auseinanderleben? Was ist, wenn du jemanden kennenlernst, während ich weg bin?« Es sprudelte aus mir heraus, doch er unterbrach mich, bevor die Liste noch länger werden konnte. »Davor hast du Angst?« Er schmunzelte. »Ich habe selten einen stärkeren Menschen wie dich kennengelernt. Du findest immer einen Job, produziere vor Ort eine Bildserie. Suche ein Projekt, das du unterstützen kannst, im Gegenzug bittest du um Kost und Unterkunft. Solche Gedanken haben dich doch noch nie zurückgehalten. Wenn du magst, helfe ich dir dabei.«

Ich schluckte. »Und was ist mit uns?« Er sah mich liebevoll an und umarmte mich so fest, dass ich kaum atmen konnte. »Machst du dir wirklich darüber Gedanken? Wir sind seit acht Jahren zusammen. Gab es jemals einen Grund für diese Zweifel? Und davon abgesehen: Was macht es für einen Unterschied, ob du in Deutschland bist oder woanders? Ich meine, ich kann trotzdem jeden Tag jemanden kennenlernen. Es macht keinen Unterschied.« Ich warf ihm einen entgeisterten Blick zu, doch er hob verteidigend die Hände. »Aber darum geht es nicht. Wie gesagt, der einzige Nachteil ist, dass wir uns schrecklich vermissen werden. Mal ehrlich, soll uns das bremsen, Träume zu leben, die der andere vielleicht nicht teilen kann oder möchte? Wo bliebe dann das *Ich* in der Beziehung? Wir sind nicht nur ein *Wir*. Jeder darf auch *Ich* sein. Und ich unterstütze dich, weil ich fest daran glaube, dass es eine gute Idee ist. Ich habe in den letzten Wochen gesehen, was diese Reise mir dir anstellt. Endlich habe ich die Frau wieder, in die ich mich vor Jahren verliebte. Es gibt keinen Grund, zu klammern. Ich habe nicht vor, dich zu verlassen, sobald du hinter der nächsten Ecke verschwindest. Vielleicht solltest du gerade wegen dieser Angst weiter reisen. Vielleicht musst du lernen, zu vertrauen. Und was meinst du, wie schön das Wiedersehen sein wird? Erinnere dich, als ich zwei Monate weg war, um mein Spanisch aufzubessern. Natürlich war es hart und natürlich haben wir uns vermisst, aber wie schön war das Wiedersehen? Und wie viele wunderbare Erfahrungen durften wir sammeln?«

»Du willst mich wohl los werden«, konterte ich, konnte mir ein Grinsen allerdings nicht verkneifen. Er schüttelte den Kopf: »Ich will, dass du lebst, dass du glücklich bist und dass du deine Antworten findest. Ich glaube nicht, dass du sie zu Hause entdecken wirst. Was war dein aller-, allererstes Gefühl, als dir der Gedanke kam, weiterzureisen?« Ich zögerte nicht lange: »Freude und Aufregung. Es hat richtig gekribbelt in meinem Bauch.« Sein Nicken verriet mir, dass er Recht haben würde: »Was sorgt für Kreativität?« Dieser Fuchs, schoss es mir durch den Kopf. »Neugierde, Freude, ein offenes Mindset, ...« »Stopp, das reicht schon! Und was hat dir die Frau im Rollstuhl beigebracht?«, bohrte er tiefer. »Dass Herausforderungen ihren kreativen Fluss bereichern«, flüsterte ich. Er nickte: »Glaubst du nun immer noch, dass so viel gegen diese Idee spricht? Spricht nicht viel mehr dafür? Du kannst ja noch bis heute Abend darüber nachdenken. Hör auf dein Herz. Es kennt die Antwort.«

Ich nickte unsicher, denn mein Herz fühlte sich an, als reiße es jeden Moment in zwei Teile. Egal, wofür ich mich entschied. Entweder ich reiste weiter und nahm dafür die räumliche Trennung zu meinem Partner in Kauf oder ich flog zurück nach Deutschland und verschloss mich meinem Bauchgefühl. Eigentlich hörte ich auf meinen Bauch. Er hatte mich nie falsch geleitet, wenn es um Entscheidungen ging. Aber diesmal funkte mir die Angst dazwischen. Mein Blick musste sehr zweifelnd sein, denn nun ergriff er erneut das Wort: »Auf dem Fitz Roy hast du das erste Mal seit Monaten losgelassen. Ich glaube das Foto entzündete nur den letzten Funken, um deine Emotionen auszulösen. Den Rest hat die Reise übernommen und die Pause, die du dir gegönnt hast. Zu Hause hast du dich entweder in die Arbeit gestürzt oder verkrochen. Das ist beides nicht die Lösung. Und ich fürchte, dass du – einmal im gewohnten Umfeld angekommen – in alte Muster fallen könntest. Ein paar Wochen genügen nicht, um tiefe Wunden zu heilen. Du brauchst eine Pause, die dich inspiriert. Kein Verkriechen und Mauern mehr.«

»Woher willst du das wissen?«, fragte ich skeptisch. Irgendwie wurde mir die Situation gerade zu besserwisserisch. Er löste seine Umarmung: »Sorry, ich versuche dir zu helfen. Wenn du meine Hilfe nicht willst, sag es einfach und ich halte meinen Mund. Aber um deine Frage zu beantworten: All das weiß ich von dir und den Antworten, die du in den letzten Wochen gefunden hast. Ich höre eben gut zu.« Meine schnippische Frage tat mir sofort leid. In mir spielte alles verrückt. »Wie wäre es, wenn wir uns einen schönen Tag machen und ich mich bis heute Abend entscheide?« »Das klingt gut. Aber heute Abend muss ich wirklich die Tickets buchen. Solltest du dich für die Weiterreise entscheiden, müssen wir uns auch noch um einiges kümmern.« Ich sah ihn schelmisch an: »Oder du buchst gar nichts und wir bleiben für immer hier?« Er schüttelte entschieden den Kopf: »Sorry, aber nicht mit den Hochbetten und den Stromausfällen.«

Wir wählten eine letzte Wanderung durch die atemberaubende Natur aus, bevor uns bald ein Bus zum nächsten Flughafen bringen würde. Vielleicht half mir die Bewegung. Auf jeden Fall wurde mein Kopf mit jedem Schritt freier und ich fühlte mich weniger unter Druck gesetzt. Nach dieser Weite und Größe würde mir Deutschland sicher winzig und vor allen Dingen grau erscheinen. In Argentinien lernte ich so viel über Kreativität. Und mir wurde klar, dass mein Kreativloch aus dem emotionalen Tief heraus entstand, das durch den Todesfall ausgelöst worden war. Ich lernte allerdings auch erste Mittel und Wege, wie ich meiner Kreativität wieder auf die Sprünge helfen konnte. Doch all das Wissen brachte mir wenig, wenn ich es nicht testete und umsetzte. Was also konnte ich tun? Konnte »kreativ werden« wirklich die Antwort sein? Aus dem Kreativloch herausklettern, indem ich eine kreative Leistung vollbrachte, welche mir im besten Fall half, das Trauma – oder wie auch immer man es nennen wollte – zu verarbeiten? Etwas arbeitete in mir, aber es reichte noch nicht für eine Lösung. Und so lief ich weiter, setzte einen Fuß vor den anderen.

Patagonien verwöhnte uns seit unserer Ankunft mit Sonnenschein und verhältnismäßig milden Temperaturen. Mehr als einmal hörten wir, was für ein Glück wir hatten, die Bergkette tagtäglich in ihrer vollen Pracht zu erblicken. An einem See, von dem aus wir einen tollen Blick auf den Cerro Torre hatten, ließen wir uns nieder. Wir wollten die warmen Sonnenstrahlen aufsaugen. Mein Kopf lag auf Julians Bauch und wir dösten vor uns hin. Hier und da gönnten wir uns einen unserer Snacks. Ansonsten starrten wir auf das von Eisschollen durchsetzte Wasser oder in die Wolkenfetzen. Dieses Fleckchen Erde würde ich nie vergessen. Selten erlebte ich in kürzester Zeit so unfassbar viel. Noch seltener lernte ich in diesem Tempo dazu. Wie würde es sein, wenn meine Reise weiterging? Ja, es mochte die größte Herausforderung für mich darstellen, aber war es nicht genau deswegen der richtige Entschluss? Was konnte ich außerhalb meiner Komfortzone entdecken? Wie oft begegnete mir auf dieser Reise ein Zeichen oder ein Fetzen im Buch, der genau dieses Übertreten der Grenze für sinnvoll erachtete? Es müsste ja nicht mal ein Land sein, in dem ich noch nicht war. Wie wäre es mit einem Land, das wir bereits gemeinsam bereist hatten? So kannte ich mich immerhin etwas aus und der Schritt kam mir weniger monströs vor. Wohin würde die Reise dann gehen? Augenblicklich schossen bunte Kolibris, süße Faultierbabys und Meeresschildkröten durch meinen Kopf. Costa Rica lautete die Antwort. Ich liebte dieses Land wie kein anderes, auch wenn Argentinien ihm wirklich die Stirn bot. Costa Rica gewann das Ranking knapp. Denn dieser wunderschöne Fleck Erde bot nicht nur eine atemberaubende Flora, sondern eine noch faszinierendere Fauna. Und wenn ich etwas vergötterte, dann Tiere. Am besten süße Babys, die lustige Sachen taten. Zudem gab es dort mit Abstand den besten Kaffee auf der Welt. Ein Abstecher nach Monteverde wäre möglich, um den Kolibrigarten und die kleine Kaffeerösterei zu besuchen.

Schmeckte er immer noch so ausgezeichnet? Die Antwort lag nur eine Entscheidung und einen Katzensprung entfernt. »Hättest du wirklich kein Problem damit, wenn ich weiterreise?« Julian öffnete verschlafen die Augen und setzte sich auf. »Was kann ich noch sagen, damit du mir glaubst? Ich unterstütze dich bei deiner Idee, auch wenn ich dich vermissen werde. Versprich mir nur, dass du auf dich Acht gibst und dass du spätestens Weihnachten nach Hause kommst.« Ich nahm ihn in den Arm und küsste ihn. »Ist das ein ja?« Ich nickte. »Und wohin soll die Reise gehen?«

»Costa Rica«, stieß ich mit strahlenden Augen hervor. »Gut, dann buche ich dir einen Flug nach Costa Rica und helfe dir, eine Bleibe zu finden.« Meine Hände wurden schwitzig, doch ich freute mich und nickte. »Wie wäre es, wenn wir fix bei der Tierauffangstation von damals fragen, ob sie einen Volunteerplatz für dich übrig haben? Du könntest Fotos für ihre Internetauftritte anfertigen und sie in Social-Media-Angelegenheiten unterstützen.« Aus Angst entwickelte sich in Windeseile Vorfreude. »Das klingt nach einem großartigen Start.« »Super, ich kümmere mich heute noch darum. Aber da du außerhalb der Hauptsaison reist, hast du sicher gute Chancen.«

Erleichtert schnaufte ich durch. In diesem Moment fühlte sich die Entscheidung gut an und eine schwere Last fiel von meinen Schultern. Eine spannende Zeit stand bevor. Den halben Rückweg plauderten wir über das bevorstehende Abenteuer und was ich alles tun konnte. Nun war es Julian, der nicht zurück nach Deutschland wollte, viel lieber hätte er sich selbst aufgemacht. Doch er hatte keine Wahl, außer er wollte seinen Job verlieren. Nach einiger Zeit entschloss ich, meine Gedanken im Stillen weiterzuspinnen. Er sollte nicht noch traurigер werden. Der Abschied wurde so schon schwer genug. Mein Blick wanderte über die Berge und die Wolken, verharrte auf dem Gletscher. Wer wusste schon, ob ich jemals wieder hier stehen durfte, um diesen Anblick zu genießen?

»Wie wäre es, wenn du dein Problem inszenieren würdest?«, flüsterte es kaum hörbar in meinen Gedanken. »Inszeniere die Kreativlosigkeit und lass sie ein für alle Mal hinter dir. Mach aus deiner Not eine Tugend, indem du erzählst, wie du dich fühlst!« Bäm! Mir ging ein Licht auf und vor lauter Begeisterung erstarrte ich so plötzlich in meiner Bewegung, dass Julian fast in mich hineinkrachte. »Was ist los? Hast du ein Gespenst gesehen?«

»Nein, ich glaube, mich hat der Geistesblitz erwischt.«

6

Innere Dämonen

Unruhig wippte ich von einem Fuß auf den anderen. Wer hatte die Zeit schneller gedreht? In zwei Stunden ging mein Flieger. Mittlerweile verunsicherte mich die Entscheidung. Wollte ich das wirklich? Oder doch lieber nach Hause? Abends zusammen kochen, reden, auf der Couch kuscheln – auf einmal klangen diese Argumente wahnsinnig verlockend. Ein mulmiges Gefühl breitete sich aus. Julians Flieger ging später, daher konnte er bei mir bleiben, bis ich in die Maschine stieg. Meine Hand drückte seine so fest, dass es fast weh tat. Seitdem wir den Flughafen betreten hatten, kam kein Wort über meine Lippen. Zu sehr beschäftigte mich die Aufgabe, nicht durchzudrehen. Freude, Trauer, Angst, Neugier, ein Wechselbad der Gefühle. Dabei würde einer meiner größten Punkte auf der Bucket List bald in Erfüllung gehen. Julian organisierte tatsächlich in kürzester Zeit einen Volunteerplatz für mich. Dadurch, dass ich so viel Erfahrung in den Bereichen Social Media und Fotografie besaß, war es gar kein Problem gewesen, etwas zu finden. Sogar gleich bei Monteverde und meinem geliebten Kolibrigarten. Ich sollte mich freuen!

»Wie fühlst du dich, Schatz? Du siehst ein bisschen blass aus.« Ich lehnte meinen Kopf an seine Schulter und schnaufte tief. »Wer hat diese Entscheidung nochmal getroffen?«

»Der Abschied wird hart, aber danach wird es sich lohnen. Wenn ich könnte, würde ich mit dir kommen.« Er hob mein Kinn und sah mich an. Meine Augen wurden feucht. Alles in mir sträubte sich, getrennte Wege zu gehen. Wie konnte ich das jemals in Erwägung gezogen haben? »Das Gute ist, wer sich nach acht Jahren Beziehung bei einer Verabschiedung auf Zeit weinend in den Armen liegt, der liebt sich wirklich. Wir skypen so schnell wie möglich. Ich bin mir sicher, wenn ich dein Gesicht das nächste Mal sehe, sieht die Welt ganz anders aus.« Starr wandte ich den Blick auf meine zwei Tickets: Argentinien – Panama, Panama – Costa Rica. In der Zeit, die uns blieb, konzentrierte ich mich darauf, seine Hand so fest zu halten, wie ich konnte und soviel Nähe aufzubauen, wie es in einem Flughafen ging, ohne peinlich berührte Blicke auf sich zu ziehen. Eine Lautsprecherdurchsage forderte die Passagiere des Fluges nach Panama auf, sich unverzüglich zum Gate zu begeben. Ich rührte mich keinen Zentimeter. Er stupste mich sanft an und reichte mir mein Handgepäck: »Es ist Zeit, Schatz.« Sein Gesicht hatte ebenfalls an Farbe verloren und auch er kämpfte mit den Tränen. Unsere Umarmung schien endlos. Ich ließ den Tränen freien Lauf und schluchzte unaufhörlich. »Letzter Aufruf für die Passagiere des Fluges…«, ertönte eine Durchsage. Er gab mir einen langen innigen Kuss und ich schmeckte das Salz seiner Tränen: »Ich liebe dich.«

»Ich dich auch«, hauchte ich zurück. Plötzlich schob er mich entschieden von sich weg. »Aber jetzt wird es Zeit. Du fliegst nach Costa Rica und hast eine wunderbare Zeit, versprich mir das.« Er wandte sich ab und ging in die entgegengesetzte Richtung davon. Seine Handlung mochte abrupt wirken, doch ohne sie hätte ich es niemals rechtzeitig zu meinem Flieger geschafft.

Den halben Flug badete ich in Selbstmitleid und bereute meine Entscheidung. Die andere Hälfte schaute ich mir gemeinsame Bilder an und schwelgte in Erinnerungen. Ohne ihn würde das Reisen für mich nicht die gleiche Bedeutung haben. Es ging nach Costa Rica – in mein Lieblingsland. Wie konnte ich bei dieser Aussicht nur so negativ sein? Auch meine inneren Stimmen waren alles andere als freundlich: »Wieso machst du das? Du kommst erst gar nicht in Costa Rica an, weil du in Panama verloren gehst und überhaupt: du kannst doch auch kein Spanisch! Wie willst du dich verständigen? Das war eine dumme Idee!«

Umstieg und Weiterflug verliefen entgegen der Vermutungen meiner inneren Stimmen reibungslos, immerhin etwas. Doch einmal in Costa Rica gelandet, war ich völlig fertig. Vor lauter Kopfkino hatte ich kein Auge zugemacht. Nun half nur noch ein Bett und Schlaf. Am Ausgang erwartete mich ein Fahrer der Tierauffangstation, in der ich die nächsten zwei Wochen arbeiten sollte. Er begrüßte mich herzlich und half mir mit dem Gepäck. Zu müde, um ein Gespräch anzufangen, machte ich es mir auf dem Rücksitz bequem. Nur wenige Augenblicke nachdem das Fahrzeug sich in Bewegung setzte, schlief ich tief und fest.

Das Erste, was ich bei der Ankunft wahrnahm, war der würzige, leicht erdige Geruch des Dschungels und die Luftfeuchtigkeit, die sich wie ein Film über meine Haut legte. Meine Lider waren schwer und ich wollte die Augen noch nicht öffnen. Allerdings startete in zwei Stunden mein erster Arbeitstag. Und von einem gehetzten Start in den ersten Tag hielt ich nichts. Heiße Sonnenstrahlen kitzelten mein Gesicht. Langsam drangen die fremden Laute von Vögeln und Insekten an meine Ohren. Nach den ganzen negativen Gedanken des letzten Tages tat dieses kleine Aufblühen meines Herzens unfassbar gut. Die Symphonie aus Geräuschen und Düften erinnerte mich daran, wie ich dieses Land liebte. Barfuß und etwas schlaftrunken trat ich auf die Terrasse des Holzhauses. Es hatte den Anschein als befände ich mich mitten im Dschungel. Tatsächlich waren es nur ein paar Kilometer bis zum Ort und dem dazugehörigen wunderschönen Nationalpark. Das Häuschen hatte mehrere Zimmer für die freiwilligen Helfer der Tierrettung: eine Küche, zwei Badezimmer und anstatt eines Wohnzimmers diese riesige überdachte Terrasse, welche von bunten Hängematten beherrscht wurde. Windspiele klimperten leise vor sich hin und in der Ferne plätscherte ein Bach. Man sah direkt ins Grüne, erblickte, was es zu beschützen galt. Plötzlich flog ein riesiger blauer Morphofalter an mir vorüber. Er hatte die Größe meiner beiden Handflächen. Seine Flügelschläge wirkten schwer. Fast so als würde er jeden Moment vom Himmel fallen. Das darauffolgende Summen und Schwirren hinter mir machte mich auf einen weiteren Bewohner des Dschungels aufmerksam. Ein winziger Kolibri, nicht viel größer als eine wirklich dicke Hummel, zischte an mir vorbei. Mit seinem schillernden grünen Gefieder hätte ich ihm ewig zuschauen können. Meine Augen konnten seinem Flügelschlag nicht folgen, er verschwamm aufgrund seiner unfassbar schnellen Bewegung.

»Was für eine Begrüßung«, flüsterte ich dankbar vor mich hin.

»Guten Morgen«, ertönte überraschend eine weibliche Stimme aus der Hängematte am Ende der Veranda. Fest in dem Glauben, mit mir und der Natur allein zu sein, zuckte ich vor Schreck zusammen. Ein mildes Lachen ertönte. »Es tut mir leid, ich wollte dich nicht erschrecken. Aber ich habe gehört, dass du deutsch sprichst. Da dachte ich, ich wünsche dir einen guten Morgen.« Ich wandte mich in Richtung der Matte und erblickte eine junge Frau. Sie hatte ungefähr mein Alter, war sportlich gebaut, trug einen pfiffigen Kurzhaarschnitt und eine Brille. Sie schenkte mir ein entwaffnendes Lächeln. »Guten Morgen, ich dachte, ich wäre allein. Meine Gedanken waren völlig in den Anblick des wunderschönen Dschungels versunken.«

»Oh, ja! Das kann ich verstehen. So geht es mir auch. Ach übrigens, ich bin Hannah.« Nachdem ich mich ihr vorstellte, kamen wir ins Plaudern. Hannah arbeitete in der gleichen Station wie ich. Da wir beide Deutsch sprachen, wurden wir in dasselbe Team eingeteilt. Die gebürtige Österreicherin arbeitete normalerweise als Musiktherapeutin mit Kindern. Nach einigen Jahren der harten Arbeit nahm sie sich nun eine Auszeit, um die Welt zu sehen. Bevor es sie nach Costa Rica verschlug, reiste sie mehrere Monate durch Indien und absolvierte danach eine Yoga-Ausbildung in Kambodscha. Hannah versicherte mir, dass diese Ausbildung ihr Leben verändert habe. Seither beherrsche sie ihren Verstand und ihre Gedanken wesentlich besser. Ich hatte nur eine vage Vermutung, was das bedeutete, konnte mir jedoch nichts Genaues darunter vorstellen. Ihre Anwesenheit erleichterte mich ungemein, da sie mir bereitwillig mit meinen ersten Schritten als Alleinreisende half.

Zum Einstieg führte Hannah mich durch alle Gehege. Hauptsächlich zog die Station verwaiste Faultierbabys auf, kümmerte sich jedoch ebenfalls um den Kolibrigarten in Monteverde. Meine Aufgabe bestand darin, die Futterstationen der Kolibris zu füllen und Bilder für die Homepage anzufertigen. Man warnte mich, dass die kleinen Piepmätze schnell seien und ich eine schwierige Aufgabe vor mir habe. Ich gewöhnte mich nur langsam an das feuchtwarme Klima, so war ich dankbar, als gegen Nachmittag ein starkes Gewitter über den Dschungel hereinbrach und wir wenigstens für kurze Zeit frei bekamen.

Kaum an unserem Holzhaus angekommen, begab ich mich in mein Zimmer, warf mich aufs Bett und schmiss meinen Laptop an. Vielleicht wartete eine Nachricht von Julian auf mich? Er musste mittlerweile ebenfalls in Deutschland angekommen sein, doch bisher hatten wir uns nicht gehört. Daran denkend, stieß mir gleich ein mulmiges Gefühl in der Magengegend auf und ich wurde nervös. Meine inneren Stimmen meldeten sich. Selten prägten Freundlichkeit und Optimismus ihre Worte. Stattdessen waren sie darauf bedacht, Zweifel in mir auszulösen und dafür zu sorgen, dass ich alles infrage stellte. Meine Versuche, ihn zu erreichen, blieben erfolglos. Mir wurde übel. Was machte er? Wieso meldete er sich nicht? War das hier eine gute Idee? Ich ärgerte mich. Niedergeschlagen klappte ich den Laptop zu und trat nach draußen. Die Regentropfen trommelten auf das Dach der Veranda, ein Grollen in der Ferne verdeutlichte, dass dieses Unwetter erst Luft holte. Ich plumpste wie ein nasser Sack in eine der Hängematten und blickte traurig durch die

Gegend. Wenn ich mich schon am ersten Tag so elend fühlte, wie sollte es erst weitergehen? Erschöpft vergrub ich mein Gesicht in den Händen. Vielleicht war alleine Reisen einfach nichts für mich?

»Alles Okay?« Ich blickte auf und erklärte Hannah, dass ich einfach nur müde und traurig sei, weil ich Julian nicht erreichte. Er müsste schon in Deutschland sein und sollte sich längst gemeldet haben. Sie ließ sich vor mir in den Schneidersitz sinken und musterte mich eindringlich: »Reist du das erste Mal ganz alleine?« Ich nickte, brachte aber keinen Ton heraus. »Es ist normal, dass du dich einsam fühlst. Ich weiß ganz genau, wie es dir geht. Wenn du alleine unterwegs bist, bedeutet das auch, alleine mit deinen Gedanken zu sein. Und die können fies werden. Sie flüstern dir Fantasien ein, weshalb dein Partner sich noch nicht gemeldet hat – dass du ihm nicht wichtig genug bist und dass alles eine dumme Idee war.« Ich machte große Augen. Woher wusste sie, was in mir vorging? Sie lächelte: »Was das angeht, ticken wir alle ähnlich. Weißt du, die Stimmen die dir diese Gemeinheiten zuflüstern, wollen dich eigentlich beschützen. Mit ihren Worten wollen sie dich davon abhalten, etwas Verrücktes zu tun. Sie möchten verhindern, dass du mit deinen Gewohnheiten brichst. Denn alles, was gewohnt ist, bietet Sicherheit. Es ist dein Ego, das mit dir spricht, welches dich auffordert, nicht weiterzugehen, denn es kennt den Weg nicht und sorgt sich, dass er gefährlich sein könnte. Lass dich von diesen Stimmen nicht in die Irre treiben. Oft erzählen sie dir Lügen, die sie aus deinen Glaubenssätzen und deiner Vergangenheit konstruieren. Diese Unwahrheiten haben selten etwas mit dem Hier und Jetzt gemein. Sie sind reine Interpretation.«

»Lernt man das beim Yoga?«, fragte ich Hannah erstaunt. Sie nickte. »Ja, all das und noch viel mehr habe ich in meiner Ausbildung in Kambodscha gelernt. In Europa verbindet man Yoga meist mit körperlicher Bewegung, Dehnfähigkeit und vielleicht noch Entspannung. Doch kaum jemand weiß, was es wirklich bedeutet. Yoga steht für Balance zwischen Körper, Geist und Verstand. Es bedeutet, den Verstand zu beobachten und Gedanken auf ihre Wahrheit zu überprüfen. Mein Meister sagte einmal: »Yoga is the removing of the flucturation of your mind.« Ich habe dadurch gelernt, woher meine Ängste rühren, welche Glaubenssätze mich dazu veranlassen und wie ich diese umschreiben kann, damit sie mir nicht länger im Weg stehen.«

Hannah redete ununterbrochen, doch mein Kopf konnte nicht noch mehr Informationen verarbeiten. »Stopp, ich verstehe nur die Hälfte! Aber das, was ich verstehe, klingt spannend und es würde mich extrem freuen, wenn du mir mehr beibringst. Vielleicht kannst du mir helfen, meine Stimmen ins Gleichgewicht zu bringen, denn aktuell sind sie außer Rand und Band. Eventuell kann mir dein Wissen sogar noch anders weiterhelfen. Ich versuche herauszufinden, wie Kreativität entsteht und welche Zutaten für den kreativen Prozess wichtig sind. In Argentinien bin ich über einige gestolpert – unter anderem über Themen wie die innere Balance. Für mich hört sich das so an, als könnte Yoga eine weitere Fährte sein.« Hannah blickte mich neugierig an. »Das klingt sehr spannend. Und was noch unheimlicher ist, es klingt so, als müssten wir uns hier treffen, um voneinander zu lernen. Meine Kreativität ist ein stetiges Auf und Ab. Seit dem praktizieren von Yoga ist es besser geworden, aber deine Erkenntnisse interessieren mich. Hast du schon einmal darüber nachgedacht, sie mit der Welt zu teilen?« Ich schaute verdutzt drein: »Nein, ehrlich gesagt nicht. Bisher führe ich nur ein Notizbuch für mich selbst. Ich notiere dort alles, was ich über das Thema lerne.« Hannah legte ihre Hand auf meine: »Ich wette, eine Menge Menschen wären sehr dankbar, wenn du dein Wissen mit ihnen teilen würdest.«

Da war er wieder, dieser Hauch von »Kann das alles Zufall sein?«. Ein Schauer lief mir den Rücken hinab. Für einen Moment vergaß ich all meine Sorgen und Ängste. Hannah erklärte mir, dass diese sich aus negativen Glaubenssätzen nährten, welche in jedem Menschen schlummerten. Viele Glaubenssätze entstanden bereits in der Kindheit. War das auslösende Erlebnis sehr prägend oder traumatisierend, verfestigte sich mit ihm ein Glaubenssatz, welcher unbewusst ein Leben lang fortbestehen konnte. Glaubenssätze hatten unfassbare Macht über uns, ohne dass wir es merkten. Sie beeinflussten nicht nur unsere Ängste, sondern prägten Gedanken, Gefühle und daraus resultierende Handlungen. Sie formten unser Mindset, wodurch sie sogar die Kraft besaßen, unsere Entscheidungen zu beeinflussen. Evolutionär betrachtet sollten sie uns beschützen. Sie verhinderten, dass uns ein ähnlich negatives Erlebnis noch einmal widerfährt. Doch hier lag das Problem. Viele Glaubenssätze entstanden in der Kindheit. Sie verloren ihre Berechtigung, wenn wir älter wurden.

»Was könnte in dir auslösen, dass du solche Angst hast, deinen Freund zu verlieren? Gab es in deiner Kindheit Erlebnisse, welche diese Verlustangst stützen?« Damit traf sie den Nagel auf den Kopf. Ich betrachtete mich und meine Familie gerne als wanderndes Volk. Mittlerweile waren wir über 20 Mal umgezogen, was immer damit zusammenhing, dass ich die Schule wechselte, alte Freunde zurücklassen und neue finden musste. Als Kind fühlte ich mich diesem Kreislauf hilflos ausgeliefert, bis ich irgendwann nur noch lockere Kontakte knüpfte, in dem Glauben, sie ohnehin zu verlieren – spätestens, wenn der nächste Umzug anstand. Mein Gegenüber lauschte mir geduldig. Alles platzte aus mir heraus. Wie oft ich um Freunde trauerte, wie oft wir uns versprachen, in Kontakt zu bleiben und es nicht gelang, welche Angst ich hatte, wenn der erste Schultag in der neuen Klasse voller fremder Kinder bevorstand, was für ein Kampf es war, einen Platz in den bereits festen Freundeskreisen zu finden. Kinder konnten gemein sein. Mit der Zeit wurde ich zur Streberin. Ich gab mein Bestes und fokussierte mich darauf, gute Noten nach Hause zu bringen. Soziale Kontakte sah ich als weniger wichtig an. Wurde mir ein Mensch wichtig, bekam ich Angst. Zu fest glaubte ich daran, dass wir uns aus den Augen verloren. Bis heute begleiteten mich diese Gedanken. Ließ ich jemanden an mich heran, klammerte ich, aus Sorge, er könne mich verlassen. Hannah bedankte sich für meine Ehrlichkeit. »Das erklärt deine inneren Dämonen doch ziemlich gut, oder? Aber weißt du, was der Unterschied ist?« Ich blickte sie fragend an. »Heute, hier in Costa Rica, bist du kein Kind mehr. Du bist den Entscheidungen deines Umfeldes nicht hilflos ausgeliefert. Du bist eine erwachsene Frau, die ihre Entscheidungen selbst trifft. Natürlich kann es passieren, dass geliebte Menschen dich verlassen. Schließlich ist das der Lauf der Dinge. Alles ist vergänglich. Aber du hast viel mehr Entscheidungsmacht als früher. Niemand entscheidet für dich, dass du gehst und Menschen verlässt, die du liebst. Du darfst entscheiden. Und sollte doch jemand nicht länger an deiner Seite sein wollen, kannst du das Gespräch suchen. Du bist niemandem hilflos ausgeliefert. Und wenn doch jemand deinen negativen Glaubenssatz füttert und dich verlässt, kannst du lernen, loszulassen. Der größte Fehler ist es, in der Vergangenheit kleben zu bleiben, dann wirst du sie immer wieder durchleben. So wie jetzt. Wenn ich es richtig verstanden habe, war es deine Entscheidung, die Reise fortzusetzen, ohne deinen Freund. Er wollte dich nicht verlassen. Du hast entschieden, diesen mutigen Schritt entgegen all deiner Ängste zu gehen. Doch dein Schattenkind, so wird in der Psychologie die Ansammlung deiner negativen Glaubenssätze genannt, gräbt Ängste aus der Vergangenheit aus, um dich zurückzuhalten. Es will dir nur helfen und verhindern, dass du verlassen wirst. Doch hat es den ausschlaggebenden Unterschied übersehen. Es war dein Entschluss.«

Sie beendete ihren Vortrag und blickte mich an. Ich nickte zustimmend. Das machte alles Sinn. »Und was kann ich dagegen tun? Ich möchte nicht länger mit diesen Ängsten leben. Sie fressen mich von innen auf und machen mich wütend auf die Person, die mir am meisten bedeutet. Wie es scheint, völlig ohne Berechtigung.«

»Es ist auf jeden Fall super, dass du die Herausforderung suchst und deine Komfortzone verlässt. Sie stößt dich oftmals auf die verborgenen Glaubenssätze. Erst dadurch werden sie dir überhaupt bewusst.«

»Zuerst einmal muss ich also herausfinden, wo der Schuh drückt?«, führte ich ihren Gedanken weiter. Hannah nickte anerkennend. »Richtig, denn ohne die Ursache zu kennen, kannst du schlecht gegen sie vorgehen. Um die Übeltäter zu entlarven, gibt es ganz verschiedene Wege. Du kannst damit beginnen, jeden Morgen aufzuschreiben, was du denkst und fühlst. Nach einiger Zeit werden dir Wiederholungen auffallen. Gedanken und Gefühle, die immer wiederkehren. Hier liegt wahrscheinlich ein Glaubenssatz verborgen. So lernst du, dein Schattenkind besser kennen und realisierst, welche Fäden es in der Hand hält. Zudem reflektierst du dein eigenes Denken und Selbstreflexion wird dir in jeder Lebenslage weiterhelfen. Wenn du nicht gerne schreibst, kannst du Meditation nutzen, um dir deiner Gefühle und Gedanken bewusst zu werden. In völliger Stille lassen sie sich am besten beobachten. Mein Meister lehrte mich, dass ich weder aus meinen Gedanken noch aus meinen Gefühlen bestehe. Ich bin der Himmel. Meine Gedanken sind nur Wolken, die vorüberziehen, solange ich nicht an ihnen festhalte. Es liegt an mir, welche Gedanken bleiben dürfen und welche Gedanken ich loslasse. Manche sind reine Interpretation und haben keine Berechtigung, Gefühle in mir auszulösen. Du wirst zum Detektiv deiner eigenen Gedankenwelt.«

Mit jeder Erkenntnis ploppte eine weitere Frage in mir auf: »Was meinst du, wenn du von berechtigten Gedanken sprichst?« Hannah schmunzelte. »Dazu habe ich ein schönes Beispiel, in dem sich jeder schon einmal wiedergefunden hat: Stell dir vor, du bist zu Hause. Es ist ein Tag wie jeder andere. Gleich kommt deine bessere Hälfte von der Arbeit und du freust dich auf einen schönen Abend mit ihm. Weil du ihm etwas Gutes tun möchtest, bist du dabei, sein Leibgericht zu kochen. Normalerweise kommt er um 18 Uhr nach Hause. Als die Uhr 18:20 anzeigt, wirst du langsam unruhig. Du schreibst ihm eine Nachricht, doch es kommt keine Antwort. Völlige Funkstille. Zuerst machst du dir Sorgen, doch dann springt dein Gedankenkarussell an. Ist ihm etwas passiert? Oder hat er wieder nicht Bescheid gesagt, dass er mit Arbeitskollegen einen trinken geht? Was macht er gerade? Wieso meldet er sich nicht? Weißt du noch, als er das letzte Mal so unzuverlässig war? Da hat er dich versetzt wegen eines Treffen mit seinem Kumpel. Du bist ihm nicht wichtig. Er weiß dich nicht zu schätzen. Dein Schattenkind aktiviert alle negativen Erfahrungen, die du in der Vergangenheit gesammelt hast, ganz egal, ob sie für diese Situation gerechtfertigt sind oder nicht. Und du glaubst ihm, weil du die Bestätigung in der Vergangenheit suchst. Doch es geschieht Folgendes: Um 19 Uhr steht dein Schatz geplättet in der Eingangstür. Dir fällt nicht auf, wie fertig er aussieht. Du hattest eine Stunde Zeit, Vorwürfe gegen ihn zu sammeln. Ohne Vorwarnung fragst du ihn wütend, wo er gewesen sei, teilst ihm mit, dass das Essen jetzt kalt sei und dass du genug hättest von seiner Unzuverlässigkeit, welche er bereits in der Vergangenheit an den Tag gelegt habe. Wenn du richtig in Rage bist, wärmst du alte Probleme auf, bevor er überhaupt etwas sagen konnte. Er wollte dir eigentlich mitteilen, wie leid es ihm tut. Das Auto habe eine Panne gehabt. Er habe auf den ADAC warten müssen und dann habe auch noch sein Handy den Geist aufgegeben. Er wollte sich gerade bei dir entschuldigen. Doch nun fühlt er sich von dir vor den Kopf gestoßen und ist verletzt.«

Sie hielt inne. Ich schaute beschämt zu Boden. Ja, wirklich jeder Mensch kannte solche Situationen. »Keiner deiner Gedanken in dieser Situation war berechtigt. Das ist deinem Schattenkind egal, denn es könnte schließlich so sein. Deine Gedanken waren reine Vermutungen, entsprachen jedoch nicht der Realität. Du hast ihnen allerdings solange zugehört bist du ihnen glaubtest. Du wusstest nicht, wie unglaubwürdig sie sind, dass du unterscheiden kannst zwischen berechtigten und unberechtigten Gedanken. Das lernst du, indem du sie beobachtest, sie hinterfragst. Du wirst merken, wie oft dein kleines Schattenkind hinter diesen Anschlägen auf deine Gefühlswelt steckt und wie selten diese angebracht sind.«

»Und welche Gedanken sind berechtigt?«, bohrte ich weiter. »Denk scharf nach, Frau Detektiv«, erwiderte sie. »Gedanken, für die ich handfeste Beweise im Hier und Jetzt habe?« Sie neigte anerkennend den Kopf. »Richtig. Vertraue deinem Schattenkind nicht, solange es dir nur alte Kamellen vorkaut.«

Ich wurde das Gefühl nicht los, ein riesiges fehlendes Puzzleteil entdeckt zu haben. Wie viele Entscheidungen traf ich aufgrund negativer Glaubenssätze? Oder viel schlimmer: wie viele Menschen hatte ich abprallen lassen, nur weil ich dachte, sie seien das Problem? Und wie oft beeinflusste mein Schattenkind meine Kreativität oder die Kreativität anderer Menschen? Wie viele von ihnen dachten aufgrund von Erfahrungen in ihrer Kindheit, dass sie nicht kreativ seien? Vielleicht stempelte eine Lehrkraft sie im Kunstunterricht als nicht begabt ab oder Eltern ließen sie wissen, dass man von Kreativität nicht leben konnte, dass es eine brotlose Kunst sei und man lieber etwas Vernünftiges tun solle? Lag hier der Kreativitäts-Killer von Kindern verborgen? Indem man ihnen schon als Kind einpflanzte, dass sie nicht kreativ seien und Kreativität zu nichts führe? Das würde so einiges erklären. Okay! Nichts desto trotz, eine Frage hatte ich noch: »Und was kann ich tun, wenn ich meinem Schattenkind auf die Schliche gekommen bin?«

»Wenn du deine negativen Glaubenssätze kennst, gibt es Wege, sie umzuschreiben. Das dauert natürlich seine Zeit, denn du schleppst sie nicht erst seit gestern mit dir herum. Zum Umschreiben eignen sich positive Affirmationen hervorragend. Dazu kann ich dir in den nächsten Tagen mehr erzählen. Für den Anfang ist jedoch viel wichtiger: Was tust du, wenn du merkst, dass die negative Welle dich von den Füßen reißt? Wenn wir uns ihrer bewusst sind, können wir mit einer positiven Welle gegensteuern. Das können schöne Erinnerungen sein, eine Geste, etwas, was dich aus dem Karussell ausbrechen lässt, bevor dich sein Strudel nach unten zieht und es kein Zurück mehr gibt. Denn wo ein Schattenkind ist, ist auch ein Sonnenkind, nutze es. All diese Techniken kannst du schriftlich oder in Meditation anwenden. Vielleicht hilft dir aber auch ein komplett anderer Weg. Menschen sind verschieden. Wenn ich wütend bin und merke, dass meine Glaubenssätze das Steuer übernehmen, hilft mir Bewegung, Tanzen, Spazieren gehen, Radfahren, ein energetischer Yogaflow oder Musik. Etwas, was mich auf andere Gedanken bringt. Erst im Anschluss bin ich in der Lage, zu meditieren, um das Chaos aufzuräumen. Sei neugierig und experimentiere. Du wirst deine Mittel finden. Aber jetzt ist erst einmal wichtig, dein Schattenkind besser kennenzulernen und herauszufinden, wo es überall die Finger im Spiel hat. Sicher wirkt es sich auch auf deine Kreativität aus, selbst wenn es dich in ganz anderen Bereichen unter Druck setzt. Denn wenn Balance ein wichtiges Thema ist, kann jeder Lebensbereich deine Kreativität negativ beeinflussen.«

Mittlerweile hatte der Regen nachgelassen. Hannahs Worte sorgten für mehr Klarheit in mir. Und dies rief Erleichterung hervor. Ich freute mich, mehr von ihr zu lernen. Doch all das, was ich gerade wie ein Schwamm aufgesogen hatte, wollte erst verarbeitet werden. Wo sollte das besser gehen als zwischen Hunderten umherzischender Kolibris? Es summte und zwitscherte an jeder Ecke, als ich den Garten betrat. Das Herz eines Kolibris schlug bis zu 500 Mal in der Minute. Ihre

Flügel bewegten sich so schnell, dass man sie kaum sah. Diese kleinen Wesen waren ein Wunder der Natur. Im Garten lernten sie, dass sie Energie sparten, wenn sie sich während des Nektartrinkens auf dem menschlichen Finger niederließen. Deshalb verbrachte ich die erste halbe Stunde damit, so vielen Kolibris wie möglich eine Sitzgelegenheit anzubieten, indem ich alle Finger weit spreizte, immer in direkter Nähe eines Nektarbehälters. Meine Kamera hing nutzlos an mir herab, doch in mir kribbelte es vor Freude. Zu Beginn surrten die Kolibris um mich herum und beäugten mich misstrauisch. Sie zwitscherten und fiepten. Hier und da berührten mich ihre schillernden bunten Flügel. Ich versuchte, dem Atem anzuhalten, mich nicht zu bewegen. Meine Ausdauer wurde belohnt. Nach einiger Zeit flog immer wieder der gleiche strahlend grüne Kolibri um mich herum. Zuerst berührten mich seine winzigen Füßchen und er stieg direkt wieder auf, nur um mich skeptisch anzupiepsen. Wahrscheinlich spürte er meine Aufregung. Es grenzte an ein Wunder, dass ich nicht vor Vergnügen selbst piepste. Plötzlich geschah es. Er ließ sich auf meinem Finger nieder, neigte nochmal argwöhnisch den Kopf, um daraufhin mit seiner langen Zunge Nektar aus dem Behälter zu schlecken. Nun fanden weitere Vögel Vertrauen und landeten auf mir. Konnte ein Mensch noch glücklicher sein? Wohl kaum! Ich weiß nicht, wie lange ich so dastand und einfach nur den Moment genoss. Der Anblick musste witzig aussehen. Hannah, die mich begleitete, um Behälter auszutauschen, lachte lauthals. Alle Kolibris stoben auseinander, während sie missmutige Töne von sich gaben. Ich blickte ebenfalls missmutig drein. »Bist du nicht hier, um Bilder zu machen?«, fragte sie belustigt. »Für die perfekte Aufnahme müssen sie mir vertrauen.

Der Betrachter sieht, ob ein Kolibri misstrauisch ist oder nicht«, konterte ich. »Du nimmst mich auf den Arm, oder?« Nun lachte ich. »Klar nehme ich dich auf den Arm. Hast du mir geglaubt? Es ist gut, wenn sie sich auf meine Finger setzen, so kommen sie mir nahe genug und ich muss am Ende nichts von der Ausgangsdatei wegschneiden. Leider habe ich nur zwei Objektive dabei, deswegen muss ich improvisieren.« Bis zur Dämmerung fotografierte ich unzählige Kolibris in allen möglichen Farben und Größen. Diese Art der Fotografie beruhigte mich. Eins mit der Natur, konzentriert auf die kleinen blitzschnellen Wesen. Nur meine Kamera und ich. Die Zeit spielte keine Rolle. Seit langem spürte ich, was es bedeutete, aus intrinsischer Motivation heraus zu fotografieren. Natürlich finanzierte ich durch diesen Job meine Unterkunft und mein Essen, doch ich hätte ihn auch umsonst gemacht. Er bereitete mir unfassbar viel Freude. Es forderte mich, diese Geschöpfe einzufangen. Die Aufgabe verfügte über genau das richtige Maß Herausforderung. Ich musste mit meiner Technik spielen und experimentieren, anders bekam ich die Kolibris nicht eingefangen. Obwohl es Arbeit war, spürte ich nur eines: Magie.

Am Abend erhielt ich die erlösende Nachricht von Julian. Er war gut zu Hause angekommen, allerdings erst mit einer ordentlichen Verspätung, da er in Amsterdam den Anschlussflug nicht erwischte. Nach dieser Tortur verschlief er den halben Tag, sodass er sich erst jetzt bei mir meldete. Hannah behielt recht. Was meine Gedanken aus der Realität machten und was Realität war, das waren zwei unterschiedliche Paar Schuhe. Ich zückte mein Notizbuch.

Negative Glaubenssätze

Hannah lehrt mich, wie sehr meine veralteten Verhaltensmuster mich im Griff haben. Durch sie hörte ich das erste Mal in meinem Leben, dass jeder Mensch über negative Glaubenssätze verfügt. Glaubenssätze wie »Ich bin nicht gut genug«, »Ich muss perfekt sein« oder wie in meinem Fall »Ich werde sowieso verlassen«.

Diese Ansichten über uns selbst werden meist durch einschneidende Erlebnisse in unserer Kindheit ausgelöst. Einmal geprägt, laufen sie unterbewusst ab. Sie beeinflussen, was wir denken, wie wir fühlen, sogar unsere Handlungen. Mächtige Glaubenssätze können sich auf unser Mindset auswirken und somit auf unsere Entscheidungen. Habe ich zum Beispiel negative Glaubenssätze über Geld, so kann dieser Glaubenssatz über kurz oder lang dafür sorgen, dass ich mich immer wieder gegen Geld entscheide, ganz unbewusst. Ich treibe meine Geldprobleme durch diesen Glaubenssatz also an, anstatt sie zu verhindern. Glaubenssätze, unser Schattenkind und nicht zuletzt unser Mindset sollen uns normalerweise vor Unheil bewahren. Das ist allerdings schwierig, da viele Glaubenssätze schon in der Kindheit geprägt wurden. Sie treffen als Erwachsener vielleicht gar nicht mehr zu und doch halten wir daran fest. So sehr haben sie sich in uns manifestiert.

Ich habe darüber nachgedacht und bin mir sicher, dass Glaubenssätze unsere Kreativität beeinträchtigen. Wie wichtig das Mindset für die Kreativität ist, weiß ich. Es muss offen sein, damit ich zugänglich für neue Erfahrungen bin und mich traue einen Blick über den Tellerrand zu werfen. Nur dort liegen neuartige Ideen. Doch dass unsere Verhaltensmuster unterbewusst unter anderem von unseren Glaubenssätzen gesteuert werden, ist mir neu. Das würde bedeuten, dass eine Einstellung wie »Ich bin nicht kreativ, Kreativität ist etwas Negatives«

dafür sorgen könnte, dass ich unterbewusst immer wieder Entscheidungen gegen meine Kreativität treffe oder sie selbst hemme. Alles, ohne es zu realisieren. Das könnte einer von vielen Gründen sein, wieso Kinder bis zu fünf Jahren zu 98 Prozent kreativ sind und mit zehn Jahren auf einmal nur noch zu 30 Prozent. Ihnen werden unbeabsichtigt Glaubenssätze eingebläut, welche sich gegen ihre natürliche Kreativität richten. Vermutlich, damit sie mit dem Strom schwimmen und kein Risiko eingehen. Denn Kreativität bedeutet immer auch, neugierig zu sein und nicht alles für Geld zu tun, sondern aus Leidenschaft. Sie bedeutet, neue Wege zu beschreiten und das birgt ein Risiko in sich. Familie und Freunde wollen uns natürlich soweit weg wie möglich vom Risiko sehen. Es liegt nicht in ihrem Sinn, uns zu hemmen. Dies ist ihre Art, uns zu schützen. Sie haben zu viel Angst, dass unser Plan nicht aufgehen könnte. Doch wer nicht springt, kann nicht aufgefangen werden.

Desweiteren lernte ich von Hannah, dass wir nicht an unsere Glaubenssätze gebunden sind. So wie sie entstehen besteht auch die Möglichkeit sie aufzulösen. Dafür erwähnte sie verschiedenste Techniken: Positive Affirmationen, Meditation, das morgendliche Aufschreiben und Analysieren von Gedanken und Gefühlen. Sie stellte klar, dass der Prozess des Auflösens und Umschreibens ein langer und nicht ganz einfacher Prozess ist. Zuerst müsse ich herausfinden, wo der Schuh drückt und erst danach meinem Schattenkind auf den Grund gehen. Es gibt Techniken, welche uns dabei unterstützen, vom Schattenkind zum Sonnenkind zu gelangen. So nannte sie es. Diese Techniken möchte ich in den kommenden Wochen von ihr erlernen.

Aufgaben und Anregungen

Jeder von uns hat innere Dämonen. Wie oft schwelgen wir mit unseren Gedanken in der Vergangenheit und treffen Entscheidungen aufgrund von vergangenen Erfahrungen? Oftmals können wir nicht unterscheiden, ob diese auf negativen Glaubenssätzen gründen. Es ist Zeit, zu unterscheiden, Zeit, herauszufinden, wo der Schuh drückt, welcher für Blockaden sorgt.

- → Kennst du deine Glaubenssätze ? Wenn ja, welche sind es? Auf welchem Erlebnis gründen sie? Sind sie heute noch berechtigt?
- → Kennst du sie nicht, ist es an der Zeit, sie zu entlarven: Schreibe dafür jeden Morgen die Gedanken auf, die dir gerade durch den Kopf gehen. Mit der Zeit werden Wiederholungen auftreten, welche dich auf die richtige Fährte leiten. Erinnere dich an die Vergangenheit, welches Ereignis ist verantwortlich für diese Gedanken?
- → Du schreibst nicht gerne? Kein Problem. Setzte dich still hin und lerne, in dich hineinzuhorchen. Welche Gedanken kommen hoch, wenn du ganz still bist? Lerne, deine Gedanken näher kennen und reflektiere sie. Sind sie berechtigt? Oder gründen sie vielleicht nur auf deinen Ängsten?
- → Deine Kreativität ist ein Kind – Lass dieses Kind einen Brief an dich schreiben: Wieso fühlt es sich gehemmt? Wem gibt es die Schuld für seine Glaubenssätze? Vielleicht ist es die Lehrerin aus der dritten Klasse, welche seine Bemühungen immer wieder kritisierte. Vielleicht ein Elternteil, der immer wieder Druck ausübte. Was macht ihm Angst? Wann fühlt es sich unwohl? Was würde es gerne tun, um kreativer agieren zu können?
- → Fülle die Schattenkindskizze mit deinen negativen Glaubenssätzen und Dingen, die dich bedrücken, aus. Drumherum kannst du die Menschen auflisten, welche du für mitverantwortlich hältst (z.B. Mama, weil sie mich immer hindern wollte, in die Wissenschaft zu gehen. Papa, weil er meine Zeichnungen als minderwertig deklarierte, ...)

Meine Gedanken

Ein Atemzug, eine Bewegung. Der Ablauf war ihr so vertraut, dass sie ihn mit geschlossenen Augen vollführte. Ästhetisch öffneten sich ihre Arme. Erste Sonnenstrahlen durchbrachen das Blätterdach, gerade als sie ihren Blick gen Himmel richtete. In diesem Moment schien alles verbunden. Sie mit der Natur, die Natur mit ihrer Bewegung, ihr Körper mit ihrem Atem. Ich beobachtete ihre Yoga-Morgenroutine seit Beginn. Doch Hannah nahm ihre Außenwelt nicht wahr. Trotz der Bewegungen, oder vielleicht gerade deshalb, richtete sich ihre volle Aufmerksamkeit nach innen. Sie vollführte den Sonnengruß und die Natur grüßte zurück mit warmen Lichtstrahlen, welche über ihre Haut wanderten. »Ein wundervoller Anblick reinster Harmonie«, schoss es mir durch den Kopf, während ich an meinem Kaffee schlürfte.

In den letzten Tagen lehrte Hannah mich die Grundlagen der Meditation, damit ich selbst in der Lage war, meinen Verstand zu beobachten und weniger Altlasten mich plagten. Bei ihrem Bewegungsflow konnte ich nicht mithalten. Sie unterrichtete mich zwei Mal am Tag im Meditieren und zudem im Ausüben von Asanas – so nannte sie die Übungen, welche dem Körper und seiner Stärkung galten. Es machte Spaß und bot einen perfekten Ausgleich zu der eher anspruchslosen, wenn auch sehr schönen Arbeit mit den Tieren der Rettungsstation. Es gab zwar Momente, in denen ich alles in Frage stellte, die Reise, meinen Freund, meine Gefühle. Sie nahmen seit dem Meditieren aber stetig ab. Was meinen Job als Fotografin der Tierstation anging, hätte es nicht besser laufen können. Seit langem verspürte ich wieder Freude daran, meine Kamera in den Händen zu halten. Jede freie Minute verbrachte ich entweder bei den Kolibris oder bei den Faultieren. Ob mit oder ohne Kamera, ich liebte den Kontakt zu diesen wunderbaren Tieren. Meine Bilder fanden online solchen Anklang, dass die Zahl der Touristen stieg, die den Garten oder die Station besuchten. Ein Video, das wir auf der Facebookseite hochluden, ging viral. Es zeigte mich und die Kolibris, die gemütlich auf mir saßen und Nektar schlürften. Kurzerhand boten wir den Touristen an, professionelle Bilder von ihnen anzufertigen, die sie gegen eine kleine Spende für den guten Zweck erhielten. Unser Projekt wurde zum Selbstläufer und bereits nach der ersten Woche in Costa Rica, arbeitete ich fast Vollzeit als Fotografin der Station. Ab Morgen sollte ich zudem Wanderungen durch den Nebelwald fotografisch begleiten, um die Flora und Fauna dieses sensiblen Ökosystems einzufangen. Bäume behangen mit Moos, dichter Nebel und plötzlich auftauchende Hängebrücken voller Tiere und Pflanzen zeichneten das Gebiet aus. Alles entwickelte sich besser als ich dachte. Aber warum dachte ich überhaupt, dass es anders wäre? Warum gab es in mir so viele Glaubenssätze, die mich in meinem wahren Potenzial hemmten? Diesen Fragen ging ich während meiner Meditationen auf den Grund.

Wer dachte, Meditation bedeutete, nur zu sitzen und zu atmen, irrte sich gewaltig. Es war viel schwieriger als ich es mir vorgestellt hatte. Ruhig dazusitzen, den Atem fließen zu lassen und sich dabei über seine Gedanken bewusst zu werden, sie zu beobachten und zu reflektieren, konnte sehr unangenehm werden. Beschäftigten wir unseren Verstand nicht, suchte er sich selbst eine Beschäftigung, beschwor alte Ängste herauf oder sorgte für richtiges Chaos. Er wollte Aktion und er wollte nicht beobachtet oder reflektiert werden, denn dann konnte man schließlich seine Machenschaften in Frage stellen. Hannah nannte ihren Verstand höhnisch *Äffchen auf Koks* und beschrieb die Meditation als eine Art Entzugsklinik, um es zu beruhigen und so weniger unter gedanklichen Hochs wie Tiefs zu leiden. Erst wenn das Äffchen ruhig war, lohne es sich, hineinzuhorchen, auf die leisen Stimmen zu achten, welche für gewöhnlich von ihm übertönt wurden. Dieses leise Flüstern hielt Ideen, Zuspruch und Abenteuerlust bereit. Es war experimentierfreudig und kindisch, bereit, einen Blick über den Tellerrand zu werfen. Nur selten drang dieses Flüstern bis zu uns vor, da es von unserem Äffchen ausgebremst und weggesperrt wurde. Das Äffchen teilte Aufmerksamkeit nicht gerne.

Meine ersten Meditationsversuche dauerten ganze zwei Minuten, dann musste ich abbrechen, weil Gefühlswellen mich aus der Bahn warfen und ich nicht länger Herrin der Lage war. Im Anschluss fühlte ich mich wie eine Versagerin, die nicht einmal ruhig dasitzen und atmen konnte. Hannah dagegen versicherte mir, dieser Prozess sei ganz normal. Mein Ego und mein Verstand taten alles, um mich von meinen Glaubenssätzen fernzuhalten. Es werde immer Tage geben, an denen es gar nicht funktionierte und Tage, an denen ich stundenlang stillsitzend ausharren könne, nur mit mir und meinen Gedanken. Yoga lehrte den Schüler, dass nichts permanent war und dass Perfektion ein Gebrechen unserer Zeit darstellte. Sie war subjektiv und bedeutete, für jeden etwas anderes. Auf der Suche nach Perfektion konnte der Mensch nur scheitern. Yogis und Yoginis lernten die Gegebenheiten anzunehmen, sie loszulassen und sich nicht zu verurteilen, wenn etwas, wie zum Beispiel eine Meditation, nicht auf Anhieb funktionierte. Sie bezeichneten sich als Reisende, als Schüler des Lebens. Ich wollte ihre Lehren nutzen, um herauszufinden, welche hemmenden Faktoren es für die Kreativität gab. Zum einen gab es Zutaten, welche benötigt wurden, um die Kreativität im Fluss zu halten und sie zu kultivieren. Doch sicherlich gab es auch kleine Gifte, die einmal eingenommen, still und leise Hemmungen und Blockaden des kreativen Flusses auslösten. Sie zu kennen, wäre von Vorteil, denn nur wer die Krankheit kannte, konnte ein passendes Gegenmittel verabreichen.

Das Rumpeln des Geländewagens über die unebenen Straßen riss mich aus meinen Gedanken. Vor kurzem erreichte uns der Anruf eines Einheimischen. Er fand ein kleines, verwaistes Faultierbaby. Von der Mutter gab es keine Spur. Der Fahrer des Wagens erklärte uns, dass es Menschen gab, die versuchten, Faultierbabys zu fangen, um sie auf dem Schwarzmarkt teuer zu verkaufen. Diesmal erwischte man die Wilderer und sie ließen das Kleine zurück. Ob sie die Mutter töteten, konnte nicht aufgeklärt werden. Es geschah selten, da meist beide Faultiere gewinnbringend an den Mann gebracht wurden, doch es kam vor. Sie taten alles fürs Geld. Selbst in einem Land wie Costa Rica, wo der Naturschutz an oberster Stelle stand. Das Land galt als eines der fortschrittlichsten Lateinamerikas. Es hatte seine Armee abgeschafft und gewann fast 100 Prozent seines Strombedarfs aus regenerativen Energien. Der Ökotourismus wurde bis heute stark gefördert und ein Drittel der Landesfläche stand unter Naturschutz. Doch wie überall gab es auch hier schwarze Schafe. Als wir am staubigen Straßenrand einen alten Mann mit sonnengegerbter Haut erblickten, welcher ein kleines flauschiges Bündel in den Händen hielt, bremste der Fahrer den Wagen. Ein erfahrener Ranger und ich stiegen aus, um das Tier in Empfang zu nehmen. Der Ranger wechselte einige Worte mit dem alten Mann, dann war klar, dass es den Wilderern gelang, die Mutter mitzunehmen. Riesige Knopfaugen musterten mich, als der Ranger mir das Tierchen in die Arme drückte. Auch wenn es sich um einen schlimmen Vorfall handelte, konnte ich mich der Niedlichkeit dieses Geschöpfes nicht entreißen. Das struppige Fell, welches gegen den Strich wuchs, die großen Augen und die platte Nase. Irgendwie sah es aus, als würde es grinsen mit seinen von Natur aus nach oben ausgerichteten Mundwinkeln. Wie in Zeitlupe steckte es mir seine Krallen entgegen. Während der Rückfahrt blickte ich aus dem Fenster. Es gab so viel zu schützen auf dieser Erde. Vielleicht konnte ich durch meine Kreativität dazu beitragen? Vielleicht konnten meine Fotos mehr als nur schön aussehen? Konnten sie anderen Menschen die Augen öffnen und sie empfänglicher machen?

Klick! »Wie wäre es, wenn du noch ein weiteres Projekt in Costa Rica unterstützt?«, flüsterte eine leise Stimme. »Unterstütze eine weitere Station, hilf ihnen, noch besser auf sich aufmerksam zu machen. Sende die Fotos an Wettbewerbe oder Zeitschriften. Zeig die Schönheit dieser Erde. Zeig das, was es zu schützen gilt, und vielleicht kannst du irgendwann eine eigene Organisation ins Leben rufen. Nutze dafür deine eigene Kreativität«

»Wie willst du damit Geld verdienen?«, unterbrach mein Affe auf Koks das Flüstern. Bei mir handelte es sich eher um einen Gorilla als um ein Äffchen. Ich musste handeln und meiner Gedanken Herr werden. Zurück in der Station, gab ich das kleine Faultier an eine Tierärztin. Als ich es überreichte, gab es ein niedliches Quietschen von sich. So süß hörte sich also ein Faultierbaby an? Ich wartete auf die Diagnose. Erleichtert teilte mir die Ärztin mit, das Faultier sei völlig gesund und könne nun auf der Station aufgezogen werden.

Später würden die Ranger versuchen, es auszuwildern. Dieses Tier hatte Glück im Unglück gehabt.

7

Die Gifte der Kreativität

Der Regen plätscherte beruhigend auf das Dach der Veranda, die Windspiele klimperten leise vor sich hin. Hannah reichte mir ein Kissen und bat mich, im Schneidersitz Platz zu nehmen. »Heute werde ich dich komplett durch eine Meditation leiten. Alles was ich sagen werde, kannst du in Zukunft im Stillen selbst anwenden. Es gibt so viele verschiedene Arten der Meditation. Nimm dir die Zeit, herauszufinden, welche für dich die effektivste ist.« Ich nickte und nahm Platz.

»Okay, wichtig ist, dass du einen komfortablen Sitz findest. Sitze gerade und aufrecht, als befinde sich ein Faden an der Krone deines Kopfes, der dich sanft emporzieht. Schließe deine Augen und atme ganz entspannt ein und aus. Es ist nicht nötig, dass du deinen Atem kontrollierst. Lass ihn fließen. Werde dir deines Körpers im Hier und Jetzt bewusst. Wie fühlt er sich heute? Wie geht es deinen Zehen, den Fußgelenken, deinen Knien, der Hüfte und dem Becken? Fühle in dich hinein und führe einen kleinen Check-in durch. Mache dir bewusst, dass es in deiner Meditation genau darum geht –

im Jetzt zu sein. Es zählt nicht das Gestern und nicht das Morgen. Lass los, was vergangen ist und was du nicht beeinflussen kannst. Denn deine Gedanken werden zu deinen Gefühlen und deine Gefühle werden zu deinen Handlungen. Du entscheidest, welche Gedanken bleiben dürfen und welche du ziehen lässt. Du bist nicht deine Gedanken. Du bist der weite blaue Horizont. Deine Gedanken sind lediglich Wolken, welche an dir vorüberziehen – außer du entscheidest, an ihnen festzuhalten, dann bleiben sie. Nun sende die Aufmerksamkeit zu deinem Atem. Fühle, wie er durch dich fließt, wie er dich mit Leben erfüllt. Sprich in Gedanken mit mir das Mantra: »Lass los«. Bei jedem einatmen »lass« und bei jedem ausatmen »los« … »Lass los« … Werde dir klar darüber, an welchen in der Vergangenheit liegenden Gedanken du klammerst. Arbeiten sie für dich oder gegen dich? Machen sie dich glücklich oder unglücklich? Lass sie los und werde frei von ihnen. Immer, wenn ein Gedanke aufkommt, schiebst du ihn beiseite. Lass ihn ziehen und halte ihn nicht fest. Fokussiere dich auf die Dinge, die du hast und für die du dankbar bist. Atme ein und sprich das Mantra »Liebe«, atme aus und sprich »Dankbarkeit«. Spüre die positiven Emotionen, welche durch diese Worte in dir ausgelöst werden. Gehe in ihnen auf. Und jetzt atme einige Minuten in Stille weiter. Sei der Beobachter deiner Gedanken und lass los, was dich hemmt.«

Hannah verfiel ins Schweigen und ließ sich nun selbst in eine Meditation sinken. In den letzten Tagen hatte sie mir einige Techniken gezeigt. Eine wollte ich nun anwenden. Sie nannte sich *der innere Raum*. Ich atmete entspannt weiter. Tatsächlich wurde die Gedankenflut, die mein Äffchen auf Koks gegen mich abfeuerte, mit der Zeit weniger. Ich verspürte eine nie dagewesene innere Ruhe. Mit all meiner Vorstellungskraft begann ich meinen inneren Raum zu erschaffen: Zuerst gestaltete ich eine wunderschöne Tür. Sie stellte das Tor zu meinem inneren Raum dar und befand sich tief verborgen in meinem Herzen. Sie bestand aus Tausenden ineinander verwobenen, grün braun schimmernden, Ästen. Aus ihnen sprossen filigrane goldene Blätter und Blüten hervor. Als meine Hand über den Türknauf strich, fiel mir die Prägung eines mächtigen Baumes auf. Die Tür öffnete sich lautlos und gab den Blick frei. Es war atemberaubend. Eine riesige Lichtung dominiert durch einen noch gigantischeren Baum bildete das Zentrum. Seine Äste und Wurzeln schweiften weit auseinander. Voller bunter Blüten und Blätter lud er zum Verweilen ein. Schritt für Schritt näherte ich mich dem Baum und überquerte eine elfenbeinfarbene, geschwungene Brücke. Sie schwang sich ästhetisch über einen fröhlich plätschernden, türkis leuchtenden Bach. Als meine Füße das Gras der Lichtung berührten, stiegen unzählige Glühwürmchen in den Himmel und tauchten den gesamten Raum in eine magische Atmosphäre. Es duftete nach frisch gemähtem Rasen, Blüten und Regen. Während ich die Lichtung betrat, entspannte sich alles in mir. Ich sank ins Gras und schloss die Augen. Hier konnte ich geschützt auf meine Gedanken zugreifen. Weit weg von meinem Äffchen auf Koks. Ich konnte sie beobachten und herausfinden, woher sie rührten. Eine gläserne Kugel manifestierte sich vor mir in der Wiese. In ihr stand das Wort »Kreativität« geschrieben. Was verband mich damit? Ein wohliges Gefühl stieg in mir auf, wenn ich daran dachte, wie schön es war, kreativ zu sein. Doch bald legte sich ein Schatten über das Wort in der Kugel, bis es völlig verblasste. Andere Worte lösten es ab: »Du bist nicht gut genug«, »Druck«, »Du musst perfekt sein«, »Kunst ist brotlos«, »Das ist unmöglich«.

Ich spürte, wie meine innere Ruhe von Gefühlen der Trauer und des Drucks abgelöst wurde. Nun beschwor die Kugel Bilder hinauf. Meine Kunstlehrerin, wie sie mein Bild kritisch beäugte, mein Umfeld, das nicht viel von der Selbstständigkeit hielt, ich, nach Perfektion strebend, aber völlig überarbeitet. Negative Kritiken. Meine Emotionen wurden übermächtig und fast schreckte ich aus meiner Meditation. Doch ich wollte nicht einknicken. Hier konnte ich sie ein für alle Mal gehen lassen. Ich wandte den Blick von der Kugel und konzentrierte mich auf meinen Atem: »Lass los«. All diese Gedanken lagen in der Vergangenheit und doch wirkten sie sich negativ auf mein Jetzt aus. Was konnten sie anrichten, wenn ich an ihnen festhielt? Ich ließ zu, dass sie meine Liebe zur Kreativität in Frage stellten, ließ zu, dass sie Druck in mir kreierten. »Die Gedanken liegen in meiner Vergangenheit und haben keine Auswirkungen auf mein Heute, außer ich lasse es zu«, flüsterte ich bestimmt. »Aber was ist, wenn das wieder passiert?«, erklang die zarte Stimme eines Kindes. Ich blickte auf und sah ein kleines Mädchen, oder besser – ich sah mich. »Es wird nicht wieder passieren, vertrau mir. Kreativität ist etwas Gutes – nichts, das dich verletzt.« Die Kleine blickte skeptisch drein. »Und was ist, wenn er dich verlässt, weil du hier bist und nicht dort? Du wirst immer verlassen!« Oh, wow! Das kam aus dem Nichts und saß. Ich wollte gerade erwidern, dass dies eine andere Baustelle sei. Aber dann fragte ich mich, ob das überhaupt stimmte? Vielleicht hemmte meine Verlustangst meine Kreativität ebenfalls? Ich verlor so viele Gedanken darüber, verlassen zu werden, dass mir am Ende des Tages Energie fehlte für die bedeutenden Angelegenheiten. »Du bist ein kleiner Energieräuber«, feixte ich mein Schattenkind an. Es schaute betreten zu Boden und löste sich in Luft auf.

Mit ihm ging meine Konzentration. Ich verlor die Balance, mein Raum verpuffte und ich schlug erschrocken die Augen auf. Etwas durcheinander suchte ich Hannahs Blick. Sie saß mir gegenüber und sah mich neugierig an. »Wie lang habe ich meditiert?« Stolz breitete sich auf ihrem Gesicht aus. »Über 15 Minuten. Du warst ganz weit weg«, antwortete sie. »Und dann hab ichs verbockt!«, erwiderte ich niedergeschlagen. Sie sah mich fragend an. »Was ist passiert?«

»Das klingt sicherlich total bescheuert. Ich habe meinen inneren Raum betreten um meine Gefühle zu beobachten. Die letzten Male lehrten mich, dass ich meine Konzentration mit dieser Technik am besten halten kann. Ich konzentrierte mich auf das Thema Kreativität und vor mir tauchte eine Kugel im Gras auf. Zuerst zeigte sie mir nur das Wort Kreativität und das löste gute Gefühle in mir aus. Doch dann bombardierte sie mich mit negativen Gedanken und Einstellungen meiner Kreativität gegenüber. Plötzlich beschwor ich mein Schattenkind herauf. Es sah aus wie ich, nur in viel jünger und es fürchtete sich. Ich trat ihm nicht gerade freundlich gegenüber. Daraufhin löste es sich auf und ich verlor im Gegenzug den Fokus.« Hannah sah mich auf unergründliche Weise an. »Es liegt immer mehr vergraben als wir denken oder zugeben. Hast du ein paar Ansätze gefunden, wo der Schuh drückt?«

»Ja, mehr als mir lieb ist. Aber was habe ich falsch gemacht?« Sie schüttelte den Kopf. »Wie schon gesagt: Meditation ist ein stetiges Lernen. Mal klappt es, mal klappt es nicht. Vielleicht hättest du den Fokus besser gehalten, wenn du deinem Schattenkind freundlich gesinnt wärst. Vergiss nie: Es versucht, dich zu beschützen, auch wenn seine Methoden fragwürdig sind. Mach ihm klar, dass seine Ängste unbegründet sind, weil sie sich aus der Vergangenheit nähren. Dann wird es sich überzeugen lassen.« Ich konnte eine gewisse Skepsis nicht unterdrücken. »Und wie soll das gehen?«

»Indem du die Glaubenssätze, an denen dein Schattenkind festhält, auflöst und durch stärkere positive Affirmationen ersetzt. Ich werde dir dabei helfen. Schreib in den nächsten Tagen deine negativen Glaubenssätze auf. Hast du das gemacht, gehst du auf die Suche nach Beweisen. Warum trifft dieser Glaubenssatz heute nicht mehr für dich zu? Das können Erlebnisse sein, die ihn widerlegen oder positive Erfahrungen, die du gemacht hast. Wenn dir das gelingt, können wir deine Glaubenssätze entkräften und durch neue positive Affirmationen ersetzen.« Ich griff beherzt zu meinem Notizbuch. Hannah brachte mich zum Nachdenken. Sollte ich diese Notizen wirklich nur für mich schreiben oder konnten sie auch anderen Menschen helfen?

Auf der Suche nach meinen kreativen Zutaten stolpere ich immer mehr über meine eigene Persönlichkeit und meine selbst errichteten Barrikaden. Wie vermutet, hängt alles zusammen. Ich kann meine Kreativität nicht leben, während andere Lebensbereiche völlig aus der Balance geraten. Ich kann sie nicht verfolgen, wenn ich nicht an sie glaube. Ich habe die Zügel nicht in der Hand, solange ich mich an die Vergangenheit klammere statt mein Jetzt auszukosten. Die Außenwelt hat Auswirkungen auf mein Schaffen, sie dient meinen Gedanken als Trigger, jedoch lerne ich, dass wir selbst der Baumeister unserer Blockaden sind. Doch wer etwas erbaut, kann sein Konstrukt auch einreißen und neu errichten. Hast du dich schon einmal selbst beobachtet? Wie leicht fällt es dir, mit dir allein zu sein? Wie einfach ist es für dich, im Stillen deine Gedanken zu observieren? Was hörst du, wenn niemand da ist? Wie denkst du über dich, über deine Kreativität, über dein Leben? Erst in der Stille tritt die Wahrheit ans Licht. Seit ein paar Tagen schreibe ich jeden Morgen auf, was mir durch den Kopf geht, um endlich einen Überblick über meine Einstellungen und Glaubenssätze zu erhalten. Es ist erschreckend, was man über sich selbst denkt und noch schockierender, welche Macht diese Gedanken haben. Ein Gedanke bleibt nicht einfach nur ein Gedanke. Halte ich zu lange an ihm fest, lasse mich zu sehr auf ihn ein, so ruft er Gefühle in mir hervor, welche mich zu einer Handlung verleiten können. Möchte ich, dass jeder Gedanke diese Macht besitzt? Sollte ich nicht selbst entscheiden? Das morgendliche Schreiben gibt mir die Möglichkeit, meine Gedanken zu reflektieren. Langsam aber sicher trennt sich die Spreu vom Weizen. Gedanken, welche immer wieder auf meinen Seiten auftauchen, machen mich hellhörig. Offensichtlich haben sie für mich eine hohe Priorität, andernfalls tauchten sie nicht wiederholt auf. Was verbirgt sich hinter ihnen? Ein Erlebnis aus der Vergangenheit? Ein negativer Glaubenssatz? Oder ist tatsächlich etwas Wahres an ihnen dran und ich sollte sie weiterverfolgen, anstatt loszulassen?

Neben dem Schreiben steht täglich Meditation auf meinem Plan. Das Wort stammt aus dem lateinischen und bedeutet übersetzt: betrachten, nachdenken, nachsinnen. Sehr passend, denn mit Hilfe von Meditation richte ich meine Aufmerksamkeit von der Außenwelt auf meine Innenwelt und »betrachte«, was mich beschäftigt.

In einer hektischen Welt wie dieser verliert man sich selbst aus den Augen. Meditation unterstützt dabei, sich nicht zu verlieren und sich die Fürsorge zu schenken, die man verdient. Ich dachte, Yoga sei ein netter Sport, um beweglicher zu werden. Doch Hannah brachte mir bei, dass eine ganze Philosophie dahinter steckt. Demnach steckt in einem gesunden Körper sein gesunder Geist, weshalb man ihm durch die Asanas Aufmerksamkeit schenkt. Dazu kommt, dass manche Menschen Bewegung benötigen, um in einen meditativen Zustand zu gelangen. Dem einen hilft Fahrradfahren, dem anderen eine Runde Laufen gehen. Nicht jeder kann lange stillsitzen. Wir sind alle unterschiedlich und so sind auch die Wege zur inneren Ausgeglichenheit nicht identisch. Yoga fühlt sich für mich richtig an, was allerdings nicht bedeutet, dass es für jeden Menschen die richtige Praktik darstellt. Durch die Ausübung von Yoga bin ich zudem über neue Zutaten gestolpert.

Die innere Balance

Sie ist eine wichtige Essenz, um ein kreatives Leben zu führen. Gerate ich aus dem Gleichgewicht, finde ich oftmals keine Zeit für meine Kreativität. Herrscht in mir ein emotionales Ungleichgewicht (besonders bei Dauerstress), gerät mein Körper in den Kampf-oder-Flucht-Modus. Er kämpft ums Überleben und ist fixiert auf die Außenwelt. Solange er sich in diesem Zustand befindet, habe ich keine Energie übrig, um etwas zu erschaffen oder für meine Innenwelt zu tun. Das Problem ist, dass ich das Gleichgewicht am besten wiederherstelle, indem ich meine Innenwelt auslote. Finde ich dort meine Balance wieder, wird sich dies in meiner Außenwelt widerspiegeln. Nicht durch unerklärliche mystische Vorgänge, sondern weil ich mich anders verhalte, anders reagiere und über eine andere Ausstrahlung in meiner Umwelt verfüge. Alles hängt zusammen. In vielen Fällen geraten wir durch vergangene Erlebnisse ins Wanken – um genauer zu sein, weil es uns nicht gelingt, diese hinter uns zu lassen.

Loslassen

Hannah brachte mir bei, dass negative Glaubenssätze uns in unserem Mindset einengen und sowohl unser Handeln als auch unsere Entscheidungen beeinflussen. Sie rühren meist aus der Kindheit – durch Erlebnisse, die wir währenddessen sammelten. Umso verrückter finde ich es, dass wir uns als Erwachsene immer noch unbewusst an diesen Erlebnissen orientieren. Dass sie die Macht haben, unser Jetzt und sogar unsere Zukunft nachhaltig zu beeinträchtigen. Doch auch wenn unsere Gedanken so machtvoll sind, lernte ich, dass ich nicht meine Gedanken bin. Ich bin der Horizont und meine Gedanken sind Wolken, die über mich hinwegziehen. Ich bestimme, welche dieser Gedanken bleiben dürfen und welche ich ziehen lasse. Deshalb ist es wichtig, sie unterscheiden zu können. Halte ich an negativen Gedanken und Glaubenssätzen fest, bin ich der Architekt meiner Kreativblockaden. Um Glaubenssätze loszulassen, umzuschreiben und die innere Balance wiederherzustellen, muss ich mir eingestehen, dass Handlungsbedarf besteht. Das führt mich zu meiner nächsten und vielleicht einer der wichtigsten Zutaten, die Selbstreflexion.

Selbstreflexion

Entweder, ich verstecke mich vor Glaubenssätzen und Blockaden oder ich bin bereit, mich mit ihnen auseinanderzusetzen. Selbstreflexion bedeutet, in der Lage zu sein, eigene Gedanken und Gefühle kritisch zu beleuchten. Außerdem gilt es, die Lösung von Problemen nicht nur im Außen zu suchen, sondern bei sich. Bin ich bereit, mich selbst zu hinterfragen, wird mir vielleicht bewusst, dass ich aus der Balance geraten bin, dass ich zu sehr an alten Ängsten festhalte und es nur einen Weg gibt, mich von ihnen zu befreien – sie loszulassen.

Neue Zutat für den Kreativ-Cocktail

→ Fähigkeit zur Selbstreflexion

Was für mich fast noch spannender ist als die Zutaten des Kreativ-Cocktails sind die Gifte, die ihn verderben. Nachdem ich so viele Zutaten kenne, sind mir die ein oder anderen Gifte klar geworden. Besteht mein Leben nur aus Stress und Rennerei, versage ich mir die Muße zum Tagträumen. Ich verbiete mir, Zeit für mich zu haben und verbaue mir so die Chance, neue wertvolle Erfahrungen zu sammeln. Stress ist in der heutigen Zeit immer öfter Realität. Für den Körper und die Kreativität stellt er allerdings nur eins dar – einen Energieräuber. Stehe ich unter Dauerstress, befindet sich mein Körper dauerhaft im Kampf-oder-Flucht-Modus. Er wurde von der Evolution ursprünglich für lebensbedrohliche Situationen konzipiert, also für eine kurzweilige Dauer. Befinden wir uns über einen längeren Zeitraum in diesem Zustand, schadet das nicht nur der Kreativität, sondern auch unserem Körper. Dauerstress ist ein ernstzunehmendes Thema unserer Zeit. Wir gewähren uns keine Augenblicke, in denen wir bewusst nichts tun. Wir schaden uns, weil wir der Perfektion nacheifern.

Ein weiteres Gift, das uns hemmt, sind Gefühle wie Trauer oder Kummer. Generell kann der Mensch jede Emotion für sein kreatives Schaffen nutzen. Allerdings verschließen wir uns gerne vor diesen Gefühlen und verdrängen sie, bis daraus eine ernsthafte Depression erwächst. Nicht die Gefühle an sich sind das Problem, sondern die Art, wie wir mit ihnen umgehen. Wir kreieren einen Abwärtsstrudel, aus dem wir keinen Ausweg sehen. Diese Emotionen sorgen dafür, dass wir uns weiterhin im Kampf-oder-Flucht-Modus befinden. Verliere ich erst meine Freude, leidet die Neugierde. Verblasst sie, so bleibt nur die Gleichgültigkeit oder die Lethargie. Sie ist mit der größte Feind der Kreativität, da jegliche Lust am Erschaffen verlorengeht und ich in einen Zustand gerate, in dem mir alles egal ist. Infolgedessen vernachlässige ich alle Zutaten meiner Kreativität, oftmals sogar mich selbst. Meine intrinsische Motivation verringert sich. Ich übe vielleicht einen Job aus, aber ich tue das nur, um meine Brötchen zu verdienen (extrinsische Motivation), nicht weil ich ihn liebe. Die Liste der Gifte ist mindestens so lang wie die Liste der Zutaten, die ich benötige. Einen zusätzlichen Feind der Kreativität bildet die Realität oder der Realist. Wer nicht träumt, kann nur erschaffen, was bereits vorhanden ist, jedoch sind ihm die Hände gebunden, sobald es darum geht, etwas zu ersinnen, was es bisher noch nicht gab. Der Realist wagt es nicht, Kind zu sein, er traut sich nicht, zu fantasieren. Er hält vieles für nicht änderbar und unmöglich. Der extreme Realist besitzt eines nicht: ein offenes Mindset. Genau das aber benötigen kreative Menschen, um Ideen zu finden.

Doch keines dieser Gifte wird uns durch genetische Veranlagung oder Evolution verabreicht. Vielmehr werden wir zum Giftmischer erzogen. Unser Umfeld vergiftet uns, ohne es zu beabsichtigen. Du mischt dir dein Gift, indem du:

- an falschen Glaubenssätzen festhältst
- indem du nach Perfektion strebst
- deinem Schattenkind mehr Beachtung schenkst als deinem Sonnenkind
- du dich bewusst Dauerstress aussetzt, weil die heutige Zeit es so verlangt
- du dich unter Druck setzt, dir keine Pausen gönnst
- Erfolge nicht wahrnimmst, weil du lieber an deinem schlechten Selbstbild festhältst, welches du dir über all die Jahre mühsam aufgebaut hast
- du negative Gefühle nicht zulässt
- versuchst, vor ihnen davon zu laufen bis sie dich in die Lethargie stürzen
- dir den Blick über den Tellerrand verbietest, um lieber in die Tugendfalle zu tappen, wo du dich für andere aufopferst, aber nicht für dich selbst
- du dir sagen lässt, dass etwas unmöglich ist, ohne es ausprobiert zu haben

- → dein Außen mehr Kontrolle über dich ausübt als du selbst, wenn es dich verbiegt
- → deinem Umfeld die Verantwortung für deine negativen Glaubenssätze gibst
- → dir von falsche Freunden einreden lässt, du seist nicht gut genug, um von deiner Kreativität zu leben
- → Druck auf dich lädst
- → dein Alltag so gestaltest, dass er dich nicht glücklich macht und du dich aus Unzufriedenheit negativen Routinen hingibst, damit du dich besser fühlst.

Jetzt die gute Neuigkeit: Sobald du die Gifte kennst, die dich in deiner Kreativität einschränken, kannst du zum Heiler deiner eigenen Blockaden werden. Du bist der Architekt deiner Hemmungen. Hast du sie realisiert und angenommen, kannst du dein Konstrukt umbauen. Zu jedem Gift gibt es ein Gegengift. Selbstreflexion ist der Schlüssel zur Erkenntnis.

Aufgaben

- → In den letzten Aufgaben bist du deinem Schattenkind und deinen negativen Glaubenssätzen auf den Grund gegangen. Du hast dein Schattenkind gemalt und Glaubenssätze notiert, welche dich hemmen. Heute ist es an der Zeit, sie zu entkräften. Schreibe einen Brief an dein Schattenkind, wieso die Glaubenssätze keine Berechtigung mehr haben. Welche Erlebnisse haben dir das Gegenteil bewiesen? Bringe handfeste Beweise hervor, um dein Schattenkind zu überzeugen. (Bsp: Meine Verlustangst ist nicht mehr berechtigt, denn ich bin meinem Umfeld nicht länger hilflos ausgeliefert. Ich entscheide selbst. Ich bin diesen Menschen wichtig: Sie würden mich nie verlassen und stehen hinter mir.)
- → Wir sind Architekt unserer Kreativblockaden. Nun ist es an der Zeit, unser Konstrukt kritisch zu beäugen: Welche der oben aufgezählten Gifte treffen auf dich zu? Schreibe sie auf und mache

dir Gedanken, inwiefern sie dich hemmen. Denke über ein Gegenmittel nach. Was würde diese Gifte für dich unschädlich machen?

- → Schreibe nieder, auf welche zehn Arten du dir selbst gegenüber gemein bist. Wann wirst du selbst zum Giftmischer?
- → Meine liebste Kreativblockade ist? Welchem der Gifte setze ich mich am liebsten aus?
- → Welche meiner Routinen unterstützen dieses Gift? (Alltagstrott, zu viel Internet, Fernsehen etc.)
- → Was hast du davon, wenn du an deinen liebsten Blockaden und negativen Routinen festhältst?
- → Was kannst du deinem Schattenkind entgegenstellen? Stell dir vor, es würde ein weiteres Kind in dir wohnen. Das Kind deiner Kreativität oder auch dein Sonnenkind. Male es, führe die Menschen auf, welche immer an deiner Seite sind und dich in deinem Schaffen unterstützen. Schreibe Emotionen oder Gedanken in seinen Bauch, die es über dich hegt. Was magst du an dir? Wo liegen deine Stärken? Worauf bist du stolz? Was hast du bereits alles erreicht? Gerne vergessen wir unsere Erfolge und positiven Erlebnisse, dabei sollten wir uns auf sie fokussieren.

Notizen

Nach und nach drang ich tiefer in den Sumpf meiner negativen Glaubenssätze vor. Es waren unzählige und sie sorgten dafür, dass ich ein minderwertiges Selbstbild von mir erschuf. Der Todesfall im Kreise meiner Familie war nur der Tropfen, der das Fass zum Überlaufen brachte. All diese Einstellungen gab es schon zuvor, jedoch verlor ich jeglichen Zugang zu meiner schöpferischen Energie erst, als ich aufgab. Zu Hause in Deutschland ließ ich mich hängen. Zu viele Gifte gleichzeitig wirkten auf mich ein und lähmten mich. Im Alltagstrott sah ich sie nicht. Jetzt fielen sie mir wie Schuppen von den Augen. Zum einen waren dort die Glaubenssätze, die ich eine halbe Ewigkeit mit mir herumtrug. Doch sie hatte ich durch die Anerkennung von außen immer gut unter Kontrolle gehabt. Das dachte ich zumindest. Inzwischen realisierte ich jede Menge Augenblicke, in denen mich meine Glaubenssätze steuerten, was nicht immer zu meinem Wunschergebnis führte. Jedoch zog mich der Sog der Abwärtsspirale erst in den Abgrund, als ich meine Trauer nicht zuließ und dadurch in Dauerstress verfiel. Dieser Prozess kostete so viel Energie, dass ich jegliches Interesse an meinen Mitmenschen und auch an meinem Job verlor. Als meine Akkus völlig erschöpft waren, blieb mir nichts anderes übrig. Ich verfiel in eine tiefe Lethargie gefolgt von einer Depression. Ein Gift führte zum nächsten. Und da ich mir nie ein Heilmittel gönnte, funktionierte ich zwar, doch das, was mich zum Menschen machte – meine Gefühle, meine Kreativität – lag im Sterben. Zu Anfang meiner Reise war ich mir nicht darüber im Klaren, aber in Argentinien gönnte ich mir das erste Mal eine Dosis Gegengift und spülte die toxischen Stoffe wie Dauerstress, Alltagstrott, Lethargie und Arbeitssucht aus. Ich heilte langsam, aber ich heilte. Der Prozess war noch nicht vollendet, doch meine Kreativität kehrte gemächlich zurück. Nun wurde es Zeit, sich den tief verwurzelten Giften zu widmen, welche sich wie Unkraut durch mein Unterbewusstsein wucherten.

Diesmal trug Hannah nicht nur ihre Yogamatte, sondern auch Zettel und Stift bei sich. Wir machten es uns auf der Veranda gemütlich. Während sie sich im Schneidersitz niederließ, wählte ich eine der knallbunten Hängematten. Normal startete mein Tag mit einer Meditation, während sie durch ihre Asanas floss. Doch beim letzten Mal vereinbarten wir, dass ich mich auf die Suche nach meinen negativen Glaubenssätzen machte und Argumente fand, die sie außer Kraft setzten. Ich gab mir alle Mühe, doch es war schwieriger als gedacht und die Auseinandersetzung tat weh. Nichts desto trotz glaubte ich, den ein oder anderen Ansatz gefunden zu haben und erwartete mit Spannung, wie Hannah mir helfen wollte. »Und? Bist du deinen negativen Glaubenssätzen auf die Schliche gekommen?«, fragte sie mich neugierig. »Ich glaube ja«, antwortete ich, während meine Hände einen Zettel hervorkramten. »Ich lese sie dir am besten vor.

Meine Negativen Glaubenssätze sind:

- Ich werde sowieso verlassen
- Ich bin machtlos
- Ich muss perfekt sein
- Mit Kreativität kann ich keinen Lebensunterhalt bestreiten
- Ich belaste meine Mitmenschen, indem ich kreativ bin«

Hier ist Platz für deine Glaubenssätze

»Es tut mir leid, dass du so lange unter diesen Glaubenssätzen leiden musstest. Wie hast du sie herausgefunden?« Augenblicklich breitete sich ein Schmunzeln auf meinen Lippen aus. »Ganz ehrlich? Erstmal hab ich gegoogelt. Das Thema kam mir so fremd vor, doch als ich eine Art Anleitung fand, wuchsen die Glaubenssätze wie Pilze aus dem Boden. Eigentlich wusste ich schon, was ich mit mir rumtrage. Aber mir war es nicht möglich, auf dieses Wissen zuzugreifen. Eine Art Mauer umgab es und erst als du mir erzählt hast, was Glaubenssätze sind und ich mir weitere Informationen aneignete, wurden sie mir klar – und es wurden immer mehr.« Sie nickte verständnisvoll. »Ganz genau so habe ich mich damals auch gefühlt. Verrätst du mir, was du über Google herausgefunden hast?«

»Ja klar, es gab jede Menge Blogs, die sich damit befassten, zudem Podcasts, Videos und Buchempfehlungen. Wenn man einmal weiß, wie das Problem heißt, findet man alle möglichen Lösungswege.« Ich griff nach meinem Notizbuch und reichte es Hannah. »Ich habe mir diese Art Leitfaden aus allerhand Informationen zusammengestellt.«

Leitfaden zur Auflösung negativer Glaubenssätze

1. Schreibe die Situationen auf, die dich immer wieder belasten. Entlarven kannst du sie, indem du nach Momenten Ausschau hältst, in denen deine negativen Gefühle die Oberhand gewinnen, du dich z.B. wütend, traurig oder hilflos fühlst.
2. Wie denkst du in diesen Situationen über dich? Kommen dir die Gedanken wie »Ich bin immer schuld, ich habe immer Pech, wieso passiert das immer mir? Ich bin sowieso nicht gut genug.« bekannt vor?
3. Welche Gefühle werden durch diese Gedanken in dir ausgelöst? Wirst du traurig, wütend oder fühlst du dich hilflos?
4. Wie handelst du in einer solchen Situation normalerweise? Reagierst du eher impulsiv, emotional oder entzieht die Situation dir alle deine Kraft und du fühlst dich ausgelaugt und leer?
5. Als nächstes erinnere dich an eine ähnliche Situation in deinem Leben, in der du jedoch anders gehandelt hast als üblicherweise. Was war anders an der Situation und was dachtest und fühltest du?
6. Die unter Punkt fünf beschriebene Situation ist dein Beweis, dass dein Glaubenssatz nicht immer gültig ist, womit er seine Berechtigung verliert. Formuliere nun deine negativen Gedanken aus Punkt zwei positiv um. Aus »Mit Kreativität kann ich keinen Lebensunterhalt bestreiten« wird dann zum Beispiel »Meine Kreativität hilft mir, Träume wahr werden zu lassen, wie letzten Sommer als ich in Brasilien für einen Job gebucht wurde und eine vierwöchige Reise anhängen konnte.«
7. Wiederhole diese Schritte mit allen negativen Glaubenssätzen.
8. Schreibe dir alle neuen positiven Affirmationen und Beweise auf.

9. Lies dir diese mindestens vier Wochen lang jeden Abend fünf bis zehn mal durch. Alternativ kannst du sie auch täglich aufschreiben oder in deine Meditationen einbinden.
10. Schon bald wird dir bewusst werden, dass du in ähnlichen Situationen (wie in Punkt eins beschrieben) anders reagierst. Du wirst positiver von dir denken und dir daher weniger im Weg stehen. Dieses Denken wird dir positivere Gefühle schenken, wodurch du zu anderen Handlungen neigen wirst.

Hannah schaute mich begeistert an. »Wow, du solltest wirklich überlegen, deine Erkenntnisse zu teilen! So funktionieren positive Affirmationen. Mit ihrer Hilfe kannst du alte negative Muster in neue dich stärkende Muster umschreiben. Genau das wollen wir heute angehen. Wie du längst gelesen hast funktioniert diese Umprogrammierung nicht von jetzt auf gleich. Der Grund liegt ja auf der Hand. Muster, die du Jahrelang verinnerlichst, wirst du nicht in einem Tag los. Dieser Prozess benötigt Zeit. Immer dann, wenn deine Glaubenssätze Bestätigung fanden, indem du nach ihnen gehandelt hast, gewannen sie an Stärke. Sie sind sogar so stark, dass sich neuronale Autobahnen in deinem Gehirn gebildet haben. Es braucht mindestens vier Wochen, um sie umzuschreiben. Damit das auch wirklich funktioniert, ist es wichtig, machtvolle Affirmationen zu schreiben. Lass mich dir ein paar Tipps geben, wie deine Affirmationen am meisten Wirkung zeigen werden. Und danach wandelst du deine Glaubenssätze als Übung gleich in positive Affirmationen um.« Ich bat Hannah, mir mein Notizbuch zurückzugeben, da ich ihre Lehren gleich aufschreiben wollte.

Positive Affirmationen schreiben

- Beginne deine Affirmation mit den Worten »Ich bin«. Damit erreichst du deine Innenwelt besser – und da diese für deine Überzeugungen verantwortlich ist, ist dies wichtig.
- Formuliere in der Gegenwart. Was würdest du schreiben, wenn du dein Ziel bereits erreicht hättest? Mit der Affirmation ist es ähnlich wie mit einer Visualisierung. Wiederholt sich eine in Gedanken geformte Erfahrung immer wieder, fällt es deinem Gehirn mit jedem Mal schwerer, zu unterscheiden, ob diese Wirklichkeit oder doch nur ein Gedanke ist.
- Formuliere positiv. Dein Unterbewusstsein ist nicht in der Lage, Verneinungen wahrzunehmen. Schreibe nicht auf, was du *nicht möchtest*, sondern, was du *möchtest*. Folgende Worte solltest du niemals verwenden: nicht, kein, weniger, nie. Das Unterbewusstsein denkt in Bildern. Hier ein Beispiel, warum Verneinungen nicht funktionieren: Ich denke jetzt nicht an einen rosa Elefanten. Und, hast du an einen rosa Elefanten gedacht?
- Vermeide Regulierungen: Eingrenzende Affirmationen können zu einem Mangel-Bewusstsein führen. Worte wie nur, höchstens und weniger solltest du nicht einbauen.
- Je kürzer sie ist, desto besser prägt sie sich ein.
- Halte deine Affirmation so präzise wie möglich.
- Bringe Lebendigkeit und Gefühl hinein, dadurch erhält deine innere Metapher mehr Energie.
- Deine Affirmation bezieht sich auf dich und nicht auf andere. Baue einen Bezug zu dir auf.

Meine Glaubenssätze in Affirmationen umwandeln

- → Glaubenssatz: Ich werde sowieso verlassen – Gegenbeweis: Selbst auf weite Entfernungen halten meine wirklich wichtigen Freundschaften – Affirmation: Ich bin erwachsen und treffe selbst Entscheidungen. Ich bin voller Liebe für Freunde und Familie, die immer für mich da sind. Ich werde geliebt, ich bin wertvoll.
- → Glaubenssatz: Ich bin machtlos – Gegenbeweis: Meine Entscheidungen und Argumente werden ernst- und dankend angenommen – Affirmation: Ich bin machtvoll. Ich freue mich, da meine Entscheidungen ernstgenommen werden.
- → Glaubenssatz: Ich muss perfekt sein – Gegenbeweis: Niemand ist perfekt, Perfektion ist rein subjektiv, ich werde geliebt, wie ich bin – Affirmation: Ich strebe nach persönlicher Entwicklung, anstatt nach Perfektion. Ich bin gut so, wie ich bin.
- → Glaubenssatz: Mit Kreativität kann ich keinen Lebensunterhalt bestreiten – Gegenbeweis: Ich lebe seit acht Jahren von meiner Kreativität und frei von finanziellen Problemen – Affirmation: Ich lebe von meiner Kreativität und bin dafür unendlich dankbar. Meine Kreativität ist meine Superkraft. Aus meiner Kreativität erwachsen finanzielle Mittel.
- → Glaubenssatz: Ich belaste meine Mitmenschen, indem ich kreativ bin – Gegenbeweis: Heute stehen alle mir wichtigen Menschen hinter mir. Sie bewundern mich, dass ich von meiner Kreativität lebe – Affirmation: Meine Kreativität heilt mich selbst und andere, meine Kreativität motiviert mich selbst und andere, meine Kreativität inspiriert mich selbst und andere.

Hier ist Platz für deine Affirmationen

»Okay, entweder du hast heimlich geübt oder du bist wahnsinnig schnell! Das klingt fantastisch! Die Affirmationen, die du dir aufgeschrieben hast, liest du dir nun entweder mindestens vier Wochen jeden Tag durch. Oder, wenn du es bevorzugst, kannst du sie täglich aufschreiben. Eine weitere Möglichkeit ist, sie in deine Meditation einfließen zu lassen. Egal für welche Technik du dich entscheidest, übe sie achtsam aus. Sei bei der Sache und verbinde dein Tun mit positiven Emotionen, so wird deine Affirmation noch machtvoller. Mit der Zeit wirst du feststellen, dass dein Schattenkind leiser wird und vielleicht sorgt das für eine liebevollere Konfrontation bei euer nächsten Begegnung.« Mit einem Satz sprang ich aus meiner Hängematte und fiel Hannah um den Hals. »Danke für deine Hilfe. Ich habe das Gefühl, einen riesigen Schritt weitergekommen zu sein, nicht nur in Sachen Kreativität, sondern in erster Linie mit dem Thema Selbstakzeptanz.« Sie lachte und löste sich aus meiner Umklammerung. »Nichts zu danken, für mich ist das total spannend. Weißt du, was ich glaube? Du musst dich zuerst selbst annehmen, bevor du kreativ richtig explodieren kannst. Ich habe das Buch über Kreativität gelesen, das du mir geliehen hast. Darin steht, dass Kreativität und dein Selbstbild in den gleichen Gehirnarealen geschaffen werden. Alles speist sich aus dem Unterbewusstsein. Und wenn das nur von negativen Gedanken zerfressen wird, kann das ja zu nichts führen.«

Was für ein wahnsinnig motivierender aber anstrengender Start in den Tag. Bevor es für Hannah und mich Richtung Station ging, nahm sich jede von uns noch etwas Zeit für sich – sie vollzog eine Runde Yoga und ich entschied mich für eine kurze Meditation, um wieder klarer zu werden. Im Anschluss machte ich Frühstück. Ich liebte Costa Rica nicht nur wegen seiner Landschaft und der Tiere – alle tropischen Länder verfügten über eine unglaubliche Vielzahl an frischen Früchten. Jeden Tag trank ich mindestens eine Kokosnuss, fest in dem Glauben »one coconut a day keeps the doctor away« und aß jede Menge Obst. Heute standen Mango, Papaya und Banane auf der Speisekarte. Mit ihnen verfeinerte ich unsere Haferflocken. Mir lief das Wasser im Mund zusammen, während ich die Mango anschnitt und ihr süßer, fruchtiger Duft in meine Nase stieg. Ich überraschte Hannah zum Dank mit einer Frucht-Bowl und frisch gebrühtem Kaffee. Danach machten wir uns schnurstracks auf den Weg.

Für mich stand eine große Portion Abwechslung auf dem Tagesplan. Die Leitung teilte mich ein, eine geführte Wanderung durch den Nebelwald fotografisch zu begleiten. Wir wollten damit auf die einzigartige Flora des Landes aufmerksam machen. Schon damals riss mich die Unwirklichkeit und Wechselhaftigkeit des Gebietes in ihren Bann. In einem Moment strahlte die Sonne vom Himmel und im nächsten sah man vor lauter Nebel die Hand vor Augen nicht. Riesige Brücken spannten sich durch den Dschungel und boten den Wandernden eine unvergessliche Aussicht. Am liebsten waren mir die roten Hängebrücken. Sie erinnerten mich an Abenteuerfilme und waren ein eindrucksvoller Kontrast zu den satten Grüntönen, die der Nebelwald bot. Wir starteten unsere Tour am Kolibrigarten. Von dort erhielt man direkten Zugang. Unsere Gruppe bestand aus fünf Touristen, einem Guide und mir.

Wir tauchten ein in das mystische Dämmerlicht des Nebelwaldes. Heute zogen unzählige Dunstschleier durch den Wald. Die Bäume sahen wir nur schemenhaft. Sie ähnelten Fabelwesen, völlig überwuchert von hängenden Moosen nahmen sie die unterschiedlichsten Formen an. Die Geräusche des Dschungels klangen Dumpf aus der Entferung. Als wir die erste Hängebrücke erreichten, kamen wir aus dem Staunen nicht mehr raus. Sie spannte sich fast zweihundert Meter eindrucksvoll durch den Dschungel und gab uns die Möglichkeit, ihn von weiter oben zu betrachten. Leise quietschend schwang sie sanft im Wind. Auf der Hälfte hielten wir. Der Guide entdeckte eine Affenfamilie und gab uns Infos zu den Bewohnern des Dschungels. Vor lauter Nebelschwaden, sahen wir den Anfang der Brücke nach kurzer Zeit nicht mehr. Nur auf die Bäume um uns herum besaßen wir freie Sicht. Dieser Anblick war magisch. Ich zückte meine Kamera und tat, wofür man mich mitnahm – Fotos des Nebelwaldes anfertigen. Zuerst fotografierte ich die Brücke, wie sie in den Nebelschwaden versank und keinen Blick auf ihr Ende freigab. Jeder Abenteurer würde ganz hibbelig werden bei diesem Anblick. Danach machte ich ein paar unvergessliche Bilder von den Mitgliedern der Reisegruppe. Sie waren alle Feuer und Flamme und so entstanden in kürzester Zeit unvergessliche Momentaufnahmen. Unerwartet ertönte ein dumpfes Geräusch. Anfänglich konnten wir die Ursache nicht ausmachen und wurden allesamt leicht nervös. Hatte etwas einen Schaden an der Brücke angerichtet? Der Guide mahnte uns zur Ruhe, woraufhin er im Nebel verschwand. Kurz darauf ertönte seine leicht erregte Stimme. Wir sollten ihm so leise wie möglich folgen. Ich hielt meine Kamera bereit. Aufregung stieg in mir hoch. Was mochte er entdeckt haben? Im Nebel vor uns tauchte plötzlich eine Affenmama mit ihrem Kind auf. Sie saßen still da und beobachteten uns, genauso wie wir sie betrachteten. Da die Affen hier nicht fremd gefüttert wurden, waren sie nicht aufdringlich, einzig ihre natürliche Neugier trieb sie an, stillzusitzen und uns zu beobachten. Das Kleine krallte sich in das Rückenfell seiner Mutter und beäugte uns mit riesigen Augen. Ohne die Gruppe zu stören, suchte ich mir eine passende Perspektive, um diesen wunderschönen intimen Moment zwischen den Menschen und der Wildnis einzufangen. Was ich tat, erfüllte mich voll und ganz. Es war nicht die Art der Fotografie, weshalb ich mich damals entschloss, meinen Weg als Künstlerin zu wagen. Diese Arbeit war persönlich, nicht inszeniert. Sie ermöglichte es mir, unseren Planeten so zu zeigen, wie ich ihn wahrnahm: bunt, lebendig, voller Ästhetik und Anmut. Mit jedem Foto fing ich ein, was wir beschützen mussten. Nach diesem tiefen Augenblick dachten wir, es könnte nicht besser werden. Allerdings zeigte uns der Nebelwald alles, was er zu bieten hatte. Umschwirrt von bunten Vögeln genossen wir unseren Proviant, blaue handgroße Morphofalter begleiteten uns und wir entdeckten Faultiere in den Baumkronen. Noch eindrucksvoller war die Vielfalt an Insekten und Pflanzen. Wohin das Auge fiel, wucherten bezaubernd filigrane Orchideen in verschiedensten Farben und Ausführungen. Diese Landschaft raubte jedem, der in sie eintauchte, vor Bewunderung den Atem. Ich ließ mich von einem schönen Anblick zum nächsten treiben und war einfach nur dankbar. Die Bewegung befreite mich. In manchen Momenten bemerkte ich gar nicht mehr, dass ich lief. Meine Gedanken schweiften umher und ich hatte das Gefühl, in eine Meditation zu sinken, während ich ging. Vielleicht war es nicht für jeden Menschen das Richtige, eine Meditation im Sitzen durchzuführen, schoss es mir durch den Kopf. Wenn eine Person bereits den gesamten Tag auf der Arbeit saß, könnte Bewegung eine Alternative bieten. Dieser Ausgleich machte es ihr möglich, auf diese

Weise den Kopf freizubekommen. Schließlich waren wir alle unterschiedlich. Kein Mensch glich dem anderen. Wie sollte bei so einer immensen Vielfalt für jeden der gleiche Weg oder die gleiche Technik hilfreich sein? Jeder musste in der Lage sein, die Zutaten auf sich und sein Leben anzupassen. Die Kreativroutinen passten sich seinem Leben an, nicht umgekehrt. Wenn es darum ging, Glaubenssätze aufzulösen, durfte ihm diese nicht wie Zwang erscheinen oder wie etwas, das im stressigen Alltag noch mehr Druck kreierte. Er sollte sich darauf freuen. Man könnte die positiven Affirmationen zum Beispiel während eines Spaziergangs durch den Wald, auf dem Rücken seines Pferdes oder vom Fahrrad aus praktizieren. Er musste den für sich perfekten Weg finden. Wie dieser aussah, konnte nur er wissen. Meine besten Ideen bekam ich beim Wandern, wenn ich einen Fuß vor den anderen setzte und meine Gedanken schweiften. An einer meiner letzten Ideen feilte ich aktuell in meiner Freizeit. Die Kreativlosigkeit, die mich all die Monate umhertrieb, sollte Stoff für ein Artwork in Form eines Selbstporträts bieten. Da mir in Costa Rica Requisiten fehlten, feilte ich die Idee dort aus und zurück in Deutschland sollte es an die Umsetzung gehen.

Die Wanderung führte uns über unzählige weitere Brücken und bot atemberaubende Anblicke des Dschungels. An den Aussichtspunkten sahen wir das Grün der Bäume bis zum Horizont. Unser Rückweg wurde von seltenen Vogelarten und weiteren Tieren gesäumt. Jeder der Wanderer war völlig überwältigt. Den ambitionierten Hobbyfotografen bot ich sogar ein kleines Coaching an, wenn sie daran interessiert waren. Plötzlich hielten wir. Vor uns erhob sich einen Plattform. Zuerst dachte ich, es handle sich um einen weiteren Aussichtspunkt, allerdings hatte ich von den berühmtberüchtigten Seilrutschen im Nebelwald gehört. Als der Guide Seil und Karabiner hervorholte, ging mir ein Licht auf. Augenblicklich schlug mein Herz bis zum Hals. Die Seilrutsche führte in 180 Metern Höhe über den Nebelwald, sodass man einen gigantischen Ausblick genoss. Bei mir löste der Gedanke an diese Aussicht jedoch nur eines aus: Höhenangst. Kaum merklich trat ich einen Schritt von der Plattform weg. Sicherlich war es ein großartiges Erlebnis wie Superman über den Wald zu schweben. Aber meine butterweichen Knie hielten dagegen. Während ich mir mindestens hundert Arten ausmalte, an der Seilrutsche zu sterben, startete der Guide mit seiner Einweisung. Er bemerkte schnell, dass ich krampfhaft versuchte, mich in Luft aufzulösen, also nahm er mich zur Seite und sagte der Gruppe, ich werde mit gutem Vorbild vorausrutschen. Da ich für die Station und das Naturschutzgebiet arbeitete, konnte ich nicht einfach nein sagen. Wie hätte meine Verweigerung sonst auf die Touristen gewirkt? Ich nickte zurückhaltend und trat zitternd an seine Seite. Er half mir mit flinken Fingern in das Geschirr, erklomm mit mir die Plattform und hakte mich an dem Seil ein, das mich in den Abgrund reißen würde. Kalter Schweiß lief mir den Rücken hinab und Übelkeit bahnte sich ihren Weg in meine Eingeweide. Doch es gab keinen anderen Fluchtweg als den Sprung nach vorne. Alle starrten mich an, warteten, dass ich sprang, wollten sehen, wie ich reagierte, wenn ich über den Wald in die Ferne schoss. Ich blickte unseren Guide um Gnade flehend an, er jedoch schenkte mir nur ein Grinsen und ließ mich wissen, dass ich es später bereuen würde, wenn ich es nicht tat. Man bekäme die Möglichkeit, wie ein Vogel über den Dschungel zu gleiten, nicht alle Tage. Völlig unerwartet verpasste er mir einen leichten Stoß, der ausreichte, um mir das Gleichgewicht zu rauben. Ich stürzte nach vorne und in die Tiefe. Mein Schrei ertönte schrill, bis ein Ruck an meinem Geschirr mir zeigte, dass ich nicht in den Tod stürzte, sondern geradewegs über den Nebelwald flog. Wenn ich mich etwas beruhigte, könnte ich den Urwald aus der Vogelperspektive genießen. Nase einatmen, Mund ausatmen, Augen öffnen ... und ... sprachlos dahingleiten. Sanfter Nebel zog über die Baumkronen in die Höhe. Durch die Wolkendecke brachen Sonnenstrahlen hervor, sodass die feinen Wasserperlen des Dunstes um die Wette glitzerten. Auf einmal ertönte links neben mir ein Knacken und ein Rascheln, daraufhin der Schrei eines Vogels, den ich nicht einordnen konnte. Unerwartet brach ein riesiger Tukan aus dem Blätterdach hervor. Mit kräftigen Flügelschlägen zog er an mir vorbei, während ich seinen gigantischen bunten Schnabel bewunderte. Aus meiner Angst entwickelte sich eine Gänsehaut. Staunen löste das mulmige Gefühl in der Magengegend ab. Ab jetzt hatte Höhenangst keine Platz mehr in meinem Leben! Fast hätte sie mich dieses magischen Momentes beraubt. Diese Chance gestand ich ihr kein weiteres Mal zu. Ich genoss den lauen Wind, der mir wie eine Streicheleinheit durch die Haare fuhr, und atmete die frische Luft. Es roch wie nach einem Gewitter. Alle fremden Pflanzen entließen ihren Duft in den Nebel und erschufen somit ihr Parfüm des Dschungels, würzig, fruchtig und frisch. Der Tukan begleitete meine Abfahrt und zeigte sich von seiner schönsten Seite. Alles riss mich so sehr in seinen Bann, dass ich fast das Ende meiner Tour verpasste. Auf den letzten Metern schrie ich vor Freude. Adrenalin schoss durch meine Adern und von meiner Angst war nichts mehr zu spüren. Taumelnd und völlig aus dem Häuschen, erreichte ich die zweite Plattform. Danach beobachtete ich alle anderen bei ihrem Flug über den Dschungel. Aus anfänglicher Angst entwickelte sich auch bei ihnen ein Hochgefühl. Freudestrahlend fielen wir uns gegenseitig um den Hals. Eine unglaubliche Anzahl an großartiger Gefühle durchflutete meinen Körper. Tränen der Heiterkeit vermischten sich mit den feinen Tröpfchen des Nebels, die sich wie ein zarter Film über meine Haut spannten. Als der Guide die Plattform erreichte, umarmte ich ihn und bedankte mich für diese einmalige Erfahrung. In diesem Moment traf ich insgeheim die Entscheidung, materiellen Dingen in meinem Leben weniger Wertigkeit zu schenken. Ab jetzt hortete ich keine Gegenstände mehr. Von diesem Zeitpunkt an sammelte ich Erfahrungen und Erlebnisse.

Zurück aus dem Urwald bekam ich den Rest des Tages frei, um vom Haus aus an den entstandenen Bildern zu arbeiten. Ich machte es mir mit meinem Laptop in der Hängematte bequem und optimierte eine Datei nach der anderen. Abends stand täglich eine Meditation für mich auf dem Plan, in welcher ich meine Glaubenssätze durch positive Affirmationen überschrieb und mir mein Sonnenkind bewusst machte, statt an meinem Schattenkind zu klammern. Mit dem Erlebnis des heutigen Tages konnte ich auf jeden Fall einer weiteren unbegründeten Angst den Kampf ansagen. Zuerst klangen all diese neuen Dinge wie Affirmationen, Glaubenssätze, Meditation usw. sehr spirituell für mich. Doch mit jedem Tag, an dem ich sie ausführte, nahm ich kleine Änderungen meines Verhaltens wahr. Gerade wenn ich mit Julian skypte, den ich in den stillen Momenten natürlich unheimlich vermisste, verhielt ich mich anders. Vor meinen ersten Gehversuchen in diesen Bereichen hatte ich ihm Vorwürfe gemacht, wenn er nicht sofort Zeit für mich einräumte. In meinem Inneren kamen immer wieder Gedanken hoch, die mir zuflüsterten, womit ich nicht zufrieden war, welche mich traurig machten, mir sagten, ich sei nicht wichtig genug. Bei unserem letzten Gespräch schwiegen diese erstmalig und wir beide genossen es. Statt mit Beschwerden und Unzufriedenheit zu reagieren, berichtete ich ihm von allem, was ich erlebte und lernte. Seither meldete er sich von selbst und zeigte Interesse an dem, was ich tat, ohne dass ich es einforderte.

Wie viel wir unbewusst kaputt machten, wenn wir uns von unseren Gedanken und Glaubenssätzen leiten ließen, wurde mir Tag für Tag klarer. Anstatt einen Menschen für sich zu gewinnen, trieb man ihn von sich weg. Diese Auswirkung beobachtete ich in so vielen Lebensbereichen. Seitdem ich wieder aus Leidenschaft fotografierte, kam der Stein von ganz alleine ins Rollen. Dinge und Jobs ergaben sich einfach. Ich sicherte mir einen Platz als Volunteer in Tortuguero, um ihre Geschichte der Meeresschildkröten in die Welt hinauszutragen. Und das alles nur, weil ich aus Spaß Kolibris fotografierte. Aus dieser Intuition heraus erfüllten sich nach und nach immer mehr Punkte meiner Bucket List. Wie sagte man so schön: Höre auf dein Bauchgefühl, folge deinem Herzen. Seitdem ich das tat, wurde mein Leben täglich spannender. Half meine Intuition mir dabei, meine Kreativität zu heilen? Sorgte sie dafür, dass ich Entscheidungen für meinen inneren Künstler traf, statt gegen ihn? Alles, was gerade geschah, sprach dafür. Aber wie konnte ich auf meinen Bauch hören, wenn ich total verkopfte? Wenn er einfach zu laut schrie und jegliches Bauchgefühl mit seiner Meinung untergrub? Wieso arbeiteten Bauch und Kopf so oft gegeneinander statt miteinander? Oder taten sie dies nur, wenn ein Mensch sich nicht im Einklang befand?

Am Abend kam Hannah zurück. Sie pflegte den ganzen Tag über die kleinen Faultierbabys. Zuvor arbeitete sie bereits in mehreren Tierrettungsstationen, daher nahm das Team in Monteverde ihre Erfahrung gerne entgegen. »Na, wie war dein Tag?«, fragte sie zur Begrüßung. Seit der Seilbahn hatte sich ein Dauergrinsen auf mein Gesicht gemeißelt. »Absolut unvergesslich«, erwiderte ich. »Ich habe schon gehört, dass du Seilbahn fahren durftest. Na, wie wars?« Stolz erzählte ich ihr von der Überwindung meiner Ängste und den tollen Erlebnissen. Hannah nickte zufrieden. Sie hatte all diese Mutproben schon hinter sich und war überzeugt davon, dass ihr jede Grenzüberschreitung und jede neue Erfahrung viel gab. »Was sind dir nach dieser Erfahrung für Gedanken durch den Kopf gegangen?«, fragte sie interessiert. »So viele. Eine solche Herausforderung ist wirklich ein Sprung in das Becken der Inspiration. Natürlich dachte ich nochmal über das Auflösen von Glaubenssätzen nach. Sie beschäftigen mich momentan sehr. Dabei stieß ich auf die Erkenntnis, dass es für jeden Menschen einen anderen Weg in die Balance und zurück zur Kreativität geben muss, da wir alle unterschiedlich sind. Mir ist zudem bewusst geworden, wie sehr uns Glaubenssätze von unseren Zielen entfernen, wenn wir uns ihrer nicht klar sind. Dass sie uns bremsen und wie Ballast unseren Weg beschweren. Glaubenssätze sind wie eine veraltete Software, welche dringend ein Update benötigt, um wieder rund zu laufen. Ich fühle mich wesentlich ausgeglichener.« Hannah drückte mich herzlich. Niemals hatte ich es für möglich gehalten, in so kurzer Zeit neue Freundschaften zu schließen. Doch Hannah wuchs mir ans Herz. Unsere Erlebnisse verbanden uns und wir führten tiefe Gespräche. Sie trug einen beträchtlichen Teil zu meiner erfolgreichen Expedition bei.

Mein Weg musste erst ans andere Ende der Welt führen, um mir zu verdeutlichen, dass nichts, was wir tun, oberflächlich ist, solange wir ihm einen Sinn geben. Diesen Sinn fand ich allerdings erst, als ich nicht mehr in der Vergangenheit klebte. Seitdem ich über die Gifte meiner Kreativität stolperte, finde ich leichter Gegengifte. Mein größtes Gift sind meine Gedanken, dass ich mir zu wenig zutraue und dauernd denke, ich wäre nicht gut genug. Jetzt wird mir langsam deutlich, wie wertvoll meine Arbeit ist. Ich bin wertvoll und das, was ich tue, ist von Wert. Im Zuge all dieser Gedankengänge stieß ich auf neue Zutaten für meinen Kreativ-Cocktail.

Innerer Kompass / Intuition

Wie viele Entscheidungen treffen wir heute noch aus dem Bauch heraus oder aus dem Herzen – oder wie auch immer wir unsere Intuition nennen? Oft hören wir ihre zarte Stimme nicht. Der laute und dominante Kopf übertönt sie. Unser Realist hält alles für unmöglich, was unser Herz uns verzweifelt versucht mitzuteilen. Wissenschaftlich ist nachgewiesen, dass es ein Bauchgefühl gibt, über das wir Entscheidungen treffen, jedoch eben auch den Kopf oder Verstand, der bei allen Entscheidungen mitzureden hat. Viele von uns lernen teilweise durch die Erziehung oder auch durch das Umfeld, auf ihren Kopf zu hören. Der Kopf (Bewusstsein) kann allerdings viel weniger Informationen aufnehmen als der Bauch (Unterbewusstsein). Diese Fähigkeit unseres Verstandes (Kopf) ist elementar wichtig, da uns sonst die Flut an Informationen überschwemmen würde. Das Unterbewusstsein (Bauch) hingegen nimmt alles auf, für das der Verstand keine Verwendung findet. Beide Zentren haben ihre Berechtigung, doch meist entscheiden wir uns nur für ein Zentrum. Bauch oder Kopf – auf was hörst du?

Es gibt Forschungen, die belegen, dass keines der Zentren ohne das jeweils andere funktionstüchtig wäre. Denn auch wenn wir unseren Kopf gerne auf Logik und Realismus runterbrechen, so beziehen seine Entscheidungen immer unsere Gefühlswelt mit ein. Das Zentrum unserer Gefühle bildet der Bauch und zum Teil das Unterbewusstsein, mit dessen Hilfe wir unser emotionales Selbstbild erschaffen. Wäre es nicht logisch, die Intuition (Bauchgefühl) und den Verstand (Kopf) gemeinsam zu nutzen, um Entscheidungen zu treffen? Wieso arbeiten die beiden dann gefühlt immer in entgegengesetzte Richtungen? Das liegt daran, dass unser Kopf unsere Entscheidungen eher auf langfristige Sicht betrachtet, während unser Bauch schaut, was kurzfristig gut für uns wäre. Aber wie hängt die Intuition dann mit Kreativität zusammen? Wieso denke ich, dass sie eine Zutat ist? Kreativ sein bedeutet, Ideen zu haben und diese umzusetzen. Um jedoch in die Umsetzung zu kommen, müssen Entscheidungen getroffen werden. Fällt mir dies schwer oder scheue ich mich davor, kann ich mich kreativ weniger gut verwirklichen. Wenn es um Entscheidungen geht, sollten wir allerdings nicht nur auf unseren Kopf hören, sondern auch auf unseren Bauch. Beide Zentren können miteinander arbeiten, wenn wir lernen, zuzuhören und abzuwägen. Eine Nacht über eine Entscheidung schlafen ist meistens eine gute Idee, denn so gräbt unser Unterbewusstsein nach noch mehr Informationen, welche wir für die beste Entscheidung benötigen. Sind Kopf und Bauch im Einklang, treffe ich keine voreiligen Entscheidungen, habe aber auch keine Angst davor. Ich nutze Kopf und Bauch wie einen Kompass und verliere meinen kreativen Weg so nicht aus den Augen.

Bewegung

Neben der Intuition und unserem inneren Kompass, die uns zur Entscheidungsfindung verhelfen, denke ich, dass Bewegung eine weitere Zutat für mehr Kreativität ist. Warum? Wir haben bereits herausgefunden, dass Lethargie eines der stärksten Gifte ist. Lethargisch zu sein bedeutet, zu erstarren. Wir verschließen uns vor neuen Erfahrungen, weil wir uns dagegen entscheiden, sie zu durchleben. Lieber verharren wir an Ort und Stelle, dort wo uns unserer Meinung nach nichts geschehen kann. Doch wo nichts geschieht, kann auch keine Entwicklung stattfinden – und damit auch keine Kreativität. Denn all die Zutaten, die wir bisher gefunden haben, sorgen für Entwicklung, Wachstum und Balance unserer eigenen Person. Sie sind wichtig, damit wir immer wieder über neue kreative Ansätze stolpern. Bewegung sorgt dafür, dass wir uns bewusst neuen Situationen aussetzen und damit neuen potenziellen Ideen. Darüber hinaus kann sie ein wunderbarer Ausgleich sein, wenn ich beispielsweise auf der Arbeit viel sitze. Sie bietet so viele verschiedene Möglichkeiten, dass für jeden etwas dabei ist. Ich glaube sogar, dass es manchen Menschen leichter fällt, während simpler Bewegungen (Spaziergang, duschen, radfahren etc.) in einen meditativen Zustand zu sinken, gerade wenn sie den Rest des Tages viel sitzen. Dieses Wissen könnten sie nutzen, indem sie ihre Affirmationen anwenden, während sie sich bewegen. Und jeder kennt ja auch das Sprichwort: In einem gesunden Körper steckt ein gesunder Geist. Dass es unserem Verstand besser geht, wenn wir körperlich fit sind, ist eine Tatsache. Wir alle sind individuell, daher benötigt jeder ein etwas anderes Rezept für seine Kreativität. Doch kennen wir die grundlegenden Zutaten, können wir mit ihnen experimentieren, bis wir die für uns optimale Mischung gefunden haben.

Positive Affirmationen

Durch Hannahs Hilfe und weitere eigene Recherchen stieß ich auf die positiven Affirmationen. Einfach gesagt, handelt es sich bei diesen Affirmationen um bejahende Aussagen oder positiv formulierte Sätze, mit deren Hilfe es uns gelingen kann, negative Glaubenssätze zu überschreiben. Negative Glaubenssätze verhalten sich wie eine veraltete Software auf dem PC, nur dass sie noch mehr Schaden anrichten. Durch positive Affirmationen gelingt es mir, ein Update durchzuführen und diese alten Muster durch neue zu ersetzen. Natürlich nicht von jetzt auf gleich. Es ist Übung und Ausdauer gefordert. Ich stellte allerdings sehr schnell kleinere, positive Veränderungen in meinem Verhalten fest und bin gespannt, wo das weitere Praktizieren von ihnen mich hinführen wird.

Achtsamkeit

Für meine kreative Quelle habe ich die Meditation und das Ausüben von Yoga entdeckt. Da ich gleichzeitig etwas für Körper und Geist tue, ist es unglaublich bereichernd. Die Praktiken fallen für mich unter die Kreativ-Cocktail-Zutat »Innere Ruhe und Balance«, dienen mir aber gleichzeitig als Gegengift bei negativen Gedanken, negativen Emotionen, einem übermächtigen Schattenkind und vielen weiteren Giften. Ich befinde mich auf diesem Gebiet erst an der Oberfläche. Ich fürchte sogar, ich habe die Oberfläche nur einmal kurz mit der Fingerspitze berührt – aber ich habe doch so viel erfahren. Hier würde ich gerne mehr lernen, da ich glaube, dass sie mir jede Menge Potenzial für Gegengifte bieten werden. Ich glaube, dass jeder kreative Mensch einen Weg finden muss, um seinen Verstand besser im Auge zu haben. Bei mir ist es Yoga, bei anderen vielleicht Tai Chi, lange Wanderungen durch die Berge oder eine Ausfahrt mit dem Rad. All diese Praktiken würde ich unter dem Begriff Achtsamkeit zusammenfügen. Wer achtsam (aufmerksam) ist, lauscht seinen Gedanken und versucht, alles bewusster wahrzunehmen.

So förderst du deine Achtsamkeit

- → Dein Atem ist fest verbunden mit deinen Emotionen und deinem Stresslevel. Nutze ihn als Anker und zur Beruhigung, indem du ihn bewusst wahrnimmst. Dafür ist es am einfachsten, wenn du eine meditative Haltung einnimmst. Du kannst dich in den Schneidersitz setzen oder gerade auf einen Stuhl. Daraufhin schließt du deine Augen und legst deine Hand auf deine Bauchdecke. Du atmest tief durch die Nase ein und beobachtest aufmerksam, wie dein Atem durch deinen Körper fließt, wie deine Bauchdecke sich hebt beim Einatmen und senkt beim Ausatmen, während die Luft aus deiner Nase ausströmt. Diese Technik hilft dir, Ängste und Sorgen schneller in den Griff zu bekommen.

- → Wie oft starten wir gehetzt in den Tag? Der Wecker klingelt schrill, wir checken Social Media, hüpfen unter die Dusche, frühstücken auf dem Weg zum Bus – kein entspannter Start in den Tag, oder? Bleib das nächste Mal bewusst ein paar Minuten in deinem Bett liegen und nehme deine Umgebung mit offenen Augen wahr. Fallen Sonnenstrahlen durch dein Fenster? Hörst du das Zwitschern der Vögel oder das Rauschen von Blättern im Wind? Daraufhin setzt du dich auf deine Bettkante und spürst in deinen Körper hinein. Wie fühlst du dich heute? Atme tief ein und aus und mache dir bewusst, dass jeder neue Tag ein Geschenk ist.
- → Nehme nicht nur deinen Atem regelmäßig wahr, sondern auch deinen Körper. Dafür kannst du einen Scan durchführen. Gehe jedes deiner Körperteile im Geiste durch. Wie fühlt es sich heute an? Ist deine Haltung verspannt? Wie geht es deinem Nacken? Wäre ein kleine Lockerungsübung eventuell gerade das Richtige für dich?
- → Iss nicht länger zwischen Tür und Angel. Nimm dir Zeit, deine Mahlzeiten zu genießen und richtig zu zelebrieren. Essen ist nicht nur eine Pflicht, es ist ein Genuss.
- → Halte in deiner aktuellen Tätigkeit inne und werde dir des Augenblicks bewusst? Wo befindest du dich? Nutze alle deine Sinne. Wie sieht deine Umgebung aus? Was hörst du? Was riechst du? Was gehen dir für Gedanken durch den Kopf? Nimm sie wahr, ohne sie zu bewerten.
- → In der heutigen Zeit ist unsere Aufmerksamkeit selten nur auf eine Tätigkeit gerichtet und das Internet bietet viele Aufmerksamkeitsfallen. Wie wäre es also, wenn du dein Smartphone eine Stunde am Tag bewusst in den Flugmodus schaltest? Wenn du mutig bist, schweigt es sogar den gesamten nächsten Urlaub. Führe ein Tagebuch, wie du dich währenddessen fühlst und welche Gedanken dir durch den Kopf gehen. Sensibilisiere dich.

- Niemand ist achtsamer als Kinder. Hast du einmal beobachtet, wie ein Kind den Alltag beschreitet? Es übt die kleinsten Tätigkeiten voller Leidenschaft aus. Immer bereit, etwas Neues zu erlernen. Kinder beziehen sich beim Beobachten nicht auf die Vergangenheit. Sie sind völlig im Hier und Jetzt. Wie fühlt sich deine Situation aus der unbeschwerten Perspektive eines Kindes an?
- Lerne eine neue Welt kennen. Betrachte einen Gegenstand deiner Wahl ganz genau, drehe ihn um, halte ihn gegen das Licht, fühle seine Oberfläche. Welche Kleinigkeiten hättest du im hektischen Alltag nicht wahrgenommen? Bestaune den Gegenstand in all seinen Einzelheiten.

Neue Zutaten für den Kreativ-Cocktail

- Intuition / dein innerer Kompass
- Bewegung
- Achtsamkeit

Die Gifte der Kreativität

- Negative Glaubenssätze
- Übermächtiges Schattenkind
- Negative Emotionen
- Depression
- Lethargie
- Verschlossenes Mindset
- Der zu große Realist
- Drang zur Perfektion
- Arbeitssucht
- Stress / Dauerstress
- Druck von innen & außen
- Schlechtes Selbstbild
- Die Tugendfalle
- Umfeld / falsche Freunde

- ➔ Alltagstrott
- ➔ Negative Routinen

Die ersten Gegengifte sind mir bereits durch Zufall begegnet. Sie korrelieren natürlich mit den Zutaten, welche ich sammle, entsprechen ihnen oder unterstützen mich dabei, sie zu finden und zu kultivieren. Bringe ich am Ende meiner Reise Zutaten und Gegengifte zusammen, sollte es mir möglich sein, dem kreativen Loch dauerhaft vorzubeugen. Mir wird deutlich, dass man sich nicht erst auf die Suche begeben sollte, wenn es zu spät ist. Es ist wesentlich sinnvoller, für die Kreativität zu arbeiten, während sie im Fluss ist. Schließlich ist es viel leichter, eine sprudelnde Quelle zu pflegen statt ein versiegtes Wasserloch von neuem zu füllen. Aus Zutaten und Gegengiften könnte ich mir eine an mein Leben angepasste Routine zusammenstellen, die mich in Balance hält und meine Kreativität unterstützt. Dabei ist es wichtig, dass sich diese Routine meinem Leben anpasst und nicht umgekehrt. Sie darf mich weder stressen noch unter Druck setzen, denn sonst entstünde aus gut gemeintem Willen ein Gift. Der Weg zur Kreativität ist ein Drahtseilakt, aber jeder von uns kann lernen, grazil und spielerisch auf dem Seil zu tanzen.

Gegengifte

- ➔ **Positive Affirmationen**: Hilft bei negativen Glaubenssätzen, Perfektion, schlechtem Selbstbild, negativen Emotionen. Teste dieses kraftvolle Werkzeug für dich und finde heraus, in welchen Bereichen es bei dir die größte Wirkung erzielt.
- ➔ **Yoga und Meditation:** Hilft bei negativen Glaubenssätzen, negativen Emotionen, Unausgeglichenheit wie Stress oder Dauerstress, Druck von innen und außen, ist eine positive Routine und lässt weniger Platz für negative Routinen, öffnet das Mindset. Wie bereits erwähnt, können es bei dir auch andere Praktiken sein. Finde heraus, was dich innerlich zur Ruhe bringt, was dich von Stress befreit und was dir hilft, deine Gedanken zu sortieren, zu reflektieren und zu unterscheiden.

Vergiss dabei nie, dass in einem gesunden Körper ein gesunder Verstand ruht, weshalb du immer auch etwas für ihn tun solltest.

Aufgaben und Anregungen

→ Wie schaffe ich es, meine Intuition wahrzunehmen? Du kannst es dir sicher denken. Achtsamkeit dir selbst gegenüber ist der wichtigste Schritt, um hören zu können, in welche Richtung dein innerer Kompass dich leiten möchte. Beobachte aufmerksam deine Reaktionen, wenn es darum geht, Entscheidungen zu treffen. Welche Option verursacht ein Kribbeln im Magen oder löst eine Gänsehaut aus? Was kannst du dir bildlich ausmalen und vorstellen? Dies ist die Sprache deiner Intuition. Lerne sie durch Aufmerksamkeit. Stille kann zudem ein Element sein, welches dir hilft, die leise Stimme deines Herzens im Trubel des Alltags wahrzunehmen. Wenn es das nächste Mal darum geht, eine Entscheidung zu treffen, wie wäre es mit einer Runde Meditation? Still sitzen ist nicht dein Ding? Dann schreibe – führe beispielsweise Morgenseiten oder ein Traumtagebuch ein. Gleich nach dem Aufstehen schnappst du dir dein Notizbuch und schreibst alle Gedanken auf, die dir durch den Kopf gehen. Gedanken und Gefühle, die regelmäßig wiederkehren, sollten von dir weiterverfolgt werden, vielleicht sind sie ein Ruf deines Kompasses. Wenn dich das nächste Mal eine Entscheidung verunsichert, frage dein Herz, was es will. Die erste Reaktion, die kommt, ist deine Antwort, noch unbeeinflusst von Verstand und Umfeld. Auch wenn ich zuvor gesagt habe, dass wir sowohl auf Herz und Kopf hören müssen, ist es wichtig, die feinen Impulse zu kennen. Das Bauchgefühl ist in Entscheidungsfragen der Optimist, während der Kopf gerne pessimistisch ist, weil er dich von Abenteuern abhalten möchte, die gefährlich für dich enden könnten. Doch verweigern wir jeden verrückten Gedanken und jede spontane Idee, verschließen wir uns einer Menge Herausforderungen – und damit dem Wachstum der Kreativität. Daher ist es wichtig, hier und da etwas zu wagen.

- → Hast du dir deine Affirmationen aufgeschrieben? Vergiss nicht, sie jeden Tag bewusst aufzusagen oder in eine Meditation einen Spaziergang (oder was auch immer dir gut tut) einzubauen. Sie werden deine alten Muster nur durch Ausdauer überschreiben können.
- → Hast du bereits Änderungen in deinem Verhalten wahrgenommen? Wie fühlst du dich ? Schreibe einen Brief an dein Schattenkind, was dir alles Positives auffällt, seitdem du dich nicht mehr auf deine Glaubenssätze verlässt.
- → Füge deiner Sonnenkind-Zeichnung gerne diese positiven Änderungen hinzu. Wenn du das nächste Mal merkst, dass du in den Schattenkindmodus abrutscht und negative Gedanken dich überfluten, mach Folgendes: Überlege dir eine Geste, die du ab jetzt nur noch mit positiven Emotionen verbindest (ich berühre mit meinem Zeigefinger immer meinen Daumen). Während dieser Geste stellst du dir ein Erlebnis oder ein Bild aus deiner Vergangenheit vor, das dir sofort gute Laune bereitet. Was hast du gefühlt? Was hast du gerochen oder gehört? Je genauer du es dir vorstellst, desto stärker wird deine damit verbundene Emotion. Wenn du nun das nächste Mal ins Negative abrutscht, wirst du feststellen, wie die Geste und die damit verbundenen Bilder dir ein Lächeln schenken und dich zum Sonnenkind bringen.
- → Was würdest du tun, wenn dein Verstand Sendepause hätte und du nur deinem Herz lauschen würdest? Schreibe alles auf, was dir durch den Kopf schießt. Vielleicht ist es eine Parisreise oder das Tauchen mit wilden Walen? Bietet der ein oder andere Gedanke eventuell Futter für deine Bucket List? Erweitere sie. Selbst wenn du dir diesen Wunsch aktuell nicht erfüllen kannst, visualisiere, wie du dich bei seiner Erfüllung fühlen würdest.

Meine Gedanken

8

Die Fürsprecher deiner Kreativität

Die Zeit verging wie im Flug. In wenigen Stunden saß ich im Bus nach Tortuguero. Naja zumindest bis zur Bootsanlegestelle, denn das Dorf an der karibischen Küste erreichte ich nur über den Wasser oder Luftweg. Im Naturschutzgebiet fuhren keine Autos und das Örtchen wurde nur von 700 Einwohnern bewohnt. Übersetzt bedeutete der Name so viel wie *Platz an den die Schildkröten kommen* – und diesem Namen machte er alle Ehre. Von sieben Meeresschildkröten-Arten besuchten fünf die Strände Costa Ricas, um ihre Eier abzulegen. Während der Brutzeit fanden jeden Abend Hunderte von ihnen ihren Weg an den Strand. Wenn ich Glück hatte, konnte ich die kleinen Schildkröten beim Schlüpfen beobachten. Leider schaffte es nur Eine von Tausend bis in das geschlechtsreife Alter, weshalb ihre Art bedroht war. Doch in Costa Rica gab es einen gesonderten Schutz dieser wunderschönen Wesen. Aufregung machte sich durch ein leichtes

Zwicken in meiner Magengegend bemerkbar. Bald unterstütze ich den Nationalpark bei dieser wertvollen Aufgabe. Ich packte meinen Rucksack, bevor ich mich ein letztes Mal auf den Weg in die Rettungsstation machte. Dieser Ort bekam für immer einen besonderen Platz in meinem Herzen. Im Gegensatz zum letzten Mal bereute ich meine Entscheidung zur Weiterreise aber keinen Augenblick. Mein Äffchen schlief selig, wozu sicherlich auch Julians Unterstützung beitrug. Statt mir zu sagen, wie schwer es ohne mich war und wie sehr er mich vermisste, ließ er mich wissen, wie stolz er auf mich und meine Entscheidung war. In dem Moment, als ich mich für Costa Rica entschied, wusste er, dass zwei weitere Wochen Expedition mir nicht genügen würden. Schon als ich ihm das erste Mal von Hannah und Kambodscha erzählte, ahnte er wohl, dass Costa Rica nicht die letzte Station meiner Reise sein würde.

Es klopfte an der Tür. In Gedanken versunken zuckte ich zusammen. »So weit weg?«, fragte Hannah lachend, als sie die Tür hereinkam. Wusste sie überhaupt, wie sehr sie mir geholfen hatte? Wussten all diese Menschen, die mir bisher begegnet waren, was sie für mich taten? Wenn ich um etwas trauerte, dann deshalb, weil die Begegnung zwischen mir und Hannah nun ein Ende fand. Ich berichtete ihr so viel von Argentinien, dass sie nach Costa Rica einen Abstecher dort hin wagen wollte. »Warte«, entgegnete ich und kramte auf meinem Nachttisch. Sie blickte mich etwas verwirrt an. Ich zog mein Notizbuch hervor und überreichte es ihr feierlich. Hannah sah mich fragend an. »Öffne es!« Langsam fuhr sie mit der Hand über den Buchrücken und schlug die erste Seite auf. Dort erblickte sie eine Fotografie von sich selbst während sie ihren Yogaflow durchlief. Morgentau glitzerte in der

Luft und das warme Gold der aufgehenden Sonne küsste die Pflanzen des Urwalds wach. Daneben klebte ein zweites Foto von einem wunderschönen Kolibri. Durch seine unglaublich schnellen Bewegungen verschwammen seine Flügel. Er kleidete sich in ein leuchtend grünes Federkleid. Es schimmerte und schillerte in allen nur vorstellbaren Nuancen. Die grünen Pflanzen hinter ihm verschmolzen in der Tiefenschärfe. Man konnte den Blick einfach nicht von ihm abwenden. Je länger man das Foto anblickte, desto mehr Details wurden deutlich. Die feinen Schraffuren des Gefieders, das Glitzern seiner Augen, der leicht geschwungene Schnabel und seine winzigen Füße. Welch zauberhafte Wesen. Sie ließen die Welt in Farbenpracht erstrahlen. Hannah schlug wortlos die nächste Seite des Buches auf und las den Titel, den ich wählte: *Kreativ – Los! Eine Reise zu deiner Kreativität*. Auf der nächsten Seite fand sie das Inhaltsverzeichnis. Sie blickte mich an wie ein großes Fragezeichen. Ich nahm das Buch und blätterte weiter. »Ich habe alles aufgeschrieben, was ich bisher über Kreativität erfahren durfte. Ich werde mein Wissen mit der Welt teilen und schreibe ein Buch, so wie du es vorgeschlagen hast. Ohne dich wäre ich niemals auf die Idee gekommen. Wenn es fertig ist, werde ich dir ein Exemplar schicken, egal wo auf der Welt du dich gerade herumtreibst.« Hannah blätterte das Buch ehrfürchtig durch. Ihre Augen strahlten, doch zugleich wurden sie feucht. »Wow! Das wird wundervoll!«, flüsterte sie.

»Hannah, unsere Begegnung hat mir unheimlich viel gegeben und mit dieser Geste möchte ich einfach danke sagen. Ich hoffe, dass das fertige Buch dir etwas zurückgeben kann. Ohne dich wäre ich auf viele dieser Erkenntnisse nie gestoßen. Das Buch kann ich dir noch nicht schenken, aber dafür das hier.« Ich überreichte einige Erinnerungsbilder, unter anderem die, welche auch das Buch zierten, sowie eine Liste, in die ich meine Lieblingsorte in Argentinien eintrug. Hannah schluchzte lauthals und überreichte mir ebenfalls ein Geschenk. Sie hatte es in ein Bananenblatt gewickelt. Es stellte sich als leeres Fotoalbum heraus, das aus Bananenblättern und Bambus gefertigt war. Auf dem Cover stand *Pura vida – Costa Rica* geschrieben und Kolibris sowie Meeresschildkröten zierten es. Darin klebte eine Halskette mit einem Lebensbaum-Anhänger, ein kleiner Brief und ein Selfie von Hannah und mir im Kolibrigarten. »In dieses Fotoalbum kannst du all deine wunderschönen Bilder aus Costa Rica sammeln, damit du die Zeit niemals vergisst. Der Lebensbaum soll dich daran erinnern, weiter an deinen Wurzeln zu arbeiten. Den Brief liest du bitte erst in Kambodscha, wenn du dich mal überfordert fühlen solltest«, sagte sie. Wir umarmten uns eine halbe Ewigkeit und verspürten einfach nur Dankbarkeit. Verabschiedungen wie diese waren nicht meine Stärke. Zu schnell schossen mir die Tränen in die Augen. Zum Glück ging es uns beiden so, daher störte es mich nicht und ich ließ raus, was raus musste. Die Verabschiedung in der Station funktionierte reibungsloser. Ein letztes Mal lief ich durch die Gehege und sagte jedem der Tiere einzeln Lebewohl. Die kleinen Faultiere lächelten wie immer mit ihren nach oben gezogenen Mundwinkeln, während sie lustige und tollpatschige Kletteraktionen wagten. Bevor ich mich zu meinem Bus aufmachte, führte mein Weg noch einmal zu den Kolibris – diese winzig kleinen zauberhaften Wesen, die mich mit Abstand am meisten in ihren Bann zogen. Neugierig fiepend schwirrten sie um mich herum als warteten sie nur darauf, dass ich meine Finger ausbreitete und ihnen eine Sitzgelegenheit anbot. Wenn es einen magischen Ort auf der Erde gab, dann war es dieser hier. Egal wie schlecht ich mich fühlte, sobald ich herkam und die Kolibris mich in Beschlag nahmen, war die Welt in Ordnung, die Zeit blieb stehen und ich genoss jede Sekunde. Ich schwor mir, irgendwann ein weiteres Mal herzukommen.

Ich entschied mich, Tortuguero via Boot anzusteuern, denn während der Fahrt sah man oftmals Kaimane, Affen und viele andere Wildtiere. Die Sonne brannte erbarmungslos und alle Passagiere waren dankbar, dass unsere kleine Nussschale über ein schattenspendendes Dach verfügte. Trotzdem strahlte die Hitze auf meiner Haut. Links und rechts umgab das Wasser Dschungel. Mangrovenbäume streckten ihre langen Wurzeln dürstend danach aus. Hier und da vernahm ich hektische Bewegungen, wenn das Boot sich näherte. Die Tiere, die in der Hitze keinen Schutz suchten, tauchten blitzschnell ab. Nach einiger Zeit passierten wir eine Sandbank, auf ihr lag ein riesiger Kaiman und entspannte in der Sonne. Er ließ sich nicht beeindrucken und bewegte sich keinen Zentimeter, als wir in einer geringen Distanz an ihm vorbeifuhren. Lediglich sein Kopf folgte dem Boot kaum merklich. Ansonsten war das Gebiet um die Mittagszeit still. Die Bewohner des Dschungels beobachtete man am besten früh morgens oder während der blauen Stunde am Abend, wenn die nachtaktiven Wesen erwachten. Ich lehnte mich zurück und schloss die Augen. Die Geräusche, die aus dem Dickicht drangen, übten eine beruhigende Wirkung auf mich aus. Es mussten sich so viele verschiedene Vogelarten dort verstecken. Tagtäglich veranstalteten sie ihr eigenes Konzert. Klänge ertönten, die das Ohr nur in den Tropen aufschnappte. Fremd und fern luden sie mich ein, Teil ihrer Welt zu sein.

Und für einen Augenblick vergaß ich alle Probleme. In diesem riesigen Mosaik aus Leben erschienen sie fehl am Platz.

Meine Augen mussten ein paar mal blinzeln. Erst danach gewöhnten sie sich an das grelle Licht der Sonne. Nach einem Moment der tiefen Entspannung stieg Neugierde in mir auf. Verpasste ich etwas mit verschlossenen Augen? Ich war mir sicher, dass ein verblüffter Ausruf der anderen Touristen mich darauf aufmerksam gemacht hätte, doch konnte ich nicht länger widerstehen. Und tatsächlich, in der Ferne ließen sich erste bunte Häuser erahnen. Kleine Boote mit Bewohnern zogen an uns vorbei. Sie winkten uns freundlich. Wenig später erreichten wir die Anlegestelle Tortugueros. Es kribbelte vor Aufregung in meinem Bauch, als ich meinen Rucksack nahm und den Fuß auf die trockene Erde der Anlegestelle setzte. In Kontakt mit neuen Menschen zu treten, fiel mir nicht leicht. Als Kind war ich unglaublich schüchtern und manchmal ergriff mich die Schüchternheit heute noch. Gerade in Situationen, wenn ich auf mich alleine gestellt war und viele fremde Menschen mich umgaben.

Von der Tierrettung in Monteverde bekam ich die Anlaufstelle des Naturschutzparks vor Ort. Gemütlich schlenderte ich die Hauptstraße des Dorfes entlang, ein recht schmaler Pfad aus Sand, auf dem kein Gras wuchs. Auf den bunten Bänken am Rande des Weges saßen alte Herren im Schatten der Palmen und scherzten oder tranken eine Kokosnuss. Kinder sprangen umher und musterten mich mit leuchtenden Augen. Andere flochten am Straßenrand Tiere aus Palmenblatt oder schnitzten kleine Schildkröten aus Kokosnussschalen, die sie für kleines Geld an die Touristen verkauften. Alles sprühte vor Farben und Lebendigkeit. Überall hingen oder standen selbstbemalte Schilder aus Holz, die auf kleine Bars oder Läden aufmerksam machten. Eine frische Kokosnuss hier, ein eisgekühlter Fruchtsmoothie dort oder doch lieber die eigene quietschbunte Hängematte als Andenken? Dieses Nest konnte uriger nicht sein. Eine Leichtigkeit wehte durch die Gassen und seine Bewohner waren glücklich, obwohl sie nicht viel besaßen – oder vielleicht gerade deswegen?

Fast wäre ich schnurstracks an der kleinen Infohütte aus Palmenblatt vorbeigelaufen. In letzter Sekunde bremste ich ab und blieb abrupt stehen, wobei meine hektische Bewegung eine Staubwolke erzeugte. Unbeholfen versuchte ich den Staub von meiner Kleidung zu klopfen, verschluckte mich und hustete. Aus der Hütte ertönte ein tiefes kehliges Lachen. Mit hochrotem Kopf blickte ich in das Gesicht eines alten Mannes. Er reichte mir vielleicht bis zu den Schultern, da sein Rücken sich von der harten Arbeit nach vorn beugte. Seine dunkle Haut schmückten tiefe von der Sonne gegerbte Falten. Er mochte alt sein, doch seine sattgrünen Augen sprühten vor Lebendigkeit und Lebensfreude. Entspannt stand er in der kleinen Hütte und stützte sich lässig auf seinen selbst geschnitzten Gehstock, während er in der anderen Hand eine Kokosnuss hielt und genüsslich daran schlürfte. Mit einer Geste forderte er mich auf, näher zu kommen. Als ich das Häuschen erreichte, stellte er sein Getränk zur Seite und Griff unter den Tresen. Mit flinken Fingern beförderte er eine zweite Kokosnuss auf den Tisch. Ehe ich mich versah, lehnte sein Gehstock an der Wand und er griff nach einer Machete, die am Tresen lehnte. Er holte aus und mit drei kräftigen Hieben öffnete er die Steinfrucht. Mit einer fließenden Bewegung beförderte er einen Bambusstrohhalm hinein, daraufhin streckte er sie mir lächelnd entgegen. »Hier, gegen deinen Hustenanfall«, sagte er zwinkernd. Dankend nahm ich die Kokosnuss. Das kühle Wasser brachte schnell Erleichterung. »Ich vermute, du möchtest zu mir. Warum sonst hättest du so eine Vollbremsung hingelegt?«, fragte der Alte sichtlich erheitert. Ich nahm einen großen Schluck und nickte eifrig. »Wenn das hier die Info des Naturschutzgebietes ist, möchte ich zu dir.«

»Nur dann? Wie schade.« Ich warf ihm einen verunsicherten Blick zu, worauf sein herzliches Lachen ertönte. »Ich mach nur Spaß, lass einem alten Mann seine Freude. Ich weiß, wer du bist«, fuhr er in einem mystischen Ton fort. Meine Verunsicherung wandelte sich zu Verwunderung und ich sah genau, wie viel Vergnügen er an seinem kleinen Spiel hatte. »Darf ich?«, fragte er und deutete auf meine Hand. Ich nickte. Augenblicklich nahm er meine Hand in die seine. »Die Sterne verrieten mir, dass du kommen wirst. Ein blondes Mädchen, das sich auf der Reise zu sich selbst befindet. Eine Station deiner Reise ist Tortuguero, denn hier erwarten dich weitere Lehren. Aber danach endet sie noch nicht, stimmts? Die Reise wird weitergehen und erst enden, wenn du all deine Antworten gefunden hast.« Erschrocken zog ich meine Hand zurück. Jetzt krümmte er sich vor lachen. Bevor mir die ganze Situation zu unheimlich wurde, legte er ein Telefon neben seine Kokosnuss. »Beruhig dich, ich hatte ein nettes Telefonat mit deiner Freundin Hannah.« Als mir bewusst wurde, wie grandios er mich hinters Licht führte, musste ich über meine eigene Leichtgläubigkeit lachen. »Das war einfach, oder?«

»Ich hatte jedenfalls meinen Spaß. Aber nun offiziell: Schön, dass du da bist! Herzlich Willkommen in Tortuguero. Künstlerinnen und helfende Hände wie dich können wir gut gebrauchen.« Er kam mit wackeligen Schritten auf mich zu und klopfte mir anerkennend auf die Schulter. »Ich bin übrigens Alfredo. Wenn es dir an irgendwas fehlen sollte, wende dich bitte an mich. Ich stehe dir mit Rat und Tat zur Seite.« Alfredo erzählte mir, dass Hannah ihn über mich informiert hatte. Er bereitete sich gerne auf Neuankömmlinge vor. Dadurch sah er, was ich in Monteverde leistete. Er war haltlos begeistert von meiner Fotografie und wollte am liebsten alles wissen: Welche Kamera ich benutzte, wie ich sie einstellte und und und. Nach einem kurzen Kennenlernen erklärte er mir, welche Arbeit mich im Nationalpark erwartete.

Die Regeln des Gebietes waren streng. Täglich durften maximal 350 Besucher Tortuguero und das Schutzgebiet besuchen. Für die meisten Touristen betrug die maximale Aufenthaltsdauer im Dorf drei Tage. Die Nationalparkverwaltung bewachte den Strand während der Schildkrötensaison täglich von sechs Uhr abends bis sechs Uhr morgens, damit die Tiere ungestört blieben. Nur in Begleitung eines lizenzierten Guides durfte man diesen nachts besuchen, um den Schildkröten beim Ablegen der Eier beizuwohnen. Es war verrückt: Erspähte die Schildkröte während ihrer Ankunft oder beim Verlassen einen Menschen an der Küste, kam sie nie wieder zurück, um dort zu brüten. Daher war es wichtig, ihnen nur während der Eiablage über den Weg zu laufen. Denn in diesem Stadium ließen sie sich nicht stören. Sie realisierten den Menschen nicht und kamen auch in der nächsten Brutsaison. Meine Aufgabe bestand darin, den Strand zu bewachen und Eier zu zählen. Zudem sollte ich fotografieren, was mir vor die Linse kam und einen Blogbeitrag für die Organisation verfassen. Ich bekam ein kleines Zimmer in demselben Hostel, das mir schon vor Jahren ein Dach über dem Kopf bot. Essen würde ich bei Alfredos Familie. Es war bereits Ende der Nistsaison – und so sah ich mit ein bisschen Glück die kleinen Schildkröten schlüpfen.

Kapuzineräffchen hüpften fröhlich durch das Gewirr der Äste, während sich ein Papagei anmutig daraus erhob und in einer Gruppe wunderschöner bunter Vögel über das Dorf glitt. Der Tukan saß regungslos da. Sein bunter Schnabel lugte aus dem Grün der Blätter hervor. Zeitgleich nahm ein Leguan die wärmende Energie des Sandes auf und spreizte genüsslich seine Rückenzacken. Erste Sonnenstrahlen küssten seine Schuppen. Wie ein Drache glitt er dahin und verschwand im Dickicht. Ich saß da und beobachtete was der Dschungel mir bot. Eine Vielzahl an Tieren zeigten sich diesen Morgen. Das Boot brach mit der Dämmerung auf. Lautlos glitten wir über das Wasser. An manchen Stellen waberten dünne Nebelschleier an der Oberfläche, doch bald würde die Sonne sie vertreiben. Aus dem Wasser lugten Kaimane hervor. Kaum sichtbar, nur die Reflexion ihrer Augen enttarnte sie. Mit zunehmendem Licht nahm auch die Geräuschkulisse des Dschungels zu. Tief aus dem Urwald ertönte der grelle Schrei eines Brüllaffen. Ein plötzliches Platschen nahe einem im Wasser treibenden Ast riss mich herum. Kaum eine Armlänge entfernt, erspähte ich einen Fischotter. Dort saß er auf seinem Ast und beobachtete uns genauso, wie wir ihn musterten. Lautlos glitt er ins Wasser und trieb auf dem Rücken liegend neben dem Boot her, während er mit einem kleinen Steinchen in seinen Vorderpfoten spielte. Meine Kamera fing jeden dieser besonderen Momente ein, jedoch erst nachdem ich den Augenblick bewusst wahrnahm. Auf früheren Reisen lief die Kamera heiß. Hauptsache möglichst viele Bilder machen, lautete die Devise. Im Nachhinein wurde mir klar, dass so jeder Moment an mir vorbeizog, ohne dass ich ihn wirklich erlebte. Zu fokussiert auf meine Technik verpasste ich, was um mich herum geschah. Weder vernahm ich die einzigartigen Geräusche des Dschungels noch den würzigen Geruch all seiner Pflanzen. Mittlerweile übte ich mich in Achtsamkeit. Ich nahm das Drumherum wahr, bevor ich fotografierte. Wie reagierten all meine Sinne auf die Umgebung? Nur so gewannen meine Erinnerungen an Tiefe und bekamen den Sinn, welchen ich ihnen geben wollte. Ich wollte die Wunder dieser Welt nicht länger nur durch den Sucher meiner Kamera bestaunen. Als die Sonne immer höher kletterte, erklärte der Guide, dass die beste Zeit, in der man Tiere beobachtete, nun vorbei sei. Also steuerten wir den Bootsanleger an.

Am Abend erwartete mich meine erste Schicht am Strand der Schildkröten. Zuvor besuchte ich Alfredo. Er vollzog die Einweisung und erklärte mir die Sicherheitsvorkehrungen. Der alte Herr begrüßte mich mit seinem schelmischen Grinsen und einem freundschaftlichen Klaps auf den Rücken. »Na, wie geht es dir nach deiner ersten Nacht im Paradies?« Seine gute Laune steckte selbst den größten Miesepeter an. »Sehr gut, ich habe tief und fest geschlafen, bis die Hähne mich geweckt haben.« Er zwinkerte. »Weil wir ihren Hühnern die Eier klauen. Das ist ihre Rache. Hier ich habe dir dein Frühstück mitgebracht«, sagte er und reichte mir einen Teller mit frischen Früchten und Gallo Pinto, dem Nationalgericht des Landes, das man zu jeder Mahlzeit gereicht bekam. Bohnen und Reis zum Frühstück klang merkwürdig, doch man gewöhnte sich daran und die Energie dieses Essens konnte ich gut gebrauchen. Während meines Frühstücks erklärte Alfredo ausführlich, worauf ich am Abend achten musste. Dunkle Kleidung war Pflicht, so nahmen die an Land kommenden Schildkröten mich aus dem Dickicht des Dschungels nicht wahr. Zudem sollte ich weder Parfüm noch andere Duftstoffe an mir tragen, welche die Aufmerksamkeit der Tiere erregten. Taschenlampen waren Tabu. Nur Infrarotlicht verschreckte die Tiere nicht. Ich sollte mir jedoch keine Sorgen machen, da ein lizenzierter Guide die gesamte Nacht an meiner Seite sei – etwas anderes sei gar nicht erlaubt. Das Fotografieren dieser sensiblen Wesen war nur ohne Blitz erlaubt. Man werde mich in den nächsten Tagen jedoch noch zu einer Station bringen, wo verletzte Tiere versorgt wurden, bevor man sie auswilderte.

»Muss ich noch etwas wissen?«, fragte ich aufgeregt. Alfredo lächelte. »Genieße es einfach, Mädchen. Nutze dieses Geschenk, das Mutter Natur dir heute Nacht machen wird, als Inspiration. Ich bin mir sicher, es wird dich beflügeln.« Ich kannte Alfredo erst zwei Minuten, doch mein Heimweh hielt sich durch seine Gastfreundschaft in Grenzen. Ich war nur allein, wenn ich allein sein wollte. Ansonsten spielte ich mit seinen Enkelkindern oder half seiner Tochter. Jeder Augenblick stellte für ihn ein Wunder dar. In Allem sah er das Besondere und er begegnete jedem Menschen voller Herzensgüte. Obwohl er mich bei meiner Arbeit nie sah, gab er mir das Gefühl, wertvoll zu sein. Er brachte mir für kleinste Aufgaben größte Wertschätzung entgegen, bedankte sich, dass ich mit seinen Enkeln spielte und genoss die Geschichten aus aller Welt, welche ich in meiner freien Zeit mit ihm teilte. Seit ich ihm begegnete, schwieg mein Schattenkind und mein Sonniges Gemüt entfaltete seine volle Energie. »Ich hab noch nie einen Menschen wie dich getroffen, Alfredo«, platzte es aus mir heraus. Er klopfte auf den leeren Platz neben sich. Ich setzte mich hin und erwartete mit Spannung, was er mir sagen wollte. »Das liegt daran, dass wir alle einzigartig sind. Du hast mir erzählt, dass jede einzelne Schneeflocke unterschiedlich aussieht. Keine gleicht einer anderen. Weißt du, ich habe noch nie in meinem ganzen Leben Schnee gesehen, wahrscheinlich werde ich nie Schnee sehen, doch dank deiner Einzigartigkeit und deiner ausgeschmückten Erzählungen, kann ich ihn mir vorstellen. Ich kann ihn förmlich spüren, wenn du mir davon erzählst, wie eine zarte Flocke auf meine alte Haut niedersegelt. Zuerst hat sie die Form eines Sterns, so als sei sie geradewegs vom Himmel gefallen. Doch dann schmilzt sie und zurück bleibt nur ein Wassertropfen. Von mir wird irgendwann nur ein Staubkorn zurückbleiben. Aber wenn meine Einzigartigkeit auf dich wirkt wie diese wunderschöne reine Schneeflocke, wenn sie dir die Augen öffnet für die Schönheit dieser Welt, für die Besonderheit in jedem Augenblick und die Kostbarkeit jeder einzelnen Sekunde, dann war meine Zeit von Bedeutung. Ich verstehe nicht, wieso Menschen sich untereinander das Leben schwer machen und wieso sie Schönheit zerstören statt sie zu schützen. Wieso sie sich Hass entgegenbringen und nicht den anderen für seine Stärken schätzen. Ich habe nicht viel gesehen von der Erde. Dieses Dorf ist meine Welt und hier wirke ich so gut ich kann. Menschen wie du kommen her und erzählen mir von der Welt, sodass ich sie mir in meiner Fantasie vorstellen kann. Kreativität ermöglicht es einem alten Mann wie mir, auf Reisen zu gehen, obwohl er die Küste der Schildkröten nie verlassen hat. Ich sehe keinen Grund, dir etwas anderes entgegenzubringen als Wertschätzung und Dankbarkeit. Das solltest du auch tun.« Mit Komplimenten konnte ich nicht umgehen. Die Worte Alfredos berührten mich tief. In der modernen Welt zeugten Gefühle oftmals von

Schwäche. Doch er trug sein Herz auf der Zunge. Früher war ich der Meinung, dass nur weit gereiste Menschen über eine enorme Weltoffenheit verfügten, doch er belehrte mich eines Besseren.

»An vielen Orten, die ich besucht habe, sind die Menschen anders. Gerade als Tourist wirst du als wandelnde Geldbörse betrachtet und nicht als Mensch. Viele Reisende verhalten sich aber ebenfalls unmöglich. Ich hatte oft das Gefühl, die Menschlichkeit geht verloren. Gefühle werden einem als Schwäche ausgelegt. Anerkennung ist ein seltenes Gut, während Neid ein gern gesehener Wegbegleiter ist. Menschen, die einem etwas von Herzen gönnen, sind selten«, antwortete ich. »Oder es ist das Einzige, was du von deiner Palme aus sehen konntest. Meinst du, nach deiner Zeit hier bei uns könnte der Ausblick sich verändert haben?«

»Du meinst, ich nahm nur wahr, was ich wahrnehmen wollte?« Er nickte. »Nicht bewusst, manchmal siehst du deinen Wald vor lauter Bäumen nicht. Dann kommen Menschen wie ich. Wir leben in einem anderen Wald und schweben über deinem wie ein Papagei. Wir haben eine andere Perspektive als du von deiner Palme. Ich glaube, du hattest eine schwere Zeit in deinem Leben. Diese hat deine Perspektive gewechselt und dich nur noch das Negative sehen lassen. Nun kommen all die anderen Papageien, die dir auf deiner Reise begegnet sind, heben dich hoch und zeigen dir deinen Wald von oben. Deine Perspektive verändert sich. Du erkennst gerade, wie schön seine Blätter im Licht der Sonne glitzern und über welche Vielfalt er verfügt. Du siehst, dass dort unten jede Menge Tiere leben und nicht nur jene mit schlechter Laune. Ich wette, wenn du in deine Heimat zurückkehrst, wirst du sie durch andere Augen sehen. Durch die Augen eines Papageis, frei wie der Wind und bunt wie das Leben. Falls du mir nicht glaubst, setz dich an den Strand und blicke auf das Meer, während du in deinem Geiste all die Menschen aufzählst, die in deinem Leben hinter dir standen und dich unterstützten, egal wie dunkel die Wolken am Himmel auch sein mochten. Ich wette, es gab immer Menschen an deiner Seite, selbst während der extremsten Gewitterstürme. Setz dich hin und nimm sie wahr und nicht die, die dir Steine in den Weg legen.«

Ich nahm mir Alfredos Tipp zu Herzen und machte mich auf den Weg an den Strand. Der alte Mann behielt recht, während ich im Sand saß und Wellen zuschaute, der Wind mit meinem Haar spielte und ich die frische salzige Luft atmete, wurde mir bewusst, wie viele Menschen mich auf meiner kreativen Reise unterstützten. Ich hörte auf, sie wahrzunehmen als es mir schlecht ging. Kurzerhand zückte ich mein Notizbuch und schrieb einen Brief an meine Fürsprecher. Diese Technik könnte sicher auch anderen Menschen bewusst machen, dass sie nicht alleine waren, sondern sie nur ihre Perspektive switchen mussten.

Ein Dankeschön an die Fürsprecher meiner Kreativität

Dieser Brief richtet sich an alle Personen, die mir den Rücken stärken und immer für mich da sind. An die, die an mich glauben, wenn ich von Zweifeln zerfressen werde. An die, die immer wussten, dass ich es schaffen kann. An jene, die vor mir wussten, dass es für mich keinen anderen Weg gab als den der Kreativität. In den letzten Monaten verlor ich euch aus den Augen. Dabei sollte ich euch die gleiche Wertschätzung entgegenbringen, welche ihr mir jeden Tag aufs Neue schenkt. Ihr seid nicht irgendwer. Ihr seid die Fürsprecher meiner Kreativität. Ihr seid mein Patronuszauber, wenn die inneren Dämonen angreifen und mir entgegenschreien »Du bist nicht gut genug«. Ihr seid der Ast, nach dem ich greife, wenn meine Welt ins Wanken gerät. Wenn ich selbst nur Nachteile sehe, zählt ihr mir die Chancen auf. Sehe ich eine Niederlage, flüstert ihr »Du schaffst das«. Ihr glaubt an mich, wenn ich es nicht kann. Doch anstatt mich auf euch zu konzentrieren, fiel mein Fokus auf meine Dämonen und Blockaden, die mir den Weg versperrten. Verlaufe ich mich in der Dunkelheit, reicht ihr mir eine Taschenlampe und bringt Licht ins Dunkel. Wie Alfredo sagte, seid ihr ein riesiger Schwarm Papageien, frei wie der Wind und bunt wie das Leben. Ihr hebt mich hoch aus meiner Palme und erweitert meine Sicht.

Um nur ein paar von euch aufzuzählen: Zuerst wäre da Julian, mein Fels in der Brandung. Ich schreckte mit großer Angst vor der Selbstständigkeit als Künstlerin zurück, doch er nahm mich an die Hand und stellte mir eine einzige Frage: Was soll passieren? In meinem Kopf malte ich mir aus, mein Leben sei beendet, wenn es nicht funktionierte. Aber war das wirklich der schlimmste Fall? Game Over? Nein, nüchtern betrachtet erfand mein Kopf eine Geschichte, um mich von der

Herausforderung abzuhalten, vor dem Schritt ins Ungewisse, den er unbedingt verhindern wollte. Er liebte die Gewissheit. Durch Julian sprang ich ins kalte Wasser und statt einer Enttäuschung erwartete mich ein riesiges buntes Korallenriff mit unendlich vielen farbenfrohen Fischen.

Dann wären da noch meine Oma, meine Mutter, meine Schwester, mein Mentor und so viele weitere. Sie alle standen mir mit Rat und Tat zu Seite. Sie zeigten Verständnis, wenn ich mal wieder keine Zeit hatte, weil ich in meiner Fantasiewelt feststeckte, unterstützten mich, wenn ich Unternehmungen auf die Beine stellte, die ich alleine nicht bewältigen konnte. Sie hielten mir den Rücken frei, wenn ich vor lauter Bäumen den Wald nicht sah und schirmten mich ab vor den Ungeheuern unserer Zeit. Ich danke euch!

Aufgaben und Anregungen

- → Wer sind die Fürsprecher deiner Kreativität? Zähle mindestens drei dieser besonderen Menschen auf.
- → Wie haben sie dich auf deinem Weg unterstützt?
- → Schreibe einen Dankesbrief an diese Menschen und zeige ihnen deine Wertschätzung.
- → Schätze die kleinen Dinge in deinem kreativen Leben und mach sie dir immer wieder bewusst. Wertschätzung ist ein mächtiges Tool im Kampf gegen deine inneren Dämonen. Wenn du heute besonders fleißig warst, schätze es. Du hast dir bewusst Zeit für dich genommen? Schätze es.
- → Lege deinen Fokus nicht nur auf die Wertschätzung von außen. Bringe sie dir selbst entgegen! Du bist wertvoll. Dein Wert hängt nicht von der kreativen Leistung ab, die du vollbringst. Deine Arbeit ist nicht das Maß, das deine Wertigkeit misst. Du bist auch an unproduktiven Tagen wertvoll.

Als ich meinen Brief vollendete, blickte ich schockiert auf meine Zeilen. In der schweren Phase meines Lebens trug ich von heute auf morgen eine andere Brille, sah die Welt mit anderen Augen als zuvor, mit pessimistischen Augen. In viele Situationen manövrierte ich mich eiskalt selbst hinein, da ich durch die negative Brille blickte. Wie vielen Kreativen erging es genauso? Wie viele von ihnen brauchten ebenfalls einen Alfredo, der ihnen die Brille von der Nase nahm und zeigte, wie wunderbar bunt die Welt war?

Meine Augen benötigten eine Weile, um sich an die Dunkelheit zu gewöhnen. So leise wie möglich schlich ich hinter meinem Guide Estella her. Wir hielten uns am Rande des Dschungels auf, andernfalls verschreckten wir die Schildkröten. Der aufgehende Mond tauchte den Küstenabschnitt in silbernes Licht. Ab und zu lauschte Estella einer Durchsage auf ihrem Funkgerät. Alle Guides und Wachen wurden damit ausgestattet, so konnten sie sich auf dem Laufenden halten, wo Schildkröten an Land kamen. Hoben die Tiere ihr Nest aus, durften sie in kleinen Gruppen dazustoßen und sie beobachten. »Alles klar, danke!«, hörte ich Estella sagen. Sie winkte mich an ihre Seite. »Die erste Schildkröte an unserem Abschnitt wurde gesichtet. Wir holen die Touristen und dann geht es los. Denk dran, du zählst die Eier, während ich die Touris sensibilisiere und ihnen etwas über die Tiere erzähle.« Ich nickte eifrig und konnte es kaum erwarten, endlich loszulegen. Eine Gruppe von zehn Menschen erwartete uns bereits am Eingang des Nationalparks. Bevor wir zum Strand aufbrachen, gab es von Estella die Einweisung. Sie kontrollierte, ob die Besucher, wie besprochen, dunkle Kleidung trugen und kein Parfüm oder Deo aufgelegt hatten. Zudem wies sie nochmals darauf hin, dass das fotografieren mit Blitz strengstens untersagt war, genauso wie das Nutzen von Taschenlampen. Sie verteilte Infrarotlampen und mahnte die Gruppe zur Ruhe. Nach wenigen Momenten betraten wir den Strand. In der Ferne konnte man hier und da andere Infrarotlichter ausmachen. Offensichtlich kamen in dieser Nacht einige Meeresschildkröten an Land. Die Stille wurde nur von dem sanften Rauschen der Wellen unterbrochen. Das silberne Licht ließ den Sand schneeweiß wirken. Plötzlich gab Estella das Handzeichen zum Stoppen. Spannung lag in der Luft und dann sahen wir sie. Ein leises Raunen der Bewunderung ging durch die Menge. Eine über ein Meter lange grüne Meeresschildkröte lag vor uns im Sand. Sie realisierte unsere Anwesenheit nicht, da sie damit beschäftigt war, ein Loch für ihre Eier auszuheben. Was für ein wunderschönes Tier! Ihre mandelförmigen schwarzen Augen strahlten Friedlichkeit aus. Sie besaß ein wunderschönes Muster aus dunklen Flecken und ihr riesiger Panzer glitzerte im sanften Mondlicht. Immer wieder beförderte sie mit ihren Flossen Sand nach oben, während ihr Nest tiefer und tiefer wurde. Estella kontrollierte, ob das Tier wirklich völlig fokussiert auf seine Aufgabe war, daraufhin bildeten wir einen Halbkreis um das Reptil. Genau zum richtigen Zeitpunkt. In diesem Moment legte sie ihre Eier. Ich setzte mich hin, um besser zählen zu können, doch die Flossen versperrten mir die Sicht. Estella forderte mich auf, sanft die Flosse zur Seite zu heben. Sie sagte, ich brauche mir keine Sorgen machen, da mich die Schildkröte in diesem Stadium nicht bemerkte. Langsam schob ich die Flosse zur Seite. Ein Schauer der Freude durchfuhr mich. Ich zählte 87 Eier und wünschte mir insgeheim, dass von diesem Gelege mehr Babys überlebten als normalerweise. Nun dauerte es zwischen zwei bis drei Monaten, bis sie schlüpfen würden.

Andere Schildkröten hatten bereits vor längerer Zeit ihre Eier gelegt. Vielleicht würde ich noch Babys beim schlüpfen sehen? Unsere erste Beobachtung in dieser Nacht neigte sich jedenfalls dem Ende zu. Als das Tier die Eier verscharrte, wurde es höchste Zeit, den Strandabschnitt zu verlassen, damit wir sie nicht verschreckten.

In dieser sternenklaren Nacht rückten wir noch drei weitere Male aus. Die letzten beiden Touren machten Estella und ich alleine. Sie erzählte mir, dass Tortuguero vor Zeiten des Nationalparks alles andere als schildkrötenfreundlich war. Damals jagten Einwohner die Tiere, um aus ihnen Suppe zu kochen und verdienten ihren Lebensunterhalt mit dem Verkauf von Panzern und Fleisch. Jetzt, wo die Schildkröten vom Aussterben bedroht waren, versuchte man das Gleichgewicht wiederherzustellen. Das ganze Dorf zog an einem Strang. Mittlerweile liebten sie die Meeresbewohner und taten alles, um ihren Bestand zu stabilisieren. Mit der aufgehenden Sonne endete unsere Schicht. Als die ersten Hähne lauthals den Anbruch eines neuen Tages verkündeten, sank ich in meine Kissen. In Gedanken stellte ich mir vor, wie die grüne Meeresschildkröte sich schwerfällig ihren Weg zurück ins Meer bahnte, bevor sie dort elegant davon glitt, eins mit sich und ihrem Element, dem Wasser. Ihre mandelförmigen Augen klimperten freundlich. Zur nächsten Brutsaison käme sie zurück.

Am frühen Nachmittag nutzte ich meine freie Zeit zum Meditieren. Später stand mein Termin mit der Rettungsstation auf der Agenda. Ich übte mich immer noch darin, Dinge die ich nicht verändern konnte, loszulassen. Jeden Tag sprach, meditierte oder schrieb ich meine positiven Affirmationen auf. Die Ausgeglichenheit, welche sie mir schenkten, wollte ich nie wieder verlieren. Alfredo lenkte meine Aufmerksamkeit seit meiner Ankunft auf das Positive. Ich merkte, wie alte festgefahrene Glaubenssätze durch neue Leichtigkeit ersetzt wurden. Der alte Mann gab mir immer, wenn wir uns sahen, eine andere Aufgabe, damit ich meine Perspektive dauerhaft switchte. Ich lernte unfassbar viel von ihm. Er stellte sich als Spezialist auf dem Gebiet von Schattenkind und Sonnenkind heraus, auch wenn er die beiden nicht so nannte. Gestern trug er mir auf, darüber nachzudenken, was ich, meiner Meinung nach, als Kind versäumte. Mit dieser Technik wollte er den Ursprung meiner Blockaden genauer unter die Lupe nehmen. Für mich war das eine extrem schwierige Frage. Eigentlich dachte ich, eine super harmonische Kindheit gehabt zu haben. Doch je tiefer ich grub, desto mehr wurde mir bewusst, was ich verdrängte.

In meiner Kindheit versäumte ich nahezu jede Klassenfahrt, da ich so oft umzog, dass sich solche Termine meist mit meinem Schulwechsel überschnitten. Ich feierte selten meinen Geburtstag. Früh wurde ich erwachsen, da meine Eltern sich trennten und meine Schwester und ich alleine zu Hause waren. Vielleicht wäre ich gerne noch ein wenig länger Kind geblieben? Ich liebte meine Familie, das stellte ich immer wieder klar, wenn Alfredo nachbohrte. Doch er fragte weiter: »Was würdest du anders machen, wenn du eine neue Kindheit geschenkt bekämst?« Sicher wollte er meine Antworten erfahren, wenn er mich abholte. Daher dachte ich während meiner Meditation über die Frage nach. Auf jeden Fall würde ich netter zu meiner Schwester sein, dachte ich schmunzelnd. Ich würde auf Menschen zugehen und mir mehr Mühe geben, den Kontakt zu Freunden aus anderen Städten aufrecht zu erhalten. Im Großen und Ganzen führten mich alle meine

Antworten zu ein und dem selben großen Thema: Ich würde offener sein. Ich hätte keine Angst vor anderen Menschen. Ich machte mir weniger Gedanken darüber, was sie über mich dachten und gab mich einfach mit den Personen ab, die mir gut taten. Ich würde mich für niemanden verbiegen. Was Erlebnisse anging, würde ich gar nichts ändern, denn was das anging, war meine Kindheit wunderschön. Jeden Tag in den Ferien erlebten meine Schwester und ich ein anderes Abenteuer. Wir zelteten bei Oma und Opa im Garten, veranstalteten Kirschkernweitspuck-Wettbewerbe und bauten Kartoffelkanonen. Im Winter baute Opa seinen Garten in ein Winter Wonderland um. Er wartete, bis die Regentonne zufror, baute eine Bar aus ihrem Eisklotz und errichtete eine Bobbahn für uns. Ich erinnerte mich noch, als sei es gestern gewesen. Einen Winter an meinem Geburtstag schneite es nicht, weshalb ich todtraurig war. Bei Oma und Opa auf dem Land lagen Tonnen von Schnee und ich wünschte mir nichts sehnlicher als dort zu sein. Wie immer besuchten sie mich zum Geburtstagskaffee. Plötzlich überreichte Opa mir feierlich eine kleine Kühltasche und bat mich, sie zu öffnen. In ihr befanden sich ein Haufen Schneebälle, so bekam ich doch Schnee an meinem Geburtstag. Nein, meine Familie tat alles. Sie bereitete mir und meiner Schwester eine wunderschöne Kindheit. Meine falschen Glaubenssätze kreierten andere. Mitschüler, indem sie Späße mit der Neuen, also mir, trieben. Als Reaktion darauf, zog ich mich zurück und tat das, was ich am besten konnte: mit Papier und Stift Fantasiewelten erschaffen.

»Nenne mir fünf Dinge, von denen du glaubst, dass du sie nicht tun darfst«, forderte mich Alfredo auf. Wohin das führen sollte, wusste ich nicht genau, doch für ihn suchte ich nach einer Antwort. Ohje, da gab es eine Menge, fuhr es durch meine Gedanken:

1. Ich durfte nicht negativ auffallen
2. Ich durfte nicht nerven
3. Ich durfte niemanden stören
4. Ich durfte niemandem zur Last fallen
5. Ich durfte niemals aufgeben!

Diese Liste führte ich gedanklich noch eine Weile weiter. Mir fielen Unmengen an Dingen ein, die ich nicht tun durfte. Im gleichen Augenblick wurde mir bewusst, dass diese Liste weitere negative Glaubenssätze darstellte, welche Alfredo mit gezielten Fragen herauskitzelte. Nachdem ich die Fragen für mich beantwortete, saß ich einfach nur da und konzentrierte mich auf meinen Atem. Ich ging innerlich meine Affirmationen durch und setzte mir ein Ziel für den Tag. Danach öffnete ich meine Augen. Die Hängematte neben mir schaukelte leicht im Wind. In ihr lag Alfredo. Er musterte mich neugierig. »Ich hab dich gar nicht kommen hören«, begrüßte ich ihn verblüfft. »Lautlos wie ein Jaguar«, erwiderte er grinsend. Ich sparte es mir, eine Augenbraue hochzuziehen, er würde nicht zugeben, dass ich einfach nur weggetreten war. »Gehts jetzt los?«, fragte ich aufgeregt. Er schüttelte den Kopf. »Zuerst sind die Fragen dran.« Ich erzählte Alfredo alles, was ich zuvor in Gedanken durchging. »Zu deiner ersten Frage: Ich denke, ich habe nicht viel versäumt in meiner Kindheit. Im Großen und Ganzen war sie wunderbar. Das Einzige, was mir heute noch nachhängt ist, dass wir sehr oft umgezogen sind, wodurch sich in mir eine Verlustangst aufbaute. An dieser arbeite ich schon. Ich musste recht schnell erwachsen werden, ansonsten durfte ich mich frei entfalten. Was meine Kreativität anbelangt, durfte ich alles ausprobieren, wonach mir der Sinn stand. Wenn ich etwas ändern könnte, wäre ich weniger umgezogen. Wobei ich dadurch auch Stärken gewonnen habe, wie zum Beispiel, mich immer wieder neuen Umständen anzupassen. Mit dem Wissen von heute, hätte ich mich neuen Menschen gegenüber auf jeden Fall offener verhalten, denn meine Schüchternheit wurde mir gerne als Arroganz ausgelegt. Wenn du mich fragst, wo meine negativen Perspektiven herkommen, dann auf jeden Fall weniger von meiner Familie. Es waren eher Mitschüler, die diese in mir verankerten. Und zu den Dingen, die ich nicht tun darf? Die Liste ist lang und mir ist bewusst, worauf du hinauswillst.« Alfredo lauschte gespannt. »Deine negativen Perspektiven hast du bereits des Öfteren objektiv betrachtet, oder?« Ich nickte. »Ja, Hannah führte mich in das Thema ein, weshalb ich nach Kambodscha gehen werde, um mehr darüber zu lernen.« Er lächelte. »Es ist gut, sich seiner negativen Einstellungen bewusst zu sein. Aber wichtiger ist es, seine positiven Einstellungen zu kennen und sie zu nutzen. Daher möchte ich, dass du mir bis zu deiner Abreise folgende Fragen beantwortest.« Bevor er die Fragen formulieren konnte, zückte ich schnell mein Notizbuch, um sie dort zu notieren.

Jeder von uns bestimmt selbst, aus welcher Perspektive er die Welt wahrnimmt. Das ist der Schlüsselsatz, den ich von hier mitnehme. Die gute Neuigkeit daran ist. Ich kann meine Perspektive ändern, wenn ich sie bewusst wahrnehme. Wir legen den Fokus. Wir entscheiden. Wir können uns jeden Tag aufs Neue festlegen, unsere Umwelt positiv wahrzunehmen. Wir müssen einfach nur die andere Brille wählen.

Aufgaben und Anregungen

- ➔ Woher kommt deine Perspektive?
- ➔ Gibt es deiner Meinung nach etwas, das du während deiner Kindheit versäumt hast? Wenn ja, was?
- ➔ Wenn du nochmal deine Kindheit durchleben könntest, was würdest du anders machen? Was würdest du unbedingt machen wollen?
- ➔ Nenne mindestens fünf Dinge, die du deiner Meinung nach nicht tun darfst.
- ➔ Verbergen sich hier neue Glaubenssätze? Geh der Sache auf den Grund. Jeder Glaubenssatz, der dich negativ beeinträchtigt, hat ebenfalls Auswirkungen auf deine Kreativität.

Erlerne eine positive Grundeinstellung

- ➔ Wofür bist du dankbar?
- ➔ Was sind deine positiven Charakterzüge?
- ➔ Mache dir deine positiven Leistungen bewusst. Zähle einige auf!
- ➔ Was hast du als Kind geliebt? Tust du es heute noch?
- ➔ Wer sind deine wahren Freunde? Zähle sie auf.

Meine Dankbarkeits Liste – Ich bin dankbar für ...

Er tat alles, um mein positives Ich auf Dauer herauszulocken. Und ich beschloss, alles zu tun, um ihn dabei zu unterstützen. Es funktionierte nur, wenn wir an einem Strang zogen. Costa Rica machte Platz für die Gegengifte und für neue Erkenntnisse. Nun musste ich diese nur beibehalten und vertiefen, bis sie routinierte Einstellungen wurden und somit Teil meines Mindsets. Nachdem ich die Fragen aufschrieb, machten wir uns auf den Weg. Meine Kamera war mit dabei, schließlich besuchte ich die Station, um Fotos der geretteten Tiere anzufertigen. Alfredo stellte unentwegt Fragen zu meiner Ausrüstung. Er wollte alles wissen, bis ins kleinste Detail. Während ich ihm meine Kamera von oben bis unten erklärte, verflog die Zeit. Einmal legten wir einen kurzen Halt ein und fotografierten Totenkopfäffchen, während sie spielten. Die moderne Technik faszinierte ihn und so spielte er den Rest des Weges mit meiner Kamera wie ein neugieriges Kind.

Die Zeit bei den Schildkröten sollte ich so schnell nicht vergessen, denn sie machte mich auf eines der größten Probleme unserer Zeit aufmerksam – die Verschmutzung der Meere. Viele Tiere waren hier, weil sie durch Plastik verletzt wurden. An diesem Tag fotografierte ich erstmals die unschönen Dinge. Ich hielt fest, was wir der Natur antaten und diese Eindrücke brannten sich in mein Herz. Verwechselten die Tiere umhertreibende Plastiktüten mit Nahrung, kam jede Hilfe zu spät. Meist fand man sie irgendwann verendet am Strand, den Magen voller Kunststoff. Hier landeten die Schildkröten, die deformiert wurden, durch Plastikdosenhalter oder indem sie sich verfingen. Man befreite sie von ihren Fesseln, versorgte die Wunden und entließ sie danach zurück in die Freiheit, in der Hoffnung, dass sie diesmal plastikfrei davonkämen. Ihre mandelförmigen Augen verloren ihren friedlichen Ausdruck. Ihr Blick wirkte leer, müde und ängstlich. Unsere Verschmutzung schadete ihnen nicht nur äußerlich. Alfredo klärte mich auf, dass Plastik zwar ein großes Problem sei, der Klimawandel allerdings das viel enormere. Die Problematik der Meeresschildkröte startete bereits in ihrem Nest. Das Geschlecht der Tiere legte sich erst nach der Eiablage fest und hing von den Temperaturen im Nest ab. Männchen kamen bis aller höchstens 30 Grad zur Welt. Bei höheren Temperaturen schlüpfte ein Weibchen. Der Klimawandel sorgte dafür, dass immer mehr Weibchen und weniger Männchen zur Welt kamen. Ein grundlegendes Ungleichgewicht bedrohte die Meeresschildkröte. Ich konnte das alles kaum ertragen und meine Freude auf den Besuch verflog mit jedem weiteren Tier, das Alfredo mir zeigte. Was genau hatte ich eigentlich erwartet? Schildkröten, die nur zum Spaß auf der Station waren? Ich spürte Erleichterung, als wir nach einer Stunde diesen traurigen Ort verließen. Aber es brachte nichts, die Augen vor der Realität zu verschließen. Aus den Augen, aus dem Sinn oder wie lautete das Sprichwort noch? Ich bat Alfredo, mir Zeit für mich zu geben und lief an den Strand, ließ mich in den Sand sinken und blickte auf das Meer. Die Sonne stand tief. Viel Zeit blieb mir nicht, bis man den Strand absperrte. Schlagartig, ohne jede Vorwarnung, brach ich in Tränen aus. Das Erlebte stimmte mich traurig. Als Tourist bekam man von den Schattenseiten nichts mit. Hier konnte man einen Traumurlaub verbringen und die Probleme unserer Welt einfach vergessen. Diese Erkenntnis schockierte mich. Viel öfter sollten wir einen Blick hinter die Kulissen wagen, um uns zu sensibilisieren, auch wenn es schmerzte. Nur, wenn wir uns vor Augen führten, was wir unserer Welt zufügten, konnten wir etwas an unserem Verhalten ändern, oder? Es brauchte keine Wunder. Vielmehr brauchte es die kleinen Veränderungen, denn aus vielen kleinen Bewegungen konnte Großes wachsen.

Es lag allerdings nicht nur an den Schildkröten, dass ich Tränen vergoss. Für die Reise zu mir selbst und zu meiner Kreativität musste ich mir Schwächen eingestehen und in Ecken meines Bewusstseins vordringen, welche ich jahrelang verdrängte. Diese Auseinandersetzung schmerzte. Zudem litt ich unter Heimweh. Vier Wochen reiste ich nun schon alleine. Das erste Mal in meinem Leben begleitete mich niemand und langsam stieg die Angst vor Asien. Nach Kambodscha zu gehen, um eine Yoga-Ausbildung zu absolvieren, verlangte mir all meinen Mut ab. Noch nie hatte ich diesen Kontinent bereist. Bei Costa Rica war es etwas anderes. Ich liebte dieses Land. Als ich mich dafür entschied, herzukommen, fühlte es sich wie eine Heimkehr an. Zu Kambodscha fehlte mir jegliche Verbindung und ich verließ mich auf die Erzählungen Hannahs. Nie zuvor setzte ich mich einer so großen Mutprobe aus.

Steckte ich mir mein Ziel zu hoch? All meine Glaubenssätze schlugen auf einmal auf mich ein. Mein Äffchen, welches in den letzten Wochen seelenruhig schlief, erwachte und brüllte wie ein ausgewachsener Gorilla. Wütend trommelte es mit den Fäusten gegen meine Brust und zwang mich in die Knie. Vielleicht war es an der Zeit, nach Hause zu fliegen? Vielleicht musste ich das Erlebte erst einmal verarbeiten, bevor ich weiterreiste? Ich wusste doch überhaupt nichts vom Yoga. Wie sollte ich die Ausbildung schaffen? Niedergeschlagen blickte ich aufs Wasser. Hatten meine Affirmationen nichts gebracht? In diesem Moment fühlte ich mich meinem Äffchen hilflos ausgeliefert. Ich stand gerade auf, um mich mit hängenden Schultern auf den Weg zum Hostel zu machen, als ich unmittelbar neben mir ein leises Knacken und Knirschen vernahm. Der Sand häufte sich leicht und geriet plötzlich in Bewegung. Ich ließ mich in die Hocke sinken. Vor lauter Aufregung vergaß ich meine Traurigkeit. Zuerst sah ich eine winzige schwarze Flosse, kurz darauf wurde ein Köpfchen sichtbar. Eine Babyschildkröte kämpfte sich vor meinen Augen ihren Weg ins Leben. Nach kurzer Zeit wurden immer mehr kleine Kämpfer sichtbar, alle darauf bedacht, so schnell wie möglich ins Meer zu krabbeln. Ich folgte ihnen auf allen vieren. Innerlich erhoffte ich mir durch meine Anwesenheit Räuber fernzuhalten. Die kleinen Schildkröten boten vielen Tieren einen leckeren Snack. Mit hektischen Flossen krabbelten sie über den Strand, während ich sie voller Bewunderung beobachtete. Sie blickten nicht zurück, sahen weder nach links noch nach rechts, die Kleinen blickten nur ihrem Ziel entgegen. Ich wette, in ihrem Hirn saß kein Affe auf Koks, welcher um ihre Aufmerksamkeit buhlte. Ich blieb an der Seite der Schildkröten, bis jede Einzelne ihren Weg ins Meer bestritt. Wie die kleinen Schildkröten, richtete auch ich meinen Blick nach vorn auf mein Ziel. In Kambodscha würde ich mein Äffchen zähmen, deswegen versuchte es, mich auf Teufel komm raus von dieser Reise abzuhalten. Aber nicht mit mir!

Die Sonne küsste den Horizont zum Abschied, als ich über den Dorfplatz schlenderte. Ich hoffte, Alfredo über den Weg zu laufen. Nach unserem Besuch auf der Schildkrötenstation machte ich mich schnell vom Acker. Er fragte sich sicher, was mit mir los war. Wie vermutetet, fand ich ihn auf einer der bunten Bänke sitzend. In Gedanken versunken richtete sich sein Blick auf den Sandweg. Er bemerkte mich erst, als ich wie ein nasser Sack neben ihn auf die Bank plumpste. In meinen Händen hielt ich unser Lieblingsgetränk: frische Kokosnüsse. Er schenkte mir einen warmen Schulterklopfer und musterte mich auf unergründliche Weise. »Hier, die ist für dich«, sagte ich und reichte ihm die Nuss. Er nahm sie dankend an, dann schwang er sie hin und her, so wie ein Weinkenner es für gewöhnlich mit seinem Glas tat, schnupperte daran, nahm einen Schluck und ließ ihn sich genüsslich auf der Zunge zergehen. »Mhhhh, die ist besonders nussig im Abgang«, schwelgte er und zwinkerte mir zu. Spätestens jetzt konnte ich mein Lachen nicht mehr unterdrücken. Er knuffte mich in die Seite. »Wieder bessere Laune?« Ich nickte. »Das Leid der Tiere hat mich überfordert. Ich bin sehr sensibel in solchen Angelegenheiten.« Verständnis machte sich auf Alfredos Gesicht breit. »Behalte dir diese Gabe bei. Sie macht deine Kunst einzigartig. Durch diese Sensibilität bist du in der Lage, andere fühlen zu lassen, was du fühlst. Du kannst niemanden berühren, wenn du dich nicht selbst berührst.« Ich nahm einen Schluck aus meiner Kokosnuss. »Manchmal ist es anstrengend. Ich führe andauernd Krieg gegen mich.« Der Alte knuffte mich wieder. »Denk an den Papagei und den Baum, deine Perspektive lässt es zum Kampf werden. Wie wäre es, wenn du die Gabe annimmst. Und anstatt sie zu bekämpfen, lässt du sie fließen.«

»Du meinst, jedes Mal, wenn mein Äffchen mich wahnsinnig macht, soll ich ihm zuhören und daraus etwas machen?« Er neigte seinen Kopf und überlegte, wie er mir am besten vermitteln konnte, was er meinte. »Ja und Nein. Es ist wichtig, dein Äffchen auf Koks – wie du es nennst – in die Schranken zu weisen. Denn wie du bereits herausgefunden hast, hinderte es dich in der Vergangenheit an so einigem. Aber immer dann, wenn du es nicht zum Schweigen bekommst, nutze seine Schreie als Kompass. Wenn es schreit: »Geh nicht!«, gehst du. Mach das Gegenteil, von dem, was es verlangt und du wirst auch in unruhigen Zeiten nicht den Kurs verlieren. Und sind die Wellen doch einmal so hoch, dass du Angst hast, in deiner Nussschale unterzugehen, dann kehre zu den Fragen zurück, welche ich dir heute Mittag stellte. Wofür bist du dankbar?« Er blickte mich erwartungsvoll an. »Dafür, hier neben dir zu sitzen und von dir zu lernen. Für die Sonne und für die Kokosnuss, die ich trinke. Ich bin dankbar für mein Leben. Das Leben, das ich leben darf, ist ein Geschenk. Ich bin dankbar, dass ich jeden Tag Essen und etwas zu trinken habe, ein Dach über dem Kopf und ein Bett, in dem ich schlafe. Ich bin dankbar für meine Familie und meine Freunde. Ich bin dankbar dafür, dass ich gesund bin. Ich bin dankbar, ein so freies und selbstbestimmtes Leben zu führen.«

»Wenn du mich fragst, ist Dankbarkeit eine sehr gute Medizin, um dein Äffchen vom Koks runterzuholen. Zudem ist es immer gut, sich über seine Stärken bewusst zu sein. Kennst du deine positiven Charaktereigenschaften?«, fragte Alfredo weiter. »Ich finde es schwer, sich selbst einzuschätzen«, erwiderte ich unsicher, »aber wenn ich etwas sagen muss, dann würde ich sagen, dass ich ehrlich bin. Ich lache gerne und ich liebe es, meine Kreativität auszuleben.«

»Na siehst du. Ist doch gar nicht so schwer. Ich würde hinzufügen, dass du manchmal etwas tollpatschig bist«, lachte er, »außerdem haben wir eben herausgefunden, dass du sensibel bist und ich denke, du bist anderen Menschen gegenüber empathisch. Du kannst dich gut in sie hineinversetzen und ganz bestimmt bist du eine Träumerin. Das Kind in dir darf Kind sein. Sicherlich hat dein Charakter noch unzählige weitere Facetten. Aber das sind die, die ich in der kurzen Zeit von dir kennenlernen durfte und keine davon war schlecht.« Seine Worte taten gut. Wo eben noch Niedergeschlagenheit regierte, machte sich langsam eine freundschaftliche Wärme breit. »Alfredo, kann ich dich mit nach Hause nehmen? Du machst mir immer gute Laune«, fragte ich ihn und überrumpelte den alten Herrn mit einer herzlichen Umarmung. »Danke für alles!«

»Nichts zu danken. Aber fertig sind wir noch nicht!« Er versuchte einen strengen Ton anzuschlagen doch versagte kläglich. »Wenn dein Affe schreit, mach dir bewusst, was du schon alles geschafft hast in deinem Leben. Das wird dir verdeutlichen, wie unbegründet viele deiner Ängste sind.« In Gedanken ging ich einige dieser Erfolge durch. Mein für mich größter Erfolg war, seit mehreren Jahren in einer wundervollen Beziehung zu meinem Traummann zu stecken. Natürlich hatten auch wir Höhen und Tiefen durchlebt, doch am Ende waren wir es gewesen, die darüber triumphierten, gemeinsam. Gleich danach folgte meine Selbstständigkeit. Ich stand auf eigenen Füßen und lebte meinen Traum. Für ihn räumte ich Hürden aus dem Weg und erfand mich immer wieder neu. Es war ein stetiges Wachstum, auf das ich stolz war. Wenn ich jetzt darüber nachdachte, fielen mir immer mehr Erfolge ein. Wieso nahm ich diese in meinem Alltag so selten wahr? »An deinem Grinsen sehe ich, dass es funktioniert. Halte an diesen Dingen fest, wenn du dich das nächste Mal nicht gut fühlst, so findest du dein, wie nanntest du es noch, Sonnenkind? Genau! So findest du dein Sonnenkind wieder. Und wenn das alles nicht hilft, dann ruf deine echten Freunde an, zum Beispiel mich! Sie werden dir gerne helfen und dir gerne sagen, wo deine Stärken liegen.« Ich schmunzelte. »Deine Nummer kann ich ja von Hannah bekommen. Aber eine Frage hast du vergessen. Was hast du als Kind gerne gemacht?« Nun drehte ich den Spieß um und richtete die Frage an ihn. Er runzelte die Stirn und dachte angestrengt nach: »Es ist lange her, dass ich Kind war. Kokosnuss habe ich schon als kleiner Knirps gerne getrunken, deswegen sehe ich so gut aus«, scherzte er. »Ich liebte es, als Kind am Strand nach Schätzen zu suchen. Ich fand die schönsten Muscheln. Aus ihnen machte ich Ketten für meine Schwestern.«

»Tust du es heute noch?«, fuhr ich fort. Er nickte begeistert. »Heute suche ich die Schätze nicht mehr alleine. Ich suche sie gemeinsam mit meinen Enkeln. Zusammen haben wir eine riesige Schatzkammer, in der wir all unsere Funde aufbewahren.« Seine Augen glitzerten, als er in der Erinnerung versank. Bis tief in die Nacht saßen wir auf der Bank und tauschten unsere Erfahrungen aus. Viel Zeit blieb uns nicht mehr. Morgen brachte mich ein Boot fort aus Tortuguero und mein wohl größtes Abenteuer nahm seinen Lauf. Nachdem Alfredo mir Mut zusprach, verspürte ich kaum noch Angst vor Kambodscha. Sie schlug in positive Aufregung um.

Mit meinem Gepäck stand ich am Ableger und erwartete das Boot. Mein Herz zog sich zusammen und wie so oft auf dieser Reise kämpfte ich mit den Tränen. »Wieso musste mich alles gleich so berühren?«, dachte ich resigniert. »Hey, wolltest du einfach gehen, ohne dich zu verabschieden?«, rief Alfredo. Er brachte seine ganze Familie mit an die Anlegestelle. Seine Enkel musterten mich mit großen Augen. Er kam und drückte mich. »Du dachtest doch wohl nicht, dass ich dich einfach so fahren lasse! Meine Familie und ich danken dir für die schöne Zeit. Du hast unser Leben bereichert.« Die

Kleinen traten hervor und die Jüngste überreichte mir ein Armband mit einer selbst geschnitzten Schildkröte als Anhänger. Als ich es anlegte, platzte sie vor Stolz. Ich ging in die Hocke und nahm sie in den Arm. Nun traten die beiden anderen hervor und fielen mir um den Hals. Ehe ich mich versah, lag ich rücklings im Sand. Sie schenkten mir erwartungsvoll eine selbst gebaute Muschelkette. »Natürlich wollte ich nicht einfach gehen«, entgegnete ich und kramte in meinem Handgepäck. Das in Bananenblatt gewickelte Päckchen überreichte ich Alfredo. Er nahm es an sich und wickelte es unfassbar langsam aus: »Nun mach schon, Alfredo!«, forderte ich ihn lachend auf. Er schenkte mir sein typisch verschmitztes Lächeln. Das geflochtene Bananenblatt reichte er den Kleinen zum Spielen, bevor er sich seinem Geschenk zuwandte. Er wog das Notizbuch in seinen Händen und bewunderte mein selbst gebasteltes Cover. Für Alfredo besuchte ich noch einmal den Strand und sammelte Muscheln. Diese klebte ich auf das Cover und malte zudem eine Schatztruhe. Auf der ersten Seite prangte ein Foto von Alfredo, seiner Familie und mir. Daneben das Bild einer wunderschönen Schneeflocke. Er blätterte weiter und erblickte Impressionen aus Argentinien, Monteverde und zu guter Letzt Tortuguero. »Na? Was sagst du? Dieses Buch habe ich dir gebastelt damit du all dein wunderbares Wissen niederschreiben kannst«, flüsterte ich. Das erste Mal in unserer gemeinsamen Zeit glitzerten seine Augen feucht. »Das hast du selbst gestaltet?«

»Ja, du hast großen Anteil an meiner Entwicklung und ich wünsche mir, dass noch viele Reisende von deinem Wissen profitieren. Vielleicht hast du es mitbekommen, ich schreibe an einem Buch über meine Reise zur Kreativität.

Wenn das Buch fertig ist, werde ich dir ein Exemplar zuschicken«, ergänzte ich grinsend. »Komm am besten vorbei und bring es mir persönlich, du wunderbares Mädchen«, flüsterte er und nahm mich noch fester in den Arm. »Ich hoffe, unsere Wege werden sich ein weiteres Mal kreuzen.« Ich bekam keinen Ton raus und nickte stumm. Höchste Zeit, dass das Boot ablegte. Je länger die Abschiede, desto schwieriger wurden sie. Nach und nach verabschiedete ich mich von allen Familienmitgliedern. Und als ich meinen Blick diesmal zum Kanal gleiten ließ, schaute mich der Kapitän des Bootes auffordernd an. Alle warteten auf mich. Alfredo und seine Familie blieben so lange am Ufer stehen, bis sie am Horizont so klein wurden, dass ich sie nicht mehr sehen konnte. »Danke«, flüsterte ich und drücke die kleine Schildkröte ganz fest an mein Herz.

9

In der Ruhe liegt die Kraft

Die Aufenthalte im Flugzeug und an den Flughäfen nutzte ich so sinnvoll wie möglich. Ich bearbeitete die Bilder der Schildkröten, bereitete einen Artikel für meinen Blog vor und schrieb Mails an alle möglichen Menschen. Alfredos Reaktion auf mein Buch beflügelte mich. So berichtete ich ihnen von meiner Reise und meinen Erkenntnissen. Wer konnte schon wissen, was sich daraus ergab? Fakt war, dass Eigeninitiative mich in meinem Leben mit Abstand am weitesten gebracht hatte. Durch die ständige Beschäftigung verging die Zeit bis nach Bangkok rasend schnell. An dem riesigen Flughafen herrschte geschäftiges Treiben und ich ließ mich von der Menschenmenge mitreißen. Alles war bunt und laut. Die Durchsagen hörten sich an, als habe man junge Mädchen hinter das Mikrofon geklemmt, mit der Aufgabe, besonders niedlich und mädchenhaft zu klingen. Sobald die Sprecherin allerdings ins Englische wechselte, klang ihre Stimme seriös und erwachsen. Am liebsten wäre ich in den nächsten Bus gestiegen und hätte mir die Stadt angesehen. Allerdings startete die Ausbildung in Siem Reap bereits übermorgen und ich wollte meinen Jetlag in den Griff bekommen, bevor es ernst wurde.

Die erste Herausforderung bestand darin, mich nicht an diesem riesigen Airport zu verlaufen. Ich beschloss, mein Gate für den Anschlussflug zu finden, bevor ich mich auf die Suche nach etwas Essbarem begab. Nachdem ich irgendwann völlig orientierungslos durch die Gänge stolperte, suchte ich an der Information nach Rat. In freundlichem Ton teilte man mir mit, ich müsse in den anderen Bereich des Flughafens. Einmal quer über die hektische Einkaufsmeile. An jeder Ecke hingen bunt blinkende Schilder, die mir etwas verkaufen wollten. Eine warme Dusche und ein weiches Bett hatten sie leider nicht im Angebot. Und so ließ ich den Einkaufstrubel schnell hinter mir. Als ich mein Gate erreichte, wollte ich nur noch schlafen. Sechs Stunden später im Flieger fielen meine Augen immer wieder zu. Mein Körper nahm sich, was er benötigte. Ich dämmerte weg, bevor das Essen serviert wurde. Allerdings dauerte diese erholsame Ruhephase nur kurz an, denn von Bangkok nach Siem Reap flog ich lediglich eine Stunde. Ehe ich mich versah, machte mich eine liebenswerte Stewardess darauf aufmerksam, dass ich eine aufrechte Sitzposition einnehmen und mich anschnallen sollte.

Eine Wand aus dicker tropischer Luft schlug mir entgegen, als ich aus dem Flugzeug stieg. Die Temperaturen hatten im Gegensatz zu Costa Rica nochmal einen Zahn zugelegt. Dabei ging in diesem Moment die Sonne unter. Ich vernahm erste fremdartige Vögel und der Geruch eines neuen Landes lag in der Luft. Plötzlich war ich hellwach. Roch es in der Stadt auch so angenehm süßlich? Ich holte meinen Rucksack am Gepäckband ab und machte mich auf die Suche nach meinem Fahrer. Wie vom Hotel versprochen, erwartete er mich mit einem Schild in der Eingangshalle. Er begrüßte mich mit einem freundlichen aber zurückhaltenden Lächeln. Auf dem Weg zum Tuk Tuk wechselten wir ein paar Worte in gebrochenem Englisch miteinander. Dann startete meine wilde Tour durch die Straßen Siem Reaps. Am Wegesrand lagerten an jeder Ecke kleine Streetfoodstände, die Sticky Rice, Kokosnüsse und andere fremdartige Leckereien anboten. Der süßliche Duft des Landes mischte sich mit verschiedensten würzigen Aromen und mein Magen gab mir zu verstehen, dass ich das Abendessen im Flieger verpasst hatte. Irgendwann führte uns unsere Route auf die unbefestigten Straßen der Stadt, welche parallel zu einem Abwasserkanal verliefen. Ein ekelerregender Gestank erwischte das Tuk Tuk und ich schlug mir die Hand vor die Nase. Das Tuk Tuk schaukelte von links nach rechts, mehr als einmal umgriff ich panisch meinen Rucksack, aus Angst er könnte über Bord gehen. Siem Reap schien aufgeteilt zu sein. Auf der breiten Straße, die uns fort vom Flughafen führte, ragten edle Hotelpaläste in den Himmel. Allesamt wirkten sie monströs und überall blubberten Springbrunnen auf den Vorplätzen um die Wette. Der Tuk Tuk-Fahrer ließ mich wissen, dass dies die Anlagen seien, in denen die chinesischen Reisenden am liebsten unterkamen. Sie liebten den Luxus. Mittlerweile fuhren wir durch eine Gegend, die ganz anders war als das Hotelwettrüsten vor wenigen Augenblicken. Es gab kaum Straßenlaternen und das Tuk Tuk hatte Probleme, die kaputte Straße zu bezwingen. Immer wieder hüllten mich Wolken des Kanalgestanks ein und mehr als einmal fragte ich mich, ob wir uns verfuhren. Hier konnte unmöglich das wunderschöne Retreat sein, von welchem Hannah schwärmte. Mein Magen kribbelte nervös, doch blieb mir nichts anderes übrig als meinem Fahrer zu vertrauen. Mit einem Ruck fand die holprige Tour ihr Ende. Das Tuk Tuk bremste vor einem großen Tor aus Bambus. Der Fahrer klopfte und eine kleinere Tür in dem Tor öffnete sich. Er nahm meinen Rucksack und zeigte mir mit einer Geste, dass ich durch die Tür treten solle.

Augenblicklich betrat ich eine andere Welt. Der Duft von Räucherstäbchen lag in der Luft. Der geräumige Hof wurde von einem wunderschönen Pool beherrscht. Licht ließ das Blau des Wassers erstrahlen und es reflektierte von den Hauswänden, die ihn umgaben. Keine Wand sah aus wie die andere. Alles wurde in bunte Farben und Muster getaucht. Die höchste Wand zierte eine atemberaubende Malerei einer Frau mit langen im Wind wehendem blauen Haar, das eine Krone aus bunten Blüten schmückte. Wo keine Malerei die Wände verschönerte, lugte strahlendes Weiß hervor. Der Boden und der Pool bestanden aus dunklem Naturstein. Asiatische Statuen und tropische Pflanzen rundeten das Bild ab. Schneeweiße Frangipaniblüten trieben sanft auf dem Wasser. Dann und wann löste sich eine Blüte aus dem Baum und segelte hinab. Leise Musik lud zum Verweilen ein und erst jetzt, nachdem ich alle Eindrücke aufgesogen hatte, bemerkte ich die Frau hinter der ebenfalls aus Naturstein gefertigten Rezeption. Sie blickte mir freundlich entgegen, genauso wie die rot-weiß gestreifte Katze die sich genüsslich auf dem Tresen räkelte. »Schön, dass du da bist«, begrüßte sie mich in fließendem Englisch. Mit einer Geste bat sie mich, näher zu treten. »Ich bin Nika. Der Leiter des Retreats, Mr. Lin, ist gerade außer Haus, um die Bevölkerung mit dem Bau von Brunnen zu unterstützen. Aber du lernst ihn in den kommenden Tagen kennen. Wenn du mich fragst, ist er einer der gutmütigsten Menschen, die mir je begegneten.« Ich lächelte sie müde und zufrieden an. Zu mehr war ich nach meiner langen Anreise nicht im Stande. »Oh, es tut mir leid! Du musst erschöpft sein. Bevor ich dir dein Zimmer zeige und dich in Ruhe lasse, habe ich etwas für dich.« Sie hob ein Glas mit einer goldenen Flüssigkeit auf den Tresen. »Selbst gemachter Eistee. Der wird dir gut tun.« Ich nahm das Glas dankend entgegen und trank es in einem Zug aus. Es war köstlich! Zitrone und grüner Tee, schätzte ich. »Achso, das ist übrigens Queen Ginger«, fuhr Nika fort und deutete grinsend auf die Katze. »Sie ist die wahre Herrscherin über das Hotel und die Yoga-Schule.« Bevor ich Nika bat, mir mein Zimmer zu zeigen, begrüßte ich Queen Ginger einer Königin würdig mit einer ausgiebigen Streicheleinheit. Nika begleitete mich zu meinem Zimmer. Es lag im Erdgeschoss. Morgens musste ich nur die Tür öffnen und konnte sogleich in den Pool hüpfen. Ich ließ mich auf das Bett sinken, stellte noch fest, dass es sehr bequem war und nach wenigen Sekunden sank ich in eine tiefen traumlosen Schlaf.

Schon wieder ein Hahn? Schoss es mir im Dämmerschlaf durch den Kopf, während er mich mit seinem Gekreische nach und nach aus dem Lummerland beförderte. Angenehmer als von einem piependen Wecker aufgeschreckt zu werden, war es allemal. Sanftes Licht sickerte durch meine hellgrünen Vorhänge. Ich hatte jegliches Zeitgefühl verloren, doch da ein Hahn krähte, ging ich davon aus, dass es Morgen war. Langsam öffnete ich die Augen und nahm mein Zimmer genauer unter die Lupe. Ich lag in einem riesigen Himmelbett. Das Moskitonetz hatte ich nicht zugezogen. Eine hellgrüne Wand beherrschte den Raum. Langsam richtete ich mich auf und startete mein Tag mit einem Sprung in den erfrischenden Pool und einer Regendusche. Endlich fühlte ich mich sauber. Ich verbrachte die Zeit damit, am Pool zu liegen und immer mal wieder eine Kleinigkeit aus der raffinierten Speisekarte zu kosten. Das Essen während meiner Ausbildung war ausschließlich vegetarisch, überwiegend sogar vegan. Und das Beste: Auch in Kambodscha gab es Kokosnüsse! Den gesamten Vormittag hatte ich den Innenhof für mich alleine. Meine Mitschüler reisten erst im Laufe des Tages an. Irgendwann betrat ein junger Mann das Areal. Er konnte maximal Anfang dreißig sein. Auf jeden Fall sah er aus wie ein Einheimischer. Er trug dunkle kurze Haare, ein weißes Hemd und eine Anzughose, dazu einen dünnen roten Seidenschal. Ich wickelte mich in mein Handtuch und blickte ihn neugierig an, als er auf mich zukam. Freundlich streckte er mir seine Hand entgegen: »Hallo, schön, dass du da bist. Ich bin Lin. Wir hatten vorab Kontakt.« Nach unserem ersten E-Mail-Kontakt schwebte mir ein älterer asiatisch aussehender Mann mit weißem Haar und Bart vor, der ungefähr so aussah wie die alten chinesischen Kung-Fu-Meister und mindestens genauso weise war. Ich drückte den Gedanken beiseite und reichte ihm die Hand. »Die Freude ist ganz meinerseits. Ich kann es kaum erwarten, mit der Ausbildung zu starten.« Er nickte freudig. »Das wird eine großartige Erfahrung«, versprach er und fügte hinzu: »Wenn du irgendetwas brauchst, ich etwas für dich tun kann, lass es mich wissen. Euch soll es an nichts fehlen. Die nächsten Tage werden anstrengend, aber am Wochenende empfehle ich dir einen Besuch der Tempel von Angkor Wat. Oder, falls du nicht warten willst, besorge ich dir noch heute ein Tuk Tuk. Deine Eintrittskarte gilt dann sowohl für den Sonnenuntergang wie den Sonnenaufgang am nächsten Tag.« Ich dachte kurz über sein Angebot nach. Es klang fantastisch, die Wunder des Landes zu erkunden, bevor der Unterricht startete. Ich sagte also zu. Mr. Lin zog lässig sein Smartphone und tippte blitzschnell eine Nachricht. Alles klar, um 16 Uhr wird der Fahrer am Eingang für dich bereitstehen. Nun entschuldige mich. Wenn du etwas brauchst, erreichst du mich unter dieser Nummer.« Er gab mir seine Visitenkarte und verabschiedete sich mit einem Lächeln, da viel Arbeit auf ihn wartete.

Diese Yoga-Schule war nicht irgendeine Schule. Sowohl sie als auch das angrenzende Hotel bezeichneten sich als Nonprofit-Unternehmen. Mr. Lin rief sie ins Leben, um die Bevölkerung des Landes zu unterstützen. Statt sich das Geld in die eigenen Taschen zu scheffeln, baute er Trinkwasserbrunnen. Für ihn waren Wellness und Yoga Grundrechte aller Menschen und so durften alle Einheimische die Kurse kostenlos besuchen. Meine Ausbildung half dabei, weitere Brunnen zu finanzieren und schenkte den Menschen sauberes Trinkwasser. Ich bewunderte dieses Projekt, insgeheim hoffte ich, während meiner Zeit einen tieferen Einblick in die Arbeit des Retreats zu erhalten. Vielleicht war dieses einzigartige Projekt der Grund, dass Mr. Lin vor meinem inneren Auge ein alter Mann gewesen war, dessen Weisheit mindestens so groß war wie die Länge seines Bartes.

Pünktlich erwartete mich das Tuk Tuk am Eingang des Hotels. Angkor Wat stand schon eine halbe Ewigkeit auf meiner Bucket List und ich freute mich extrem. Das Gebiet um den bekanntesten der Tempel umfasste über tausend Ruinen, doch ich entschied, meine Tour am Touristenhotspot zu beginnen und mir am nächsten Morgen Zeit für ein paar weitere Tempel zu nehmen. In unter einer halben Stunde erreichten wir das Areal. Nachdem wir das geschäftige Treiben der

Stadt hinter uns ließen, betrat ich eine andere Welt. Schon vom Tuk Tuk aus vernahm ich die Geräusche des asiatischen Dschungels. Der Dunst Siem Reaps wurde durch die Frische des Waldes abgelöst. An einem riesigen Parkplatz hielt mein Fahrer und ließ mich wissen, dass er hier auf mich warten werde. Er wies mir die Richtung, in die ich gehen musste, um zum Tempel zu gelangen. Immer dem Touristenstrom hinterher, dachte ich und marschierte los. Ja, es war überlaufen und ja, es wäre schöner gewesen allein zu sein. Allerdings verstand ich den Ansturm an Menschenmassen, als der gigantische Tempel vor mir auftauchte. Ein meisterhaftes Bauwerk vergangener Zeiten. Schlagartig reiste ich in der Zeit zurück, vergaß den hektischen Alltag der digitalen Welt und ließ dieses imposante Bild auf mich wirken. In meinem Kopf spielte epische Musik. Über den breiten Mittelweg ging ich auf das Bauwerk zu. Mit jedem Schritt, den ich näher herantrat, wuchs es in den Himmel und gewann an Größe. Auf der Mitte hielt ich inne. Umrahmt von Palmen und umherziehenden Vögeln raubte mir sein Anblick den Atem. Ich schloss die Augen und eine Gänsehaut wanderte über meinen Rücken, bevor sie sich auf meinem ganzen Körper ausbreitete. Als Nächstes ließ ich meinen Blick umherwandern und nahm einfach nur wahr. Neben den Vögeln schwirrten tausende große schillernde Libellen durch die Luft. Auch wenn der Tempel verfiel, seine Umgebung sprühte vor Leben. Ich weiß nicht, wie lange ich dastand und meine Sinne nutzte, um alles aufzusaugen. Tiefe Dankbarkeit durchströmte mich. Wie viele Menschen kamen her, machten ein Foto, ganz nach dem Motto »Ich war da« und fuhren dann wieder, ohne dass sie den Ort jemals richtig realisierten? Das passende Beispiel bahnte sich unmittelbar seinen Weg zum Tempel an mir vorbei. Eine chinesische Reisegruppe. Der Bus hielt. Die Gruppe stieg aus. Sie hatte sogar ihren eigenen professionellen Fotografen dabei. Auf meiner Höhe hielten sie, drängten mich zur Seite. Dann begann das Spektakel. Einzelne Personen traten hervor, während der Fotograf sie vor dem Tempel perfekt inszenierte. #Angkor, #Qualitytime, schoss es mir durch den Kopf. Diese Gruppe schien es besonders eilig zu haben, denn nach der Fotosession ging es gleich zurück in den Bus und weiter zur nächsten Anlage. Ich streifte noch eine ganze Weile umher. Zwischen den Säulen war es angenehm kühl und der Geruch nach alten Gemäuern erzählte die Geschichten Angkors. Im Tempel saßen an einigen Ecken Mönche, welche eine Segnung aussprachen, wenn man sie darum bat. Sie trugen orangene Kutten und banden jedem, der es wünschte, rote Baumwollbänder um das Handgelenk. Als die Sonne unterging, patrouillierten Wächter umher und sorgten dafür, dass alle Touristen das Gelände verließen. Angekommen auf dem großen Mittelweg neben einem der Wächter, stoppte ich. Der Himmel verfärbte sich rosa und langsam, aber sicher war das Gebiet um Angkor Wat menschenleer. »Ist es in Ordnung, wenn ich neben Ihnen stehenbleibe, um Bilder ohne Menschen zu machen?« Er blickte fast etwas schockiert drein. »Ich bin es nicht gewohnt, so nett gefragt zu werden. Solange Sie auf meiner Höhe bleiben und nicht in den Tempel rennen, sehr gerne. Wenn Sie es wünschen, mache ich ein Foto von Ihnen vor dem Tempel, weil Sie so lieb gefragt haben.« Grinsend ließ ich mich in die Hocke sinken und fotografierte das Szenario aus verschiedensten Perspektiven. Daraufhin nahm ich das Angebot des Wächters dankend an. Ich erklärte ihm, wie er meine Kamera bediente und er machte ein wunderschönes Erinnerungsbild von mir.

»Und, wie hat es dir gefallen?«, fragte Nika neugierig. »Es war atemberaubend. Ich bin gespannt, was ich im Morgengrauen sehen werde«, schwärmte ich und erzählte all meine Erlebnisse. »Darf ich Bilder sehen?«, fragte sie zurückhaltend. »Aber natürlich, sehr gerne.« Nika war haltlos begeistert und empfahl mir ein Gespräch mit Mr. Lin. Wenn die Zeit zwischen der Ausbildung es zuließ, könnte ich ihrer Meinung nach Bilder für das Retreat und die dazugehörige Hilfsorganisation anfertigen. Schon wieder brachte ein Stein den anderen ins Rollen. »Wie bist du mit den vielen Menschen zurechtgekommen?«, führte sie unser Gespräch fort. »Ich habe mich im Wesentlichen auf die Anlage und ihre Wirkung konzentriert, sie einfach nur wahrgenommen. Durch den gigantischen Anblick und all die Eindrücke sind die Menschen mir nicht so aufgefallen. Bilder habe ich erst gemacht, als ich das Gelände verließ. Es ist schade, zu sehen, wie wenige Reisende ihre Aufmerksamkeit bewusst auf das Jetzt legen.« In meinen Augen stellte das ein weiteres Gift für unsere Kreativität in der heutigen Zeit dar. Nie legte man den Fokus konzentriert auf eine Sache. Zu groß waren die Verlockungen und die Angst, etwas zu verpassen. Wie sollte man da in der Lage sein, etwas zu erschaffen? »Das klingt nach einer tollen Herangehensweise – ein wichtiges Sprichwort hier bei uns lautet: In der Ruhe liegt die Kraft«, erwiderte sie.

»Was einer der Gründe ist, warum ich hier bin. Weißt du, vor einiger Zeit in Argentinien machte ich mich auf die Suche nach meiner Kreativität, da ich sie im Trubel meines alltäglichen Lebens verlor. Mir begegneten Zutaten, um Kreativität zu erschaffen, aber auch Gifte, welche sie unterdrückten. Während der Ausbildung erhoffe ich mir, über weitere Gegengifte oder Techniken zu stolpern, die ermöglichen, die

Giftstoffe zu neutralisieren.« Nika blickte mich neugierig an. »Das klingt ja spannend. In unserer Gesellschaft bleibt wenig Platz für Kreativität. Viele von uns arbeiten, um ihr Überleben zu sichern. Ich bin immer wieder erstaunt, wie wenig Reisende ihr Privileg schätzen.« Ich nickte verständnisvoll. »Das verstehe ich gut. Umso grandioser finde ich es, wie Mr. Lin seine Kreativität für den guten Zweck nutzt.« Nika blickte mich verwirrt an. Sie wusste nicht, worauf ich hinauswollte. »Für viele Menschen sind nur Künstler und vielleicht noch Forscher oder Erfinder kreativ, aber das stimmt nicht. Kreativität bedeutet, eine Idee zu haben und diese umzusetzen. Genau das tut ihr hier auf wunderbare Weise. Wahrscheinlich hattet ihr zuerst die Idee, die Menschen in eurer Heimat zu unterstützen. Ihr standet jedoch vor dem Problem, selbst nicht genug zu haben. Anstatt aufzugeben, machtet ihr euch auf die Suche nach einer Lösung für das Problem. Ihr wagtet den Blick über den Tellerrand und erblicktet Menschen, die gerne euer Land bereisten. Vielleicht waren diese dazu in der Lage, euer Problem zu lösen? Ihr entwickeltet das Konzept eines Yoga-Retreats verbunden mit einem Hotel und einem Restaurant. Mit dieser Idee war für jeden etwas dabei. Das Konzept würde Einheimischen Arbeitsplätze zur Verfügung stellen, Reisende, die nichts mit Yoga am Hut hatten, konnten Hotel und Restaurant in Anspruch nehmen. Und auf den Trend unserer Zeit, – Yoga und Wellness – wart ihr ebenfalls vorbereitet. Doch statt nur Yoga anzubieten, hattet ihr die Idee, auch noch Lehrer auszubilden, diese zu sensibilisieren und im gleichen Moment euer Projekt durch ihre Teilnahme zu nähren, indem ihr von all dem einfließenden Geld Brunnen bautet und andere tolle Projekte für eure Mitmenschen ins Leben rieft. Und dieses Projekt blieb kein Hirngespinst.

Ihr habt es in die Tat umgesetzt, sonst würde ich hier heute nicht stehen. All diese Gedanken und Kombinationen verschiedenster Bereiche fordern ein großes Maß an Kreativität und Leidenschaft. Keiner von euch ist wegen des Geldes hier. Ihr unterstützt dieses Projekt aus Leidenschaft. Und das macht den besonderen Unterschied. Das ist der Grund, wieso es funktioniert.« Ich sprach so schnell und voller Begeisterung, dass ich nach meinem kleinen Vortrag zu Atem kommen musste. Nikas Augen strahlten vor Freude: »Wow! So habe ich das noch nie gesehen. Vielleicht magst du mir während deiner Zeit hier mehr erzählen.« Und wie ich das wollte! Am liebsten wollte ich die ganze Welt mit dem Wissen über Kreativität infizieren.

Mein Wecker klingelte um fünf. Die Sonne ging um sechs auf und ich wollte, wie sicherlich viele andere, dabei zuschauen. Sie stieg direkt hinter Angkor Wat empor. Danach plante ich einen Besuch im Bayon-Tempel, welcher auch unter dem Namen *Tempel der tausend Gesichter* bekannt war und dem Ta-Prohm-Tempel, den sich die Natur nach und nach zurückholte. Auf dem Weg zum Tuk Tuk stellte ich fest, dass es regnete. Doch anstatt mir die Laune verderben zu lassen, nahm ich es positiv. Bei schlechtem Wetter zogen viele Touristen bestimmt ihr kuscheliges Bett vor. Ich lag richtig mit meiner Vermutung. Im Gegensatz zum vorherigen Tag wirkte der Platz vor Angkor Wat wie leer gefegt. Nur unten am See tummelten wir uns, denn von hier aus sollte der Anblick am schönsten sein. Mittlerweile war ich froh, dass es regnete. Die Stimmung hatte etwas Melancholisches, ganz anders als gestern. Die Landschaft schimmerte ruhig im blauen Dämmerlicht, während sich der Tempel gigantisch wie eh und je als schwarze Silhouette vor dem Himmel abzeichnete. Die Tropfen versetzten das Wasser des Sees in ruhige Schwingungen. Zeitgleich zog Nebel hinter den Anlagen empor und ließ sie noch mystischer erscheinen. Dann und wann kündeten erste Vögel den anbrechenden Tag an. Ansonsten vernahm ich nur das leise Murmeln der anderen Menschen, welche das Schauspiel ehrfürchtig beobachteten. Ich sparte es mir, Bilder zu machen, konzentrierte mich auf meinen Atem, während der warme Regen sanft meine Haut streichelte. Als ich mich auf den Weg zum Bayon-Tempel machte, war ich längst platschnass. In Deutschland hätte mich dieser Umstand wahnsinnig gemacht, dachte ich schmunzelnd, aber hier war es mir egal. Angkor beeindruckte mich, doch Bayon brachte mich völlig aus der Fassung. Morgens um sieben war keine Menschenseele außer mir vor Ort. Der Steinboden spiegelte den wolkenverhangenen Himmel. Das Bauwerk sah aus als habe sich jemand die Mühe gemacht, es zu polieren. Nass vom Niederschlag konnte ich mich fast in ihm spiegeln. Der Dschungel umkreiste den Tempel, auf der Lauer liegend, als warte er darauf, sich zurückzuholen, was ihm gehörte. Sanfte Nebelschwaden zogen umher wie Geister aus vergangener Zeit. Die Regentropfen platschten auf die Blätter der Pflanzen und spielten ihre eigene magische Symphonie. Ehrfürchtig betrat ich das Bauwerk. Die einzige Begegnung, die ich machte, war die mit einer umherstreunenden Katze. Ansonsten schauten einzig steinerne Gesichter auf mich herab. In diesem Tempel fühlte ich mich beobachtet. Überall wuchsen Köpfe aus dem Stein. Mächtig und achtungsvoll blickten sie mich an. Keine Mönche, keine Touristen. Nur ich und die Schönheit eines alten Königreichs. Bestimmt zwei Stunden schlenderte ich völlig alleine durch die Gemäuer, allerdings bekam ich irgendwann Mitleid mit dem Fahrer, der dort draußen allein im Regen stand und darauf wartete, dass wir unsere Tour fortsetzten. Schwermütig versprach ich mir, irgendwann mit Julian zurückzukommen, damit auch er dieses Wunder erleben durfte.

Wie erwartet demonstrierte Mutter Natur im Ta Prohm ihre ganze Macht. Selbst vor meisterhaften, aus Stein gehauenen, Bauwerken machte sie keinen Halt. Der Tempel wurde seinem Verfall überlassen. Riesige Wurzeln gruben sich durch sein Mauerwerk, mächtige Bäume wucherten auf seinen Dächern. Solche Bilder kannte ich bisher nur aus Filmen. Zwischen den Wurzeln kam ich mir winzig vor. Einmal mehr wurde mir bewusst, wie kurz unser Aufenthalt hier auf dieser Erde war. Wir sollten sie klug nutzen. Langsam nahmen die Touristenströme zu. Dieser Tempel bildete einen weiteren Hotspot, da einige Abenteuerfilme hier gedreht wurden. Ich wollte mich gerade vom Acker machen, um den Massen zu entfliehen, als ich im Schatten des kühlen Mauerwerks eine alte Frau erblickte. Zusammengekauert saß sie an einer der alten Wände und blickte auf ihre bunten Wollbänder. Neugierig ging ich ihr entgegen. Sie war offensichtlich kein Mönch, daher konnte sie kaum die typische Segnung vornehmen. Neben ihr saß ein junges Mädchen. »Möchtest du einen Glücksbringer?«, fragte sie mich in bestem Englisch – und schon verstand ich ihre Aufgabe. Die alte Dame beherrschte nur ihre Muttersprache, sie hatte die Kleine als Sprachrohr bei sich. »Erzähl mir mehr über den Glücksbringer«, antwortete ich. Sie nickte begeistert und sprudelte los. »Das ist meine Oma, sie ist Dorfälteste bei uns zu Hause. Sie bedient sich einer magischen Wasserquelle, um diese bunten Armbänder zu segnen und trägt sie dann an diesen heiligen Ort, um sie Menschen zu schenken.«

»Und wieso ist dieser Ort für deine Oma so mächtig?«

»Hast du keine Augen im Kopf?«, fragte die Kleine lachend. »Schau dir an, was die Natur tut. Wie sie aus etwas längst Verlassenem neuen Lebensraum erschafft für Tiere und Pflanzen. Sie ist die Einzige, die es vermag, zerstörte Orte wie diesen erneut erblühen zu lassen.« Was für eine wunderschöne Umschreibung. Allein diese bewog mich dazu, mir eines der Armbänder umbinden zu lassen, egal ob ich gleich abgezockt wurde oder die Kleine mir ein Märchen erzählte. Die alte Dame nahm sanft mein Handgelenk und umwickelte es mit einem orangefarbenen Band. Danach nahm sie eine Schüssel mit Wasser, sprach Worte, die ich nicht verstand, und beträufelte mich damit. Sie brachte die Hände vors Herz und ich tat es ihr gleich. Die Kleine strahlte. »Dein Glücksbringer ist nun aufgeladen du kannst ihm jegliche Bedeutung geben. Er wird dich immer an sie erinnern.« Ich schloss meine Augen und gab meinem Glücksbringer im Stillen die Aufgabe, mich täglich daran zu erinnern, wofür ich meine Kreativität nutzen wollte. Entspannt öffnete ich die Augen und blickte in das Gesicht des Mädchens. »Was darf ich dir für den Glücksbringer geben?«, fragte ich. »Er ist ein Geschenk«, beteuerte das Mädchen. »Wenn du uns allerdings wirklich etwas zurückgeben möchtest, leg es in die Schale. Wir teilen es später im Dorf auf.« Ich erblickte ein Körbchen, in welchem verschiedene Obstsorten, Getränke, sowie der ein oder andere Dollar lag. Ich spendete mein Kleingeld und verließ den Tempel, weil er in diesem Augenblick von einer Flut an Reisebussen gestürmt wurde.

Nach den drei Tempeln kehrte ich zu meinem Hotel zurück, hüpfte rasch in den Pool und anschließend machte ich mich auf den Weg in das Yoga-Shala, um meine Reise ins

Ungewisse anzutreten. Gespannt zog ich die Tür auf. Hinter ihr kam ein wunderschöner Garten zum Vorschein – er war voller Blumen, Sträucher und kleiner Überdachungen, unter denen Sitzkissen lagen. Eine lächelnde Buddha-Statue begrüßte mich, als ich dieses kleine Paradies betrat. Am Ende des Gartens befand sich ein flaches geräumiges Gebäude, welches zu drei Seiten geöffnet war. Räucherstäbchen standen auf dem Holzboden und verströmten einen angenehmen Duft und zehn Yogamatten lagen bereit. Eine Frau, schätzungsweise in den Dreißigern, saß im Schneidersitz an der einzigen Wand, welche eine farbenfrohe Pfauenmalerei zierte. Zum Glück bereitete mich Hannah auf das vor, was mich erwartete. So wusste ich, dass ich meine Schuhe vor dem Shala ausziehen musste. Barfuß und so lautlos wie möglich, ließ ich mich auf einer der Matten nieder. Ich tat es meinem Gegenüber gleich, schloss meine Augen und ließ mich in eine Meditation sinken. Leises Getuschel bewog mich dazu, die Augen nach kurzer Zeit zu öffnen. Die Matten neben mir hatten sich gefüllt. Acht junge Frauen und ein Mann nahmen ihren Platz auf der Matte ein und schauten erwartungsvoll in Richtung der mutmaßlichen Lehrerin, welche nun die Hände vor das Herz nahm, das Wort Namasté sprach und dann langsam die Augen öffnete. Sie ließ ihren Blick durch die Menge schweifen und schenkte jedem von uns ein warmes Lächeln. »Schön, dass ihr da seid. Willkommen zu eurer Reise. Mein Name ist Christina und ich bin eine eurer Ausbilderinnen. Neben mir wird euch noch Kosal unterrichten. Er lebt als Mönch in einem der Tempel und ist Meister der Meditation. Warum möchtet ihr Yoga unterrichten? Bitte stellt euch kurz vor und nennt mir euer Warum«, forderte Christina die Runde auf. Verschiedenste Beweggründe brachte diese Gruppe am anderen Ende der Welt zusammen. Wir kamen von überall her. Amerika, Vietnam, Australien, China, die Niederlande, England und Deutschland. Mike etwa arbeitete hauptberuflich beim Militär. Er wollte die Werte des Yoga nutzen, um seine Soldaten vor posttraumatischen Störungen zu bewahren. Meg reiste seit Jahren um die Welt von Shala zu Shala auf der Suche nach tiefer Spiritualität. Sie arbeitete hauptberuflich in einer riesigen Hotelkette als Managerin. Yoga diente ihr als Ausgleich. Sie war hergekommen, um ein tieferes Verständnis für das zu entwickeln, was sie tat. Alexandra war Ärztin in einem Londoner Krankenhaus, interessierte sich neben der Allgemeinmedizin jedoch für alternative Methoden, um ihre Patienten ganzheitlich zu betreuen. Und ich? Wieso war ich hier? Alle blickten mich neugierig an. Mein Warum kam mir mickrig vor. »Ich bin selbstständige Künstlerin und jeden Tag abhängig von meiner Kreativität. Im Laufe des letzten Jahres verlor ich diesen kostbaren Schatz, da ich ihn für selbstverständlich erachtete. Also machte ich mich auf die Suche, um ihn wiederzufinden. In erster Linie mache ich diese Ausbildung für mich, um meine Balance herzustellen, denn ich habe herausgefunden, dass meine Kreativität stark von ihr abhängt. Ich erhoffe mir, Techniken zu entwickeln, die helfen, Kreativität zu erhalten und zu fördern.« Christina nickte anerkennend. Nachdem die Runde beendet war, klatschte sie begeistert in die Hände. »Schön! Es ist niemand da, um beweglicher zu werden oder bessere Instagram-Bilder zu machen. Das freut mich! Leider wird Yoga heutzutage oft mit einer Sportart gleichgesetzt. Doch es ist so viel mehr. Es ist eine indische Philosophie und man kann sein ganzes Leben damit verbringen, sie zu studieren. Yoga ist keiner Religion angehörig, auch wenn es von vielen Gläubigen praktiziert wird. Yoga unterstützt das Entfernen der Schwankungen deines Geistes. Es bringt Körper, Geist und Seele in Einklang, denn in der Ruhe liegt die Kraft. In den nächsten Wochen werdet ihr sowohl etwas über die Geschichte erfahren, wie auch über die acht Bereiche, die Yoga zu dem machen, was es ist. Ihr werdet eine Einführung in Anatomie erhalten und vieles mehr. Mr. Lin wird euch am Abend einen Stundenplan aushändigen. In dem Stoffbeutel neben euch befindet sich euer Lehrbuch. Hier könnt ihr alles nachlesen, was für euch wichtig ist. Auf der letzten Seite habe ich euch die Lektüre zusammengefasst, die ihr lesen solltet, falls ihr nach der Ausbildung noch tiefer eintauchen möchtet.«

Als ich das Buch durchblätterte, stieg Panik in mir auf. Von neunzig Prozent der Inhalte hatte ich gefühlt keine Ahnung und auf Englisch las es sich noch komplizierter. Das erste Mal seit meiner Ankunft hatte ich Angst, dieser Herausforderung nicht gewachsen zu sein. Ich wollte mich am liebsten sofort verkriechen. Christina schien meine Anspannung zu spüren: »Habt keine Angst, die erste Woche kann erschlagend sein. Ihr alle werdet eine Transformation durchmachen. Es werden Tränen fließen, weil eurer Monkeymind alles versucht, um euch an diesem Prozess zu hindern. Aber ihr alle seid dem gewachsen, wenn ihr einfach nur loslasst und mit Spaß bei der Sache seid, versprochen! Wenn es euch überwältigt, kommt zu mir oder Kosal und wir bringen euren Affen gemeinsam zum schweigen.« Ich saß niedergeschlagen auf meinem Bett und blickte auf das grüne Lehrbuch. Schluchzend blätterte ich es bestimmt zum zehnten Mal durch. Der Unterricht ging erst in zwei Stunden weiter, genug Zeit um mich meinem Selbstmitleid hinzugeben. Obwohl drei Meter weiter am Pool neun Menschen darauf warteten, mich besser kennenzulernen, fühlte ich mich mutterseelenallein. Als wenn acht Stufen des Yogas nicht genug wären, gab es auch noch verschiedene Typen, eine Philosophie welche bis 3.000 Jahre vor Christus reichte, eine Liste von über hundert Asanas inklusive ihrer Wirkung und einem weiteren Kapitel über Anatomie in dem ich kaum ein Wort verstand. Hätte ich das vorher gewusst! Wie sollte das meine Kreativität voranbringen? Ich legte meinen Kopf in die Hände und war unschlüssig, wie es weitergehen sollte. Plötzlich erinnerte ich mich an Hannahs Brief! Vielleicht schenkte er mir den Trost, den ich benötigte? Flink hüpfte ich von meinem Bett zu meiner Tasche und kramte ihn hervor.

»Wenn du das hier liest, hast du das Gefühl, alles wächst dir über den Kopf und du seist dieser Herausforderung nicht gewachsen. Keine Angst! Mir ging es ganz genauso, aber vielleicht hilft dir das: Mutig sein bedeutet nicht, keine Angst zu haben. Mutig sein bedeutet, Angst zu haben, aber es trotzdem zu tun. Du bist nicht allein auf dieser Reise. Nimm die Hilfe deiner Begleiter dankend an, anstatt dich zu vergraben. Glaub mir – wir mussten alle diesen Kampf bestehen. Nach der ersten Woche wollte ich alles hinschmeißen. Gib nicht auf! Die Reise ist es wert! Ich glaube an dich und an dein Ziel! Du rockst es! Deine Hannah« Schmunzelnd klappte ich den Brief zusammen. Er war kurz, aber einprägsam und genau das, was ich brauchte. Hannah kannte mich gut und das nach so kurzer Zeit. Ich griff mein Smartphone und sendete ihr eine Nachricht. Ich war immer noch niedergeschlagen, aber es ging etwas besser.

Ein sanftes Klopfen scheuchte mich auf. Misstrauisch öffnete ich meine Tür einen Spalt breit. Vor ihr stand Meg, sie schenkte mir ein warmes Lächeln. »Ist alles in Ordnung? Du bist nach der Stunde so schnell verschwunden«, fragte sie freundlich. Ich versuchte, meine Unsicherheit zu überspielen, scheiterte jedoch kläglich. »Um ehrlich zu sein, habe ich Angst, dass ich es nicht schaffen werde«, platzte es ohne Vorwarnung aus mir heraus. Meg zog mich aus dem Türrahmen in das glitzernde Licht der Sonne und umarmte mich. »In Indien lehrte mich ein Meister, dass eine Umarmung erst nach fünf tiefen Atemzügen ihre ganze Energie entfaltet«, flüsterte sie und strich mir sanft über den Rücken. Anfangs fühlte ich mich merkwürdig, schließlich kannte ich Meg kaum, doch mit jedem Atemzug beruhigte ich mich mehr und kam auf wundersame Weise zur Ruhe. Als sie sich von mir löste, fühlte ich mich tatsächlich besser. »So solltest du ab jetzt jeden Menschen umarmen, der dir etwas bedeutet«, lachte sie und packte mich aufmunternd an den Schultern. Meg kam gebürtig aus Tasmanien. Seit Jahren bereiste sie nun schon die Welt und lebte so ihren ganz persönlichen Traum. Ihre Haut hatte einen satten Bronzeton angenommen, der ihre fröhlichen blauen Augen und das blonde Haar erstrahlen ließen. Ich schätzte sie ungefähr so alt wie mich. »Wenn du möchtest, helfe ich dir ein bisschen bei den Grundlagen. Ich beschäftigte mich ein paar Jahre damit und weiß, dass es anfangs sehr fordernd sein kann. Aber mach dir keine Sorgen. Du wirst das alles durch die tägliche Praxis verinnerlichen.« Ich nahm ihr Angebot an. Wir setzten uns an den Pool und sie begann, mir die acht Stufen des Yoga und die großen Wege vorzustellen. Ich zückte mein Notizbuch und schrieb fleißig mit.

Die Acht Stufen des Yoga

Im Yoga gibt es acht Stufen, die ein Yogi oder eine Yogini beachten sollte. Die erste nennt sich Yama und befasst sich mit den Verhaltensregeln anderen Menschen und der Natur gegenüber. Darunter fallen Punkte wie Ahimsa (die Gewaltlosigkeit), womit auch die Gewaltlosigkeit mir selbst gegenüber gemeint ist. Du zwingst deinen Körper zu nichts, zu dem er nicht bereit ist. Oder Asteya (nicht Stehlen), womit im Yoga nicht nur Gegenstände gemeint sind, sondern beispielsweise auch die Zeit. Du stiehlst also niemandem die Zeit. Wer etwas nimmt, muss bereit sein, zu geben. Es folgt die Stufe Niyama, welche sich mit den Verhaltensweisen mir selbst gegenüber befasst. Sie beinhaltet Punkte wie etwa Santosha (Dankbarkeit und Genügsamkeit) und Tapas (Disziplin).

Es gibt mehrere Unterpunkte zu jeder der Stufen, doch ist es wichtiger, das System zu verdeutlichen. Mit den tieferen Inhalten sollte man sich befassen, wenn durch diesen Überblick die Neugierde geweckt wird. Yama und Niyama sind demnach Regeln, wie du Yoga im Alltag und abseits von deiner Matte lebst. Danach folgen die Asanas. Sie bringen die meisten Menschen dazu, Yoga zu praktizieren. Asanas sind die körperlichen Übungen. In einem gesunden Körper sitzt ein gesunder Geist, deshalb erhalten und steigern Asanas die Gesundheit. Zudem bereiten sie dich auf das lange Sitzen der Meditation vor. Durch die nächste Stufe – Pranayama – lernst du deinen unregelmäßigen Atem zu zähmen. Pranayamas sind Atemtechniken, die dir ein Tor zwischen Körper und Geist öffnen sollen. Pratyahara lehrt dich, deine Sinne ins Innen zurückzuziehen und die Außenwelt hinter dir zu lassen. Diese Stufe befreit deine Sinne von äußeren Reizen, auf die sie tagtäglich reagieren. Die letzten drei Stufen Dharana, Dhyana und Samadhi werden als Versenkung zusammengefasst. Der Pfad des Yogas hat zum Ziel, dich zu vollkommener Erkenntnis und innerer Freiheit zu leiten.

Der achtstufige Pfad im Überblick

- → **Yama** – Verhaltensregeln im Umgang mit der Natur und anderen Menschen
- → **Niyama** – Verhaltensregeln im Umgang mit uns selbst
- → **Asana** – Körperübungen
- → **Pranayama** – Atemübungen
- → **Pratyahara** – Der Rückzug der Sinne nach innen
- → **Dharana** – Konzentration und Ausrichtung des Geistes
- → **Dhyana** – Meditation
- → **Samadhi** – Vollkommene Erkenntnis, Einheitserfahrung

Zu Yoga gehört also viel mehr als schöne, ästhetische Bewegungen. Das Erreichen ganzheitlicher Freiheit ist vielleicht ein etwas hochgestecktes Ziel, doch wirst du unterwegs jede Menge über dich selbst herausfinden. Dadurch erhältst du die Möglichkeit, festgefahrene Verhaltensmuster zu erkennen und zu ändern. Das geht natürlich nicht von heute auf morgen.

Doch das war noch nicht alles. Es gibt auch noch unterschiedliche Wege, Yoga zu leben. Es geht nicht nur um die Übungen auf der Matte, sondern eben auch darum, wie du es in deinem Alltag einbinden kannst, um Körper, Geist und Seele ganzheitlich zu unterstützen.

Die vier Yoga-Wege

Yoga ist nicht gleich Yoga. Es gibt verschiedene Wege, wie du es in deinem Leben integrieren kannst:

1. *Bhakti Yoga: Das Yoga der Liebe und Hingabe*
   Bhakti Yoga geht einher mit tiefer Dankbarkeit. Yogis, die diesen Weg verfolgen, feiern das Leben in jeder einzelnen Sekunde. In der westlichen Welt könnte man diesen Weg mit Lebensfreude übersetzen. Yogis dieses Weges lieben die Natur und alle schönen Künste.

2. *Karma Yoga: Das Yoga des selbstlosen Handelns*
   Folgst du diesem Weg, so glaubst du fest daran, dass jede von dir gemachte Handlung etwas zur Folge hat. Letztere ist davon abhängig, wie wertvoll und mit welcher Absicht die vorausgegangene Handlung ausgeführt wurde. Wenn du mit bester Absicht und ohne dir selbst Vorteile zu erhoffen, anderen Menschen hilfst und Gutes tust, so werden diese Handlungen eine positive Wirkung auf deinen Geist, deine Seele und dein Bewusstsein haben.
3. *Jnana Yoga: Das Yoga des Wissens / Der Erkenntnis*
   Jnana Yoga bietet dir den intellektuellen Weg. Über das Studium von philosophischen Schriften und Yogabüchern gelangst du zu tiefer Erkenntnis. Indem du das Gelesene praktisch umsetzt, wird in dir ein Prozess der Selbsterkenntnis angestoßen, welcher dazu führt, dass du Wirklichkeit von Unwirklichkeit unterscheiden kannst. Vielleicht hattest du dieses Gefühl schon einmal, wenn du ein Buch aus der Persönlichkeitsentwicklung gelesen hast. Es ist der plötzliche Moment, indem dir etwas über dich selbst bewusst wird, wie zum Beispiel »Ach, deswegen stehe ich meiner Kreativität immer selbst im Weg!«
4. *Raja Yoga: Das Yoga der Geisteskontrolle*
   Mit diesem Weg ist der Königsweg des Yogas gemeint. Dieser Königsweg beinhaltet die acht Stufen des Yoga, welche du eben kennengelernt hast:

   1. Yama, die Haltung gegenüber der Umgebung
   2. Niyama, die Haltung uns selbst gegenüber
   3. Asana, die yogischen Körperübungen
   4. Pranayama, die yogischen Atemübungen
   5. Pratyahara, das Nach-Innen-Ziehen der Sinne
   6. Dharana, die Konzentration
   7. Dhyana, die Meditation und endet
   8. im optimalen Falle in Samadhi, der vollkommenen Erkenntnis.

Behandelst du dich selbst und deine Umwelt mit Liebe, Respekt und übst regelmäßig, so wandelst du bereits auf den Wegen des Raja Yogas. Alle Disziplinen sind streng genommen eine Vorbereitung auf die Meditation, daher darf sie beim Erwählen dieses Pfades nicht fehlen. Manchmal wirst du auch von den sechs Wegen des Yoga lesen, welche Hatha und Kudalini Yoga dazuzählen. Hatha Yoga bildet hierbei den Weg der Körperbeherrschung und soll dich durch eine Mischung aus körperlichen Übungen, Atmung und Meditation ins Gleichgewicht bringen, während Kundalini Yoga sich auf Energien bezieht.

(Falls du tiefer in Yoga einsteigen möchtest: Im letzten Kapitel lege ich ein Literaturverzeichnis für dich an, das meine liebsten Bücher beinhaltet.)

Meg erklärte die Zusammenhänge wunderbar, doch eine Frage förderten ihre Ausführungen in mir zutage. »Das klingt alles plausibel, danke! Aber eins verstehe ich noch nicht. Muss ich mich für einen Weg entscheiden?« Meg nickte anerkennend. »Eine sehr gute Frage! Nein, das musst und sollst du nicht. Egal mit welchem Weg du beginnst oder welches Anliegen dich zu Yoga führt – am Ende kreuzen und unterstützen sich all diese Wege. Und selbst, wenn du einen als Schwerpunkt wählst, wirst du früher oder später über die anderen stolpern.« Ich hatte zumindest ein Fünkchen Hoffnung, doch nicht fehl am Platz zu sein. Am Ende konnte ich dieser Ausbildung sicher die ein oder andere Technik oder Zutat abgewinnen, welche mich meiner Kreativität näherbrachte. Allein, dass es darum ging, Ausgeglichenheit herzustellen, bewies dies. Meg stand auf und klopfte mir beherzt auf die Schulter. »Mach dir keine Sorgen, lass dich einfach auf die Reise ein und genieße sie. Du wirst merken, ganz ohne

Druck wird das Wissen einfach in dich hineinfließen wie in ein leeres Gefäß. Komm, der Unterricht fängt gleich an.« Sie griff meine Hand und zog mich euphorisch hinter sich her.

In der ersten Unterrichtseinheit führte Christina uns in die Geschichte des Yoga ein. Wo es entstand, seit wann es verbreitet wurde und vieles mehr. In der kommenden Zeit starteten unsere Tage um sieben Uhr in der Früh mit einer Meditation und einer darauffolgenden Asana Praxis. Zur heißesten Zeit des Tages hatten wir Theorieunterricht, Anatomie, die korrekte Ausrichtung der Übungen und Sanskrit waren täglicher Bestandteil. Nachmittags und abends ging es nochmals in die praktische Anwendung. Der Unterricht endete täglich gegen 21 Uhr. Trotz ausreichender Pausen, leckerem Essen und jeden Tag mindestens drei Kokosnüssen, war ich nach der ersten Woche völlig fertig. In Momenten, die ich für mich allein verbrachte, babbelte mein Affe unentwegt – »Ich habe dir ja gesagt, du bist dem nicht gewachsen. Diese Herausforderung ist eine Nummer zu hoch für dich. Sie wird dich deine Kreativität kosten, anstatt sie zu fördern.« Meine Gefühlswelt stand Kopf! Mal durchströmten mich Euphorie und Freude, die dann plötzlich in Heimweh, Verzweiflung und Angst umschlugen. Sollte diese gesamte Ausbildung mich nicht eigentlich ins Gleichgewicht bringen? Gerade zog sie mir eher den Boden unter den Füßen weg. Ich dachte darüber nach, alles hinzuwerfen und endlich nach Hause zu fliegen, wo ich hingehörte.

Mittagspause. Ich lag erschöpft auf meiner Yogamatte und blickte hoch zur Decke. Aufgeben oder nicht aufgeben, das war hier die Frage. »Darf ich dich auf ein Wort bitten?« Ich bemerkte nicht, wie Kosal an mich herantrat, dementsprechend erschreckte mich das plötzliche Ertönen seiner

Stimme. Behutsam setzte ich mich auf. Mein Kopf schmerzte. In diesem Moment war ich, wie so oft in den letzten Tagen, den Tränen nahe. »Sicher«, flüsterte ich. »Ich habe eine Geschichte für dich. Hör sie dir einfach an und lass sie auf dich wirken:

Es war einmal ein Esel. Dieser stürzte in einen ausgetrockneten Brunnen. Der Bauer, dem der Esel gehörte, wusste keinen Rat, um das Tier aus seiner misslichen Lage zu befreien. Schließlich dachte er: »Der Esel ist alt. Ich sollte den Brunnen endlich auffüllen damit kein anderes Tier in ihn hineinfällt. Es hat keinen Sinn, meine Energie in die Rettung eines alten Esels zu stecken.« Und so begann er, den Brunnen mit Erde aufzufüllen. Der Esel verstand schnell, was vor sich ging und schrie zunächst voller Panik. Doch nach einer Weile erkannte er, dass ihn dieses Verhalten nicht rettete und er beruhigte sich. Als der Bauer einen Blick in den Brunnen warf, traute er seinen Augen nicht! Der alte Esel schütteltet die herunterfallende Erde ab und trat sie fest. Im Nu erreichte er so den Rand des Brunnens, sprang heraus und rannte davon (Die Geschichte stammt aus dem Buch »Das Glück findet dich dann, wenn du es nicht suchst: Buddhistische Weisheitsgeschichten und Inspirationen für die kleinen und großen Stürme des Alltags« von Khenpo Sodargye).

In unserem Leben ist es ganz ähnlich, nur dass anstelle von Erde eben Probleme auf uns niederprasseln. Doch egal, was auf dich zukommt, du hast die Wahl, wie du damit umgehst. Gerätst du in Panik und wirst begraben oder schüttelst du die Probleme wie Staub ab und nutzt sie zu deinen Gunsten?«

»Woher weißt du, dass es mir nicht gut geht?«, fragte ich Kosal erstaunt. »Nenne es Lebenserfahrung oder wie auch immer du willst, aber ich sehe es in deinen Augen und an deiner Haltung. Lass die Angst hinter dir und genieße all das neue Wissen, das dein Gefäß füllt.« Bisher wechselte ich kein Wort mit dem Mönch. Er wirkte sehr respekteinflößend auf mich mit seiner orangenen Robe, dem kahlgeschorenen Kopf und seiner autoritären Ausstrahlung. Doch jetzt, wo er das Gespräch suchte, konnte ich die Gelegenheit nutzen. »Ich dachte, Meditation und alle anderen Yoga-Elemente bringen meinen Monkeymind zum Schweigen. Gerade habe ich das Gefühl, all dies animiert ihn, noch lauter zu brüllen. Wie kann das sein?« Er lachte herzlich. »Das ist ganz normal! Stell dir die Frage, wie lange du schon meditierst und wie lange du keinen Gedanken daran verschwendet hast. Du lernst aktuell etwas völlig Neues und aller Anfang ist schwer. Stell dir vor, du hast einen Samen in die Erde gesetzt, um einen mächtigen Baum zu pflanzen. Dieser wird nicht von heute auf morgen wachsen. Und warum dein Affe so brüllt? Ganz einfach. Du hast ihn dein Leben lang machen lassen. Jetzt kommst du daher und willst ihm erzählen, dass er keine Macht über deine Gedanken hat oder du entscheidest, was bleiben darf und was weiterziehen muss. Natürlich möchte er diesen Machtverlust nicht hinnehmen. Daher kämpfst du gegen ihn. Durch den Kampf kannst du allerdings niemals frei werden. Er wird dich immer tiefer nach unten ziehen. Buddha schlägt vor, die Gedanken sein zu lassen. Beobachte sie einfach nur. Sehe, wie sie kommen und gehen. Mache dir bewusst, dass sie nicht permanent sind, außer du schenkst ihnen deine Aufmerksamkeit. Durch diese Technik werden sie mit der Zeit weniger und du wirst in den Genuss der Stille kommen. Aber nicht, wenn du heute aufgibst und alles hinschmeißt. Denn zu den verschiedenen Arten der Meditation werden wir erst am Abend kommen.« Die Müdigkeit hatte mich zwar immer noch fest im Griff, aber zumindest emotional kehrte nach unserem Gespräch ein bisschen Ruhe ein. »Danke Kosal! Ich glaube, ohne dich hätte ich aufgegeben.« Er schüttelte den Kopf. »Du gibst nicht auf. Diese Ausbildung bringt dich deinem Ziel näher, Ehrenwort.«

Anstatt mich weiter in meine Emotionen hineinzusteigern, nutzte ich meine Mittagspause, um mit Mr. Lin und Nika über das Brunnenprojekt zu sprechen. Ich wollte dabei sein, wenn ein Brunnen errichtet wurde und ich wollte diese wunderbare kreative Idee nach meiner Ausbildung weiterhin unterstützen. Mr. Lin nahm mein Angebot, Bilder und Videomaterial für seine Organisation anzufertigen, gerne an. Am Sonntag, meinem einzigen freien Tag, würden sie mich mitnehmen. Jobmäßig tat sich einiges, nachdem ich aufhörte, andauernd übers Geld nachzudenken und einfach anfing, Ideen umzusetzen. Auf meine Mails bekam ich jede Menge positives Feedback. Eine große Natur- und Fotomesse buchte mich für Vorträge, sobald ich zurück nach Deutschland kam. Und ich stand in Verhandlung mit einem Verlag, welcher sich mit mir auf das Abenteuer Expedition Kreativität einlassen wollte. Zudem plante ich bereits an Produkten, welche mein Wissen an andere Menschen verbreiten konnten. Alles in allem gab es also gar keinen Grund, die Flinte ins Korn zu werfen. Am Abend stand eine Unterrichtseinheit mit dem Schwerpunkt Meditation auf dem Plan. Ich blickte ihr gespannt entgegen. Vielleicht würde sie meinen Affen und meine Zweifel endgültig zum Schweigen bringen.

»Ihr habt bereits gelernt, dass es sich beim Yoga um ein ganzheitliches Übungssystem handelt, das euch unterstützt, Körper, Geist und Seele ins Gleichgewicht zu bringen. Einige von euch fragten mich, ob sie lieber meditieren oder Yoga praktizieren sollten, doch die Meditation ist ein fester Bestandteil des Yoga. Heute möchte ich euch etwas zum Thema Meditation lehren. Techniken, die euch helfen, euren Monkeymind zum Schweigen zu bringen. Es gibt zahlreiche Meditationen. Meine liebste ist jedoch die Vipassana-Meditation, welche wir uns gleich anschauen werden. Es gibt natürlich immer die Möglichkeit, Mantras in die Meditation einzubinden oder aber, dir einen inneren Raum zu errichten, aus welchem du Ruhe und Kraft schöpfst. Jeder von euch ist unterschiedlich. Daher zieht vielleicht jeder von euch eine andere Art der Einsicht vor. Mancher liebt es, mit dem Gesang von Mantras seine Meditation auszuschmücken, der Nächste zieht es vor, in absoluter Stille zu sitzen. Und wieder ein anderer kann nicht still sitzen und findet einen Zugang zu seiner Innenwelt in Bewegung. Würdet ihr mich bitten, euch Meditation ohne den spirituellen Beigeschmack zu definieren, so lautete meine Definition wie folgt: Meditation bedeutet, deine Aufmerksamkeit von der Außenwelt auf deine Innenwelt zu lenken und völlig im Hier und Jetzt anzukommen. Dafür fokussierst du deine Achtsamkeit auf deinen Atem, welcher dir als Anker gilt. Natürlich kannst du die Kraft der Meditation auch nutzen, um negative Glaubenssätze zu entlarven und dich davon zu befreien. Du kannst sie nutzen, um Dinge zu visualisieren, welche du dir für deine Zukunft wünschst. Nicht umsonst gibt es das Sprichwort »Where the focus goes energy flows«. Nutze die Macht deiner Gedanken für dich statt gegen dich und lerne, welche Energie du aus der Ruhe ziehen kannst durch das Medium der Meditation.«

Kosal sprach mit einer Begeisterung die ansteckte. Meditation bot ein viel größeres Feld als ich zuvor vermutete. Hier jedoch fokussierten wir uns auf einige wenige Optionen. Das war mir mehr als recht. Ich beherrschte lieber eine Meditation richtig als von zwanzig verschiedenen mal irgendwie ein bisschen was aufgeschnappt zu haben. »Okay, los gehts!« Er klatschte begeistert in die Hände. Das Unterrichten bot ihm eine spannende Abwechslung zu seinen Aufgaben im Kloster und diese genoss er in vollen Zügen. »Beginnen wir mit der Vipassana-Meditation, sie ist am wenigstens spirituell und die meisten von euch werden am einfachsten einen Zugang zu ihr finden, da ihr euch keinen Vorurteilen aussetzen müsst, welche sich vielleicht unterbewusst bei euch manifestiert haben.«

Die Vipassana-Meditation

Vipassana bedeutet übersetzt Einsicht. In psychologischer Literatur wird diese Art der Meditation auch sehr gerne als Achtsamkeitsmeditation bezeichnet. Sie ist eine der ältesten indischen Meditationstechniken und zielt darauf ab, die Dinge so zu sehen wie sie sind. Diese Art der Meditation bietet dir einen Weg der Selbstveränderung und Beobachtung. Aber wie kannst du sie auf dich anwenden? Vipassana findet für gewöhnlich in völliger Stille statt. Es gibt jedoch Personen, denen es hilft, Naturgeräusche oder ähnliches laufen zu lassen. Sie sollten dich jedoch nicht davon abhalten, vom Außen ins Innen zu kommen.

Vorbereitung

Nicht jeder Mensch hat die Zeit, sich in den Praktiken des Yogas und der Meditation ausbilden zu lassen oder eine Art mehrtägiges Retreat zu besuchen, in dem ihm die Thematik nähergebracht wird. Wie kannst du die Meditation also bei dir zu Hause ausführen?

Suche dir einen ruhigen Ort und sorge dafür, dass du in den nächsten Minuten nicht gestört wirst.

- ➔ In dem Raum oder an dem Ort, an dem du meditierst, solltest du dich wohlfühlen.
- ➔ Trage bequeme Kleidung und nutze deine Yogamatte oder ein Meditationskissen als Polster.

Am Anfang ist es nicht wichtig, wie lange du in der Meditation verweilst, sondern, dass du es regelmäßig tust, um ein Gefühl für sie zu bekommen. Sind deine Gedanken sehr aufdringlich, so starte mit zwei Minuten täglich und steigere dich immer weiter. Irgendwann sind es dann zehn Minuten und so weiter. Es wird immer Tage geben, an denen es dir nicht gelingt, das ist ganz normal. Dafür solltest du dich keinesfalls verurteilen, sondern diese Gegebenheit frei von jeglicher Wertung annehmen.

Atmung

Deine Atmung dient dir als Anker, um dich loszulösen von Gedanken, die immer wieder versuchen werden, deinen Fokus auf sich zu ziehen.

- → Beginne deine Meditation, indem du eine aufrechte Sitzposition einnimmst, gerne den Schneidersitz. Wichtig ist, dass du die Position länger bequem halten kannst. Sollte ein Schneidersitz nicht möglich sein, kannst du gerne aufrecht auf einem Stuhl sitzen oder deinen Rücken durch das aufrechte Lehnen an einer Wand unterstützen. Sitze gerade, stelle dir dafür einen dünnen Faden an der Krone deines Kopfes vor, der dich sanft nach oben zieht. Rolle deine Schultern zurück, und wenn es sich für dich gut anfühlt, lockere deine Gesichtsmuskeln.
- → Wenn du bereit bist, schließe die Augen und richte deine Aufmerksamkeit auf deine Atmung. Nehme wahr, wie sich deine Bauchdecke beim Einatmen hebt und beim Ausatmen senkt. Spüre, wie dein Atem deinen Körper durchströmt. Stell dir vor, wie jede Zelle deines Körpers beim Einatmen mit frischem Sauerstoff versorgt wird und wie beim Ausatmen Altlasten, die du nun nicht mehr benötigst, abtransportiert werden.

Die Konzentration auf deine Atmung ist eine Übung der Achtsamkeit und dient zugleich als Ablenkungsmanöver für deinen Geist. Liegt dein Fokus auf deinem Atem, hast du keine Zeit, um dir über Sorgen oder Pflichten Gedanken zu machen.

Erweiterung

Diese Meditation kannst du erweitern, indem du verstärkt den Fokus auf das Training deiner Achtsamkeit legst. Dafür absolvierst du alle vorangegangenen Schritte. Daraufhin spürst du in deine einzelnen Gliedmaßen hinein. Wie fühlen sich deine Zehen heute an? Wie die Fußgelenke, die Knie, die Hüften? Lenke die Aufmerksamkeit gezielt von Körperteil zu Körperteil. Nimm wahr und trainiere so deine Konzentration.

Tipps

Vereinzelt wird es vorkommen, dass deine Gedanken dich trotzdem aus dem Konzept bringen. Anstatt aufzugeben, habe ich ein paar nützliche Tipps, die es dir leichter machen, dein Monkeymind zur Ruhe zu bringen:

1. Das Wichtigste ist: Sollten dich Gedanken ablenken, beobachte sie, ohne sie zu bewerten und verurteile dich nicht dafür.
2. Mache dir bewusst: Du bist nicht deine Gedanken. Du bist der weite Horizont und deine Gedanken sind Wolken, die über ihn hinwegziehen. Du entscheidest, welche Gedanken bleiben und welche Gedanken gehen.
3. Zähle bei jedem Ein- und Ausatmen, um deine Aufmerksamkeit fort von deinen Gedanken zu locken. Du kannst Wörter verwenden, um deiner Meditation eine Intention zu verleihen. Oft hast du diese Worte schon unter dem Namen Mantra gehört. Wähle Worte, die für dich persönlich eine tiefe Bedeutung haben. Lass sie zu deinem persönlichen Mantra werden. Wenn du etwas hinter dir lassen möchtest, kannst du bei jedem Einatmen »Lass« und bei jedem Ausatmen »Los« denken. Wenn du dein Leben mit Dankbarkeit und Liebe füllen möchtest, kannst du beim Einatmen »Liebe« und beim Ausatmen »Dankbarkeit« denken. Hier darfst du kreativ werden.
4. Natürlich sollte es in dieser Meditation Raum für Stille geben, doch gibt es immer auch die Möglichkeit, sie zu füllen, zum Beispiel mit deinen positiven Affirmationen, um negative Glaubenssätze umzuschreiben. Hierfür kannst du drei bis fünf Affirmationen im Geiste wiederholen – mindestens fünf mal pro Satz.
5. Schenke dir ein Lächeln. Sicherlich sieht es lustig aus, wenn dich jemand grinsend im Schneidersitz sitzen sieht. Es ist jedoch erstaunlich, was diese kleine Geste mit deiner Gefühlswelt anstellt.

6. Bringe nun leichte Bewegungen in deinen Körper, und wenn du bereit bist, öffne langsam die Augen.

Direkt nach Kosals Erklärung leitete er uns in eine Vipassana-Meditation. Mit dem Trick, mich auf meinen Atem zu konzentrieren, funktionierte es sofort viel leichter. Da mir der Gedanke gefiel, mir selbst ein Lächeln zu schenken, probierte ich es aus. Diese kleine unscheinbare Geste sorgte dafür, dass ich mich glücklich fühlte. Bei jedem Einatmen dachte ich »Liebe« und bei jedem Ausatmen »Dankbarkeit«. Beides verband ich mit Assoziationen. Wofür war ich dankbar? Wem schenkte ich bedingungslose Liebe? Diesmal erzeugte die Meditation Leichtigkeit in mir. Der Mönch erzählte uns von weiteren Möglichkeiten. Er erzählte uns vom Singen von Mantras und erklärte, dass dies vor allen Dingen in einer Gruppe wunderbar sein konnte, wenn man einmal seine Scham beiseite schob. Mantra kam aus dem Sanskrit und bedeutete übersetzt soviel wie »magische Formel«. Es gab Unmengen an Mantras, die zum Großteil auf Sanskrit gehalten waren. Jedes Mantra besaß eine andere Wirkung, wenn der Meditierende es sang oder im Geiste wiederholte. Das wohl bekannteste bildete das »Om«. Wenn man nach den alten Schriften ging, beschrieb es den Urklang des Universums und bewirkte eine Harmonische Schwingung. Man sang es in fast allen Yoga-Stilen am Anfang und am Ende, um sich zu zentrieren und innere Ruhe herzustellen. Das Mantra, welches mich in dieser Unterrichtseinheit am meisten abholte, lautete »Lokah Samastah Sukhino Bhavantu« (Mögen alle Wesen in allen Welten glücklich und frei sein). Es war ein Mantra für den Frieden und bereits tausende von Jahren überliefert. Es erinnerte den Meditierenden daran, dass alle Lebewesen miteinander verbunden waren und er selbst nur Glück erfahren konnte, wenn er ihnen gegenüber Wohlwollen und Liebe zeigte. Traditionell wurde dieser Satz am Ende einer Yoga-Stunde gesprochen, um positive Schwingungen für den Weltfrieden freizusetzen. Was für eine wundervolle Absicht, dachte ich, bevor Kosal spontan verkündete, dass wir es gemeinsam chanten würden. Ich wusste nicht, ob ich das wollte, dachte dann jedoch darüber nach, was wichtige Zutaten für meine Kreativität waren. Ein offenes Mindset stand ganz oben auf der Liste und dies bedeutete auch, offen für Neues zu sein. »Okay, dann gebe ich diesem Hokuspokus halt ein Chance«, dachte ich und forderte meinen Affen auf, den Schnabel zu halten. Der Mönch leitete uns ein weiteres Mal in eine Meditation. Daraufhin sang er das Mantra. Aus seinem Mund klang es wunderschön, satt und schwingend. Nach und nach setzten immer mehr Schüler ein. Erst ein leises Flüstern, das mit jeder weiteren Runde an Kraft gewann. Irgendwann vibrierte der Raum um uns herum und alle sangen aus tiefstem Herzen. Mit jeder Wiederholung schmolzen meine Zweifel. Es machte Spaß und die positive Energie riss mich mit. Als wir den Chant beendeten, hatte ich jegliches Zeitgefühl verloren. Wie lange sangen wir? Wenige Minuten oder doch Stunden? Eines stand fest: Die Melodie und die Schwingung klangen in meinem Körper nach und es war ein gutes Gefühl. Wow, ich musste zu Hause ja nicht gleich magische Mantras auf Sanskrit chanten, aber vielleicht tat es mir gut, in Zukunft öfter zu singen oder mal wieder so zu tanzen als wenn niemand zuschaute? Beides liebte ich und beides tat ich lange nicht mehr, dabei wirkte es ähnlich befreiend. Ich öffnete mich für etwas Neues und mein Körper signalisierte mir plötzlich auf wundersame Weise, dass er etwas Altes vermisste.

Wer dachte, Kosal habe nicht mehr Wissen zu bieten, irrte sich. Er gönnte uns eine halbe Stunde Pause, um uns danach an eine weitere Disziplin – die er als nahezu magisch deklarierte – heranzuführen. Nach allem, was ich heute lernte, konnte ich nicht anders, als dieser Erfahrung mit Spannung entgegenzusehen. »Die letzte Möglichkeit zu innerer Ruhe und zu Balance zu finden, nennt sich »Dein innerer Raum«. Diese Methode bietet dir einen Rückzugsort aus dem stressigen Alltag und zugleich die Möglichkeit, Gedanken, die dich beschäftigen, zu sortieren und loszulassen. Du kannst deinen inneren Raum zudem nutzen, um Ziele und Wünsche zu visualisieren, also dir ganz detailliert vorzustellen, dein Wunsch oder dein Ziel wäre bereits eingetroffen. Diese Technik lenkt deinen Fokus auf den Wunsch oder das Ziel. Und so beginnst du, mehr Möglichkeiten für die Umsetzung wahrzunehmen. Wie bei der Vipassana-Meditation, schenkt dir die Disziplin mehr Klarheit.« Diese Technik lernte ich zuvor von Hannah kennen und lieben. Der Mönch leitete uns step by step an. Und die Reise begann von Neuem.

Dein innerer Raum

- ➔ Nimm eine für dich angenehme Haltung ein. Achte darauf, gerade zu sitzen – gerne im Schneidersitz oder auf einem Stuhl.
- ➔ Stelle dir einen dünnen Faden an der Krone deines Kopfes vor, welcher dich sanft nach oben zieht.
- ➔ Schließe deine Augen.
- ➔ Atme zehn mal tief ein und aus. Zähle gedanklich bei jedem Atemzug – Einatmen 1, Ausatmen 2 …
- ➔ Nun nutze all deine Fantasie und erschaffe dir nur durch deine Vorstellungskraft einen Raum. Dieser soll dein persönlicher Rückzugsort sein. Sorge dafür, dass du dich wohlfühlst. Vielleicht befindet sich hinter der Tür deines Raums eine wunderschöne Lichtung, die von einem riesigen Baum geziert wird, oder ein plätschernder Wasserfall. Vielleicht ist ein sonnendurchflutetes Zimmer mit wehenden Vorhängen. Das bleibt ganz dir überlassen.
- ➔ Male dir deinen Raum so detailliert wie möglich aus. Nutze alle deine Sinne! Wie sieht er aus? Was hörst du? Wonach riecht es? Wie fühlt es sich an, wenn deine nackten Füße den Boden betreten? Werden sie vom Gras gekitzelt? Oder befeuchtet sie eine kühle Schicht Morgentau?
- ➔ Stell dir nun eine Tür vor. Die Tür, die den Eingang zu deinem Raum markiert. Du öffnest sie langsam und trittst ein in deinen Raum. Stelle ihn dir so genau wie möglich und mit all deinen Sinnen vor.
- ➔ Langsam schließt du die Tür hinter dir. All dein Ballast und die Probleme des Tages warten vor der Tür.
- ➔ Lass sie zurück. Du hast nun alle Zeit der Welt.
- ➔ Gönn dir die Ruhe, nach der du dich sehnst.

- → Nimm Platz in deinem Raum, vielleicht in einer bequemen Hängematte, einem Schaukelstuhl oder du lässt dich einfach auf die weiche Wiese sinken.
- → Genieße deine Aussicht, genieße die Ruhe. Dieser Moment gehört nur dir.
- → Deine Gedanken dürfen an dir vorüberziehen genauso wie Wolken über den Horizont ziehen. Du nimmst sie nur wahr und lässt sie ziehen. Ganz ohne Anstrengung, ganz ohne Kontrolle, lass los.
- → Verweile, solange du möchtest.
- → Um deinen Raum zu verlassen, gehe zurück zu deiner Tür, öffne sie und tritt hinaus.
- → Gönne dir einige tiefe Atemzüge und schenke dir selbst ein Lächeln.
- → Bringe nun leichte Bewegungen in deinen Körper und wenn du bereit bist, öffne langsam die Augen.
- → Du kannst jederzeit zurückkehren in deinen Raum, um neue Kräfte zu schöpfen.

Tipps

In deinem Raum entscheidest du, was gemacht wird. Komme zur Ruhe oder wende ihn auch für andere Techniken an. Du kannst ihn nutzen, um Personen, mit denen du im Konflikt stehst, zu vergeben und das Geschehene gehen zu lassen. Du kannst deinem Schattenkind gegenübertreten, um veralteten Glaubenssätzen auf die Schliche zu kommen. Nutze deine Gedanken für statt gegen dich, indem du in deinem Raum positive Affirmationen anwendest, um alte Muster umzupolen.

Visualisiere Ziele und Träume, um sie schneller zu erreichen. Dies funktioniert folgendermaßen:

- → Betrete deinen Raum, setze dich hin und stelle dir vor, wie ein Wunsch oder ein Ziel bereits eingetreten ist. Wie fühlt es sich an, wie reagiert deine Umgebung?

- ➔ Wie wirst du dich fühlen, wenn du es erreicht hast?
- ➔ Was wird deine Familie sagen? Was deine Freunde? Stell dir alles, was dein Ziel, deinen Wunsch betrifft, so genau wie möglich vor.
- ➔ Wie sieht der Weg zur Erreichung deines Ziels aus?
- ➔ Welche Hürden könnten lauern?
- ➔ Was könntest du tun, um es schneller zu erreichen?
- ➔ Wiederhole den Prozess regelmäßig und öffne somit dein Mindset für neue Möglichkeiten.

Die Visualisierung ist ein mächtiges Tool der Motivation, welches dir helfen kann, an einem Ziel festzuhalten und dafür zu arbeiten. Durch sie beschwörst du Gefühle herauf, welche eigentlich erst nach dem Erreichen deines Ziels aufkommen. Nutze sie, um deinen Fokus auszurichten und um dich für Möglichkeiten zu öffnen, die dir sonst vielleicht verborgen geblieben wären. Visualisieren kannst du nicht nur während einer Meditation, sondern auch, indem du beispielsweise ein Vision Board erstellst, welches dir immer wieder aufs Neue dein Ziel vor Augen führt. Dein Gehirn, Bewusstsein und Unterbewusstsein arbeiten am liebsten mit Bildern, daher ist dein Vision Board umso einprägender, wenn du mit Bildern arbeitest.

- ➔ Ein Vision Board ist ein Plakat, das deinen Wunsch oder dein Ziel in Bildern visualisiert.
- ➔ Du verdeutlichst mit ihm nicht nur das Ziel, sondern auch den Weg zum Ziel.
- ➔ Drucke dafür beispielweise Bilder aus dem Internet aus oder bediene dich alter Zeitschriften, aus denen du etwas ausschneiden kannst.
- ➔ Nun klebst du alles auf, was du mit deinem Ziel verbindest.
- ➔ Ein Beispiel: Bei einer Weltreise würde ich ein Plakat in Form einer Weltkarte gestalten. Ich wünsche mir, mit Walen in der offenen See zu tauchen. Nun würde ich nach Bildern von Walen googeln und nach Orten, die diesen Wunsch möglich machen. Das Bild des Wals würde ich dann auf meiner Weltkarte an

diesen Ort kleben. Natürlich würde ich mir Gedanken machen, wie ich dieses Ziel besser erreichen könnte. Gäbe es Möglichkeiten, den Weg dorthin zu erleichtern? Vielleicht könnte ich eine Organisation zum Schutz der Meere unterstützen? Oder dem Anbieter meine Hilfe anbieten? Wenn ich nicht frage, gebe ich mir das Nein selbst, anstatt die Möglichkeit in Betracht zu ziehen, von Außen ein Ja zu erhalten.

→ Hänge dein Vision Board an einen Ort, an dem du es gut sehen kannst, sodass du unterbewusst ebenfalls weiter daran arbeiten kannst.

→ Erweitere es regelmäßig durch neue Ideen. Arbeite mit ihm.

Aufgabe und Anregungen

→ Finde heraus, welche Meditation für dich die geeignetste ist. Nur zu lesen, bringt keine Änderung hervor. Was jedoch eine Änderung erzielt, ist das Ausprobieren und Experimentieren mit den Techniken. Für eine Wirkung von Dauer solltest du auch die Technik dauerhaft in deine Routinen einflechten.

→ Hast du schon einmal visualisiert? Baue dir für eines deiner Ziele ein Vision Board. Dazu kannst du alles auf ein Plakat malen oder kleben, was dir einfällt. Wichtig ist, dass du in Bildern arbeitest. Hänge dir dein Board an einem Ort auf, an dem du es immer wieder siehst.

→ Oder nutze die Kraft deiner Vorstellung, um während der Meditation deine Ziele und Wünsche zu visualisieren. Je öfter du es tust und je genauer, desto fokussierter wirst du.

→ Gönne dir regelmäßig eine Verwöhnkur. Dein Körper ist dein Tempel und er verdient es, gut behandelt zu werden. Für den einen mag es eine Gesichtsmaske oder ein Peeling sein, für den anderen eine Massage. Fühl in dich hinein – du weißt, was am Besten für dich ist.

Die Reise zu meinem inneren Raum gefiel mir. Es erfüllte mich mit Freude, ihn zu gestalten. Bei jedem meiner Besuche veränderte er sich ein bisschen. Mal erschuf ich umherziehende Glühwürmchen, ein anderes Mal einen wunderschönen Schwarm bunter Schmetterlinge. Im Raum der Ruhe lauschte ich meinen Gedanken und fand heraus, wo mein Schuh drückte. Ich nutzte ihn ebenfalls, um Inspiration zu finden, indem ich ihn immer weiter ausschmückte und meiner Fantasie dabei absolute Freiheit ließ. Diese Techniken förderten meine Kreativität und sicherlich boten sie mir noch mehr Möglichkeiten, doch vorerst musste ich darüber nachdenken. Wie ich herausfand, war es wichtig, Ideen Zeit zu geben und das Unterbewusstsein mit weiteren Infos zu füttern. Bei dieser intensiven Ausbildung mangelte es nicht an Informationen. Ich ließ sie weiter auf mich wirken, gönnte mir Ruhe und schaute was geschah, wenn ich die Kreativzutaten und Gegengifte anwandte, welche ich bis hierher entdeckt hatte. Aktuell nutze ich jede Menge von ihnen. Ich fütterte mein Hirn mit neuem Wissen und öffnete täglich aufs Neue mein Mindset, da mir einige Praktiken befremdlich vorkamen. Noch mehr öffnete mich die neue Kultur und die fremden Reize. Jeden Tag prasselte schließlich etwas auf mich ein. Ich trainierte täglich von 7 bis 21 Uhr. Momentan bezog ich wirklich alle Zutaten in mein Leben ein. Wenn ich ihnen etwas Zeit zum Fruchten gab und sie unterstütze, indem ich mit den mir bekannten Gegengiften weiter daran arbeitete, meine Gifte ein für alle Mal auszuspülen, dann geschah Großartiges. Ich spürte es und dies motivierte mich, dranzubleiben, egal wie sehr diese Herausforderung mich an meine Grenzen trieb. Kosal räusperte sich, bevor er erneut das Wort erhob. »Nun habt ihr einen kleinen Einblick in das Thema

Meditation bekommen. Zwei weitere Gedanken möchte ich mit euch teilen, bevor unser Unterricht endet. Ihr habt heute gelernt, wie ihr möglichst viel für eure geistige Gesundheit tut. Doch vergesst hierbei bitte nie, euer Gefäß, welches euch durch das Leben trägt. Orte der Ruhe und des Rückzugs findet ihr nicht nur in euch. Es gibt sicherlich auch Orte in der realen Welt, welche euch Energie schenken. Diese Orte der Ruhe und Kraft solltet ihr aufsuchen, wenn der Alltag euch zu übermannen droht. Es kann ein langer Spaziergang sein oder der Rücken eures Pferdes. Manchmal sind es die Arme eures Liebsten, die euch die Geborgenheit schenken. Ganz egal, welcher Ort es ist, sucht ihn dann und wann auf und tut euch etwas Gutes. Womit ich auch schon zum zweiten Punkt komme. Euer Körper ist euer Tempel. Behandelt ihn so, denn er trägt euch durch das Leben und er muss gesund sein, damit ihr es in vollen Zügen ausschöpfen könnt. Gönnt ihm eine Verwöhnkur, eine regelmäßige Zeit, in der ihr ihm bewusst etwas Gutes tut. Vielleicht wird dies eure tägliche Asana-Praxis oder aber ein ausgiebiges Bad sein. Ihr wisst am besten, was ihr benötigt. Vernachlässigt ihn nicht. Er ist ein Wunder. Ihr seid ein Wunder. Habt eine einen schönen Nachmittag und viel Spaß beim Training mit Christina«, schloss er, brachte die Hände vor sein Herz und verbeugte sich vor uns.

In der Ruhe lag die Kraft. Dieser Satz gewann in Kambodscha immer mehr an Bestätigung. Selbst in den körperlichen Übungen fand ich Ruhe, nachdem ich ihre Abläufe verinnerlichte und sie in meinem eigenen Tempo durchführte. In der Ruhe lag die Kraft, das, was ich zu Anfang für unmöglich hielt, zu erreichen. Kosal lehrte mich meine Zweifel abzuwerfen und ruhig all das Wissen aufzusaugen, das mir auf dem Silbertablett serviert wurde. Mein Gefäß füllte sich, seitdem es mir gelang, den hausgemachten Druck loszulassen und einfach nur wahrzunehmen, was um mich herum geschah. Mein Körper veränderte sich beständig und das in kürzester Zeit. Zu Anfang kostete mich die schwüle Hitze all meine Energie. Jetzt gewöhnte er sich daran und ich floss durch meine morgendlichen Bewegungen – ohne Gedanken an die Wärme, schmerzende Muskeln oder einen Schweinehund, der mich wissen ließ, dass ich doch besser im Bett geblieben wäre. Mit jeder Meditation gewann ich mehr Einsichten. Es arbeitete in mir. Die Zeit verflog. Alle von uns kamen aus fernen Ländern, doch jetzt verband uns etwas Tieferes. Höhen und Tiefen, Erfahrungen und Erkenntnisse, all das schweißte zusammen. Mittlerweile blickte ich dem Ende der Ausbildung mit Trauer entgegen. Heute absolvierte ich meine Asanas allein. Es war Sonntag. Das bedeutete, ein freier Tag stand ins Haus und ich durfte Lin zu einer Familie begleiten, für die dieser Tag ein ganz besonderer wurde. Sie bekamen einen Trinkwasserbrunnen und damit die Garantie auf lebenslanges sauberes Wasser. Was für sie eine absolute Besonderheit und ein Privileg darstellte, gehörte in Deutschland zum Alltag. Wir gingen an den Wasserhahn und zapften uns ein Glas Leben, ohne Angst vor Krankheiten oder davor, dass es uns irgendwann ausgehen könnte. Es war selbstverständlich. Sollte es das nicht überall sein? Sollte sauberes Wasser nicht ein Menschenrecht sein? Sollte man großen Konzernen nicht verbieten, damit krumme Geschäfte zu drehen? Dank der Meditationen stieg selten Wut in mir auf, doch bei diesem Thema kochte sie hoch und ich versuchte nicht, sie zu stoppen. Es war ungerecht und darüber durfte man wütend sein.

Das Tuk Tuk ratterte über unbefestigte Straßen und schüttelte uns durch. Die Menschen, die Wasser am dringendsten benötigten, lebten auf dem Land. »Mr. Lin, was kostet so ein Brunnen eigentlich?« Sein Blick verdüsterte sich. »Ein Brunnen, der eine ganze Familie versorgen kann, kostet etwa 400 Dollar.« Mein Kinnlade klappte nach unten. 400 Dollar für ein ganzes Leben mit sauberem Wasser war in meinen Augen wenig. Wie konnte es sein, dass nicht mehr Menschen spendeten? »Das ist viel weniger als ich dachte«, antwortete ich in nachdenklichem Tonfall. Er zuckte mit den Schultern. »Für viele Familien hier ist das nicht erschwinglich.« Nicht nur ich war aus der Balance geraten. Die ganze Welt verlor ihr Gleichgewicht und geriet ins Taumeln. Die Menschen verloren ihren Sinn im alltäglichen Leben. Geld siegte über Nächstenliebe. Um die Balance wieder herzustellen, musste jeder an sich selbst arbeiten und hier lag das grundlegende Problem. Solange es uns an nichts fehlte und es uns gut ging, sahen wir keinen Sinn darin, etwas zu verändern. Das Elend anderer, egal ob Mensch, Tier oder Natur, ließ sich leicht ausblenden. Ich war nicht besser. Meine Reise startete an meinem persönlichen Tiefpunkt. Zuvor sah ich keinen Grund, an mir zu arbeiten oder etwas für mich zu tun. Es lief ja ... bis zum Kollaps ... bis gar nichts mehr ging. Und dann? War es viel mehr Arbeit alles wieder aufzubauen. Wir sollten lernen, das Gleichgewicht zu erhalten, anstatt es zu zerstören, um im Anschluss verzweifelt nach Wegen zu suchen, es wiederherzustellen. Wie würde es der Welt und den Menschen gehen, wenn jeder an sich arbeitete? Der Mensch war ein Uhrwerk. Wenn in ihm ein Zahnrad zerstört wurde, geriet er außer Kontrolle. Die Menschen bildeten die Zahnräder der Welt. Sie stellte die nächste Stufe des riesigen Uhrwerkes dar, welches aus der Kontrolle geriet, wenn die

Zahnräder gegeneinander arbeiteten anstatt miteinander. Wann erkannten wir diesen Zyklus?

Das Tuk Tuk kam zum Stehen und wir betraten den staubigen Weg. Vor uns befand sich eine aus Bambus gefertigte Hütte. Die sechsköpfige Familie saß im Schatten einer Palme. Sie erwarteten uns bereits. Drei kleine Kinder hingen am Rockzipfel ihrer Mutter und blickten mir scheu entgegen. Die Frau hingegen strahlte vor Freude, während wir uns mit einer Verbeugung begrüßten. Daraufhin führte sie uns zu dem Brunnen. Genau in diesem Moment vollendeten die freiwilligen Arbeiter ihr Werk. Sie traten beiseite und baten den Vater der Familie, ihre Arbeit auf Funktionstüchtigkeit zu prüfen. Er trat an den Brunnen. Die Kleinen versammelten sich aufgeregt um den Hahn. Ihr Papa zählte auf drei und betätigte erwartungsvoll den Hebel. Mit einem lauten Blubbern spritzte Wasser aus der Vorrichtung. Die Kinder quietschten vor Vergnügen und spritzten sich gegenseitig nass. Von der anfänglichen Scheu war nichts mehr zu sehen. Nun trat die Mutter an die Wasserstelle und wusch ein Kind nach dem anderen. Voller Liebe und Fürsorge umarmte sie ihre Kleinen welche ausgelassen mit dem Wasser spielten. Sie hielten ihre winzigen Köpfe unter den Hahn und tranken. Das erste Mal im Leben musste niemand von ihnen das Wasser abkochen oder Angst haben, zu erkranken. Ein kleiner Junge stolperte grinsend in meine Richtung. Beide Hände achtsam zu einer Schale geformt. Vor mir blieb er mit leuchtenden Augen gespannt stehen. Ich sank in die Hocke und beobachtete das klare Wasser in seinen kleinen Händen. Er trank das kühle Nass und mit dem Rest begoss er sein Gesicht. Ich klatschte fröhlich in die Hände. Er erwiderte mein Klatschen und gluckste ausgelassen. Wir spielten, wuschen uns und feierten. An diesem Tag nahm ich mir vor, dankbarer zu sein. Ich lernte, dass nichts selbstverständlich war.

Unter Druck und mit der Überzeugung, dieser Herausforderung nicht gewachsen zu sein, kam ich nach Kambodscha. Der Monat in der Fremde veränderte meinen Blickwinkel. Alles, was ich mir vorstellen konnte, lag im Bereich des Möglichen. Ich legte meine Zettel zusammen und überreichte sie Christina. Damit lag der Theorieteil meiner Prüfung hinter mir. Die Praxis legten wir bereits am Morgen ab. Das war es. Nun hieß es: Warten auf die Ergebnisse. Früher machte ich mich in solchen Situationen verrückt. Ich versuchte, im Kopf durchzugehen, wo ich falsche Antworten gab und sagte mir selbst immer wieder, dass ich nicht genug gegeben habe. In diesem Augenblick jedoch war ich ganz ruhig. Ich hatte mein Bestes gegeben und bekäme heute Abend mein Zertifikat ausgehändigt. Im Übrigen kam ich nicht für das Zertifikat. Ich kam her, um Antworten auf meine Fragen zu finden – und ich fand sie. Innerlich feierte ich nicht meine vollendete Ausbildung, sondern endlich fündig geworden zu sein. Ich sah das Puzzle vor mir in seiner wunderbaren Vielfältigkeit. Meine Reise heilte alte Wunden. Sie löste die Fesseln, die meine Kreativität hemmten.

Wir erhielten die Ergebnisse unserer Prüfungen zwar erst am Abend aber jeder einzelne von uns hatte ein gutes Gefühl. Spontan eröffneten wir eine Poolparty und ließen es uns gut gehen. Ausgelassen schlürften wir Kokosnüsse, aßen Eis und sprangen ins Wasser. Kosal, welcher zu den abendlichen Festlichkeiten aus dem Kloster anreiste, saß in einiger Entfernung und beobachtete uns vergnügt. Irgendwann ließ ich mich auf einer der Liegen nieder. Meg tat es mir gleich: »Geschafft!«, sagte sie fröhlich. »Hätte mir das jemand vor vier Wochen erzählt, hätte ich ihn ausgelacht. Ich glaubte ja nicht mal, dass ich bis zum Ende durchhalten würde«, entgegnete ich. »Aber du hast es gerockt und deine inneren Dämonen in die Schranken gewiesen. Noch ein Grund, stolz auf dich zu sein. Du hast dich der Entwicklung gestellt. Quasi von der Raupe zum Schmetterling«, lachte sie. »Ohne euch hätte ich das nie geschafft«, antwortete ich dankbar. Meg nahm sich in den vergangenen Wochen immer wieder Zeit für mich und erklärte mir die Aspekte des Yogas, die ich nicht direkt verstand. »Es hat nie jemand behauptet, dass du den Weg zum Wachstum alleine gehen musst, oder?« Ich schüttelte den Kopf. Den Weg zum Wachstum. Das klang toll und es stimmte. Ich verließ diese Ausbildung als jemand anderes, denn ich gewann aus dieser Erfahrung Selbstbewusstsein und so viel mehr. Ich traute mir mehr zu und wies mich nicht länger selbst in die Schranken. »Und? Hat dich die Ausbildung deiner Kreativität nähergebracht? Ich weiß noch, als du dich damals vorstelltest und der gesamten Gruppe von deiner Idee erzählt hast. Ein spannender Ansatz. Mich interessiert, was daraus geworden ist.« Auch wenn die Antwort ja lautete, dachte ich einen Moment darüber nach. »Auf jeden Fall. Bevor ich herkam, zweifelte ich stets an mir selbst und an meinen Vorhaben. Nicht selten reduzierte ich mich. Hier lernte ich Selbstreflexion, ich lernte mich anzunehmen, wie ich bin. Ich lernte, dass ich nicht meine Gedanken bin und dass ich entscheiden kann, welche Gedanken mich beeinflussen und welche nicht. Jetzt magst du dir die Frage stellen, was das alles mit Kreativität zu tun hat. Kreativität hängt so stark damit zusammen, was wir von uns denken und wie wir uns wahrnehmen. Denn dieses Denken wirkt sich auf alles aus. Auf uns, auf unser Umfeld, also so ziemlich auf alle Dinge, die unsere Kreativität beeinflussen. Sie ist abhängig von einem sensiblen Gleichgewicht und hier lernte ich, dieses Gleichgewicht in mir selbst herzustellen. Wenn ich zu Hause bin, würde ich aus allem, was ich lernen durfte, gerne Übungen erstellen, die nicht nur mir helfen, kreativ zu sein, sondern vielleicht auch anderen Menschen. Aktuell müssen die ganzen Informationen aber erstmal sacken. Ich komme mir leicht überladen vor.«

»Das klingt unglaublich toll! Ich finde es großartig, dass du nicht nur dir mit deinem erlangten Wissen helfen möchtest. Eine schöne Idee, die gleichzeitig die Philosophie des Yogas aufgreift. Denn wenn alles zusammenhängt, hilfst du dir selbst, indem du anderen Hilfe anbietest«, schwärmte Meg. »Mir hat damals genau diese helfende Hand gefehlt. Jemand, der mir den Strohhalm reicht und mir zeigt, wie ich mich aus meinem kreativen Loch befreien kann. Oder noch besser, wie ich gar nicht so tief gefallen wäre«, antwortete ich und zuckte mit den Schultern. Überraschend trat Christina an den Pool: »Darf ich um eure Aufmerksamkeit bitten!« Kosal trat an ihre Seite und beide grinsten verschwörerisch. »Bitte geht auf euer Zimmer und legt eure festliche Kleidung an. Achtet darauf, dass Schultern und Knie bedeckt sind. Wir habe eine Überraschung für euch. In einer Stunde treffen wir uns am Eingang des Retreats. Seid pünktlich.« Sie zwinkerte uns zu, während Kosal sich landestypisch verbeugte. Gespannt begaben wir uns auf unsere Zimmer und bereiteten uns auf die Überraschung vor.

Niemand verriet uns, wo die Reise hin ging und so beherrschte die gesamte Fahrt über erwartungsvolles Schweigen. Vor einem riesigen in schillernden Farben erstrahlenden Tempel hielten wir plötzlich an. Hauptsächlich griff seine Gestaltung orange, gelb und Goldtöne auf. Das Sonnenlicht ließ alles noch bunter erscheinen. Unzählige Details und filigrane Bemalungen zogen mich ihn ihren Bann. Ich wusste nicht wohin zuerst mit meiner Aufmerksamkeit. Im schattigen Eingang des Bauwerks erwartete uns Kosal. Seine Gewandung passte wunderbar in das Szenario. Ich konnte nicht anders, griff nach meiner Kamera und machte blitzschnell ein Bild. Dieses würde mich für immer an den heutigen Tag erinnern. Nun wurde klar, warum wir Schultern und Knie bedeckt halten sollten, alles andere war den Mönchen, dem Tempel und ihrem Glauben gegenüber respektlos. Langsam erklomm ich die steilen Stufen. Kosal verbeugte sich höflich. »Herzlich willkommen! Folgt mir, bitte.« Ich trat in den Eingang und genoss die wohltuende Frische des alten Gemäuers. Obwohl Sonnenstrahlen durch die Fenster fielen und die Anlage in goldenes Licht tauchten, war es angenehm kühl. Unsere Schuhe blieben im Eingangsbereich. Im Anschluss folgten wir ihm. Vor einer gigantischen Gottesstatue blieben wir stehen. Auf dem Boden saß ein uralter Mann, ebenfalls in orange gekleidet, und meditierte. Christina und Mr. Lin mussten zuvor angekommen sein. Sie saßen im Schneidersitz auf dem Boden und begrüßten uns mit einem sanften Lächeln. »Bitte nehmt Platz«, sprach Kosal, während er sich in den Schneidersitz neben den alten Mönch sinken ließ. »Ich habe freudige Neuigkeiten für euch: Ihr alle habt eure Prüfung erfolgreich abgelegt. Jeder von euch erhält beim Abendessen sein Zertifikat. Sicher fragt ihr euch, was ihr in diesem Tempel macht, oder?« Alle von uns nickten neugierig und entlocktem dem Mönch so ein breites Grinsen. »Ihr werdet eine Segnung meines Meisters erhalten, welche euch Glück auf eurem weiteren Weg schenkt. Auf das ihr euer erlerntes Wissen weise nutzt und es verbreitet, sodass viele Menschen davon profitieren. Bevor ihr nacheinander vor meinen Meister tretet, möchte ich euch noch eine Geschichte mit auf den Weg geben:

Es war einmal ein Wissenschaftler. Dieser unternahm eines nachmittags einen Spaziergang. Die Sonne strahlte vom Himmel und eine leichte Brise brachte den angenehmen Duft blühender Blumen mit sich. An einem Baum machte er Halt und genoss einen Moment der Stille. Plötzlich erblickte er einen kleinen Schmetterling, welcher verzweifelt darum kämpfte aus seinem Kokon freizukommen. Der kluge Mann beobachtete das arme Wesen eine Weile, bis dessen Kampf Mitleid in ihm auslöste. Vorsichtig trat er an den Kokon des Schmetterlings heran, zückte sein Taschenmesser und weitete behutsam das Loch. Durch die weitere Öffnung befreite der Schmetterling sich wesentlich leichter und schneller. Der Wissenschaftler wartete gespannt, bald würde er die ganze Pracht des Wesens erblicken, weil er bereit gewesen war, ihm zu helfen. Doch als es dem Schmetterling endlich gelang, sich von seiner alten Hülle loszueisen, stellte der Mann fest, dass dieses Tier flugunfähig war. Seine Flügel waren viel zu kurz. Er schien nicht vollendet, sogar verkrüppelt zu sein. Enttäuscht beendete der Mann seinen anfänglich so schönen Spaziergang und wandte sich an einen befreundeten Biologen. Dieser schüttelte traurig den Kopf als er die Geschichte seines Freundes hörte. Er erklärte ihm, es sei seine Schuld, dass dieser Schmetterling nie fliegen werde. Schmetterlinge mussten sich den Weg aus ihrem Kokon selbst erkämpfen. Sie benötigten diese Zeit, um sich vollends zu entwickeln und ihre ganze Pracht zu entfalten.

Manchmal brauchen wir die Herausforderung oder gar den Schmerz für unser Wachstum. Wir müssen den Weg alleine gehen, sonst wird es uns nie gelingen, unseren Kokon zu verlassen und uns völlig zu entfalten. Jeder von uns befindet sich in einem anderen Stadium auf diesem Weg. Der eine mag eine kleine Raupe sein, welche sich erst füttern muss, bevor sie ihre Aufmerksamkeit nach innen kehrt, um herauszufinden wer sie wirklich sein möchte. Ein anderer befindet sich bereits im Kokon und steckt inmitten der Transformation. Und wieder ein anderer entfaltet bereits seine Flügel und fliegt los. Nutzt jede Herausforderung als Chance. Auch wenn sie schmerzt, nehmt sie an und lernt daraus. Das Leben ist immer für euch und niemals gegen euch. Wir sind seine Schüler, also lernt aus jedem einzelnen Tag und genießt den Prozess, denn darum geht es.« Die Geschichte des Schmetterlings erinnerte mich an die Geschichte des Esels, mit der Kosal mich damals zum Bleiben besann. Eine wunderschöne Geschichte. Wir sollten weniger auf die Pfade der anderen schauen, sondern eher auf den unseren. Wir sollten bereit sein, jede Situation anzunehmen als das, was sie war: eine Lehre. Ich war mir sicher, ich würde die weisen Worte des Mönches vermissen.

Einer nach dem anderen trat nach vorne und erhielt seine Segnung. Als Nächstes war ich an der Reihe. Kosal lächelte mir entgegen. »Ich bin froh, dass du die Reise angenommen hast. Sie hat gerade erst begonnen.« Der alte Mann neben ihm forderte mich auf, ihm mein Handgelenk entgegenzustrecken. In leisem Singsang flocht er mir einen roten Baumwollfaden um, beträufelte diesen mit Wasser und verbeugte sich. Ich erwiderte die Verbeugung und widerstand dem Impuls einer Umarmung Kosals. Nach dem Besuch des Tempels kehrten wir zurück ins Retreat. Dort wartete ein köstliches Abschiedsbuffet mit Leckereien aller Art auf uns. Wir aßen, tranken einen Haufen Kokosnüsse und Mr. Lin entpuppte sich als leidenschaftlicher Barkeeper. Eine fröhlich gelöste Stimmung lag in der Luft, welche Christina nutzte. Sie nahm jeden Schüler für zwei Minuten zur Seite. Als sie an mich herantrat, wedelte sie fröhlich mit meinem Zertifikat. »Gut gemacht! Du hast es geschafft und das, obwohl du dir selbst im Weg standest. Aber ich glaube, das hast du in den letzten Wochen gelernt. Egal wofür du diese Ausbildung nutzen wirst, sie wird Früchte tragen, das hab ich im Gefühl!« Sie umarmte mich liebevoll und überreichte mir feierlich meine Auszeichnung. Die 200 Stunden umfassende Ausbildung lag hinter mir. Sie beinhaltete jede Menge Höhen und Tiefen, viele Momente, an denen ich nicht so recht an mich glauben mochte, welche jedoch von den Augenblicken der Erkenntnis übertrumpft wurden. Dass es Morgen zurück nach Deutschland ging und damit zurück in die Arme meines Freundes, realisierte ich noch nicht. Wahrscheinlich wurde es mir erst klar, wenn ich im Flieger saß. Es fiel mir schwer, meine Gefühle einzuschätzen. Auf der einen Seite spürte ich Trauer, dass diese spannende Reise ihr Ende fand und ich all diese wunderbaren Bekanntschaften hinter mir ließ. Würden wir uns jemals wiedersehen? Ein Versprechen gab es nicht. Auf der anderen Seite freute ich mich auf meinen Schatz. In den stillen Momenten vermisste ich ihn immerzu. Dieses Vermissen würde bald ein Ende finden. Aber inwiefern hatte ich mich verändert? War ich zu Hause wirklich zu Hause? Ich würde es herausfinden. Der Abschied jedes einzelnen war tränenreich. Doch Meg lebewohl zu sagen, brach mir schier das Herz. In den letzten Wochen hatte sie sich eingeschlichen und blitzschnell war sie, wie zuvor Hannah oder Alfredo, eine sehr wichtige Person in meinem Leben geworden. »Ich hoffe, wir sehen uns irgendwann wieder!«, flüsterte ich und umarmte sie für fünf tiefe Atemzüge, so wie sie es mich lehrte. »Sister from another Mister«, lachte sie, während ihr Tränen in die Augen stiegen. Sie, Kosal, Mr. Lin, Christina und Nika, hatten ebenfalls einen Blick in mein vorläufiges Buch werfen dürfen. Schließlich fütterte ihr Wissen es mit weiteren Inhalten. Ich wollte, dass sie um ihre wertvolle Mithilfe wussten und so schenke ich jedem von ihnen eine leeres Notizbuch, geschmückt mit Bildern der letzten Wochen und jeder Menge Platz für ihre eigenen wertvollen Erkenntnisse. »Ich habe was für dich, womit du mich so schnell nicht vergessen wirst«, flüsterte ich und überreichte Meg vorsichtig ein leeres Notizbuch. Sie nahm es entgegen wie das prächtigste Geschenk, welches sie je bekommen hatte und lachte zuerst über unsere lustigen Poolselfies, welche ich als Aufhänger eingeklebt hatte. Dann entspannte sich ihre Miene und sie blickte direkt in meine Seele. »Du bist großartig! Das habe ich dir von Anfang an gesagt. Wenn du dein Buch nicht fertig schreibst, fliege ich persönlich nach Deutschland und fessle dich an den Schreibtisch.« Sie blätterte achtsam weiter und begutachtete die Fotos staunend. »Vielleicht sollte ich dann absichtlich kein Buch schreiben, damit du mich besuchen kommst«, entgegnete ich zwinkernd. Dann wurde meine Miene ernst. »Oder du kommst mich besuchen, wenn du die letzten Seiten des Buches gefüllt hast. Ich würde mich freuen, deine Erfahrungen zu lesen.« Es folgten drei, fünf Atemzug lange, tiefe Umarmungen, bevor ich mich loseisen konnte. Kosal nahm das Buch dankend entgegen und gratulierte mir, dass ich dabei war, meinem Kokon zu entfliegen. Zuletzt ging ich zu

Mr. Lin, der mich mit seiner gemeinnützigen Arbeit in den letzten Wochen tief bewegte. »Ich wollte mich bei ihnen bedanken, bevor es morgen nach Hause geht«, sagte ich und überreichte ihm sein Notizbuch. Er schaute mich fragend an, aber schlug es auf. Die kleinen Jungen und Mädchen grinsten ihm von seinem Brunnen aus an. Auf der nächsten Seite winkten seine Mitarbeiter dankbar zu ihm rüber. Ich wollte ihm vor Augen führen, was er für wunderbare Arbeit leistete. »Was ist das?«, fragte er gerührt. »Ich kam her auf der Suche nach Kreativität und fand einen der kreativsten Menschen – Sie. Sie leisten atemberaubende Arbeit und nutzen ihre schöpferische Energie auf ganz fantastische Weise, danke für diese Inspiration«, antwortete ich. Wie in Kambodscha üblich, bedankte sich Mr. Lin mit einer Verbeugung, doch ich ignorierte diese und umarmte ihn. »Dank Ihnen habe ich gelernt, dass ich meine Kreativität nicht nur für meine Selbstverwirklichung einsetzen möchte. Ich möchte wie Sie Gutes tun.« Sein Gesicht zeichnete ein mildes Lächeln. »Dankeschön, ich hoffe, du kommst uns wieder besuchen.« Ich nickte überzeugt. Nächstes Mal würde ich Julian mitbringen. Er sollte all die Wunder am eigenen Leib erfahren. Ich schlug sein Buch auf: »Dieses Buch bietet Ihnen Raum, um weitere grandiose Ideen aufzuschreiben und umzusetzen.« Er zückte einen Stift und schrieb ein Zitat auf, das ich nie vergessen würde:

> »Kreativität ist die Art und Weise, wie ich meine Seele mit der Welt teile.«
>
> *Brene Brown*

10

Die Fesseln lösen

Auf dem Rückflug wurde mir erst richtig bewusst, wie viel ich in Kambodscha lernte. Stellvertretend dafür stand die Geschichte des Schmetterlings, die mir Kosal erzählte. Sie zeigte, wie wichtig es war, sich aktiv mit seinem individuellen Wachstum zu beschäftigen. Entwickelten wir uns als Mensch, so entwickelte sich unsere Kreativität ebenfalls. Wir alle unterschieden uns, was sich auch bei den Gegengiften widerspiegelte. Während der eine unzählige Bücher las, um sich zu inspirieren, unternahm ein anderer dazu lieber eine Kulturreise. Genauso verhielt es sich mit den Giften. Nur weil wir kreativ blockiert waren, bedeutete dies noch lange nicht, dass wir der gleichen Giftmischung unterlagen. Die Gift-Cocktails unterschieden sich, so wie wir uns voneinander unterschieden. Selbst wenn uns das gleiche Gift befiel, hieß dies nicht, dass der Weg der Heilung identisch sein musste. Litten zwei Menschen unter negativen Glaubenssätzen, so half es einer Person vielleicht, diese durch Affirmationen mit der Hilfe von Meditation aufzulösen. Eine andere sprach positive Affirmationen lieber laut vor dem Spiegel aus. Das Ergebnis glich sich, das Heilmittel Affirmation war identisch. Doch die Wege der Nutzung unterschieden sich.

All die Erkenntnisse motivierten mich so sehr, dass ich gar nicht anders konnte als noch mehr Wissen rund um das Thema Kreativität zu sammeln. Leider verfügte das Flugzeug nicht über WLAN. Noch ein Grund mehr, endlich zu landen! Doch bevor ich mich in die Recherche stürzte, freute ich mich unheimlich darauf, ganz viel Zeit mit Julian zu verbringen. In den letzten Wochen vermisste ich ihn fürchterlich. Während ich mir in Gedanken schon das Wiedersehen ausmalte, ertönte die Stimme des Piloten. Bald würde das Flugzeug sein Ziel Frankfurt erreichen. Übermüdet und daher völlig aufgedreht konnte ich die Landung kaum noch abwarten. Unruhig zappelte ich herum, bis mein Sitznachbar mir böse Blicke zuwarf. Mit einem Poltern setzten die Räder auf dem harten Asphalt auf. Der Druck der Bremsen drückte mich in meinen Sitz. An meinem gespaltenen Verhältnis zum Fliegen hatte sich bis heute nichts geändert. Ich fand die Luft im Flugzeug schlimm, Start und Landung aber noch schlimmer. An Turbulenzen war gar nicht zu denken. Nur zwei Dinge ließen es mich immer wieder tun – die tolle Aussicht und die Möglichkeit, unsere wunderschöne Erde in all ihren Facetten wahrzunehmen. Bevor ich das Flugzeug verließ, überprüfte ich mein Handgepäck und schnappte mir mein Notizbuch. Schließlich wollte ich es Julian sofort zeigen.

Eisige Kälte schlug mir ins Gesicht als ich das Flugzeug verließ und in den Transferbus stieg, der die Passagiere sicher zurück ins Terminal beförderte. Es war dunkel, kalt und nass. Der deutsche Winter hatte mich wieder. Bibbernd zog ich meine Jacke enger an den Körper. Wir kurvten eine halbe

Ewigkeit über das Gelände, bis der Bus endlich zum Stehen kam. Ich hatte Glück und musste nicht lange auf das Gepäck warten. Voll bepackt und schnellen Schrittes machte ich mich auf den Weg zum Ausgang. Ein breites Grinsen setzte sich auf meinem Gesicht fest, mein Herz klopfte vor Aufregung und meine Hände wurden etwas feucht. Da stand er mit seinen schulterlangen braunen Haaren und den haselnussfarbenen Augen, lässig an einer Säule lehnend, den Blick auf den Ausgang gerichtet. Als er mich erkannte, glitzerten seine Augen und er warf mir ein warmes Lächeln zu. Mein Herz tat einen Sprung und ich legte noch einen Zahn zu. Ich wunderte mich kurz, als seine Miene sich verfinsterte, doch es war zu spät. Plötzlich tat es einen Knall und ich realisierte, dass ich auf meinen vier Buchstaben gelandet war. Meine Schulter schmerzte. Als ich meinen Blick nach links wandte, erblicke ich die Ursache des Aufpralls. Ein junger Mann hielt sich wackelig auf den Beinen. Um ihn herum lagen Bücher auf dem Boden. Verwirrt blickte ich ihn an, bis mir bewusst wurde, dass wir ineinander gerannt sein mussten. Julian eilte herbei und zog mich auf die Beine. »Alles in Ordnung? Hast du dir was getan?«, fragten beide Männer wie aus einem Mund. Ich konnte nicht anders als laut loszulachen. Das war ja mal wieder typisch! Gegen Tollpatschigkeit hatte meine Yoga-Ausbildung nicht geholfen. »Ja, alles okay, danke. Es tut mir Leid.« Er zuckte mit den Schultern und machte sich hektisch daran, seine Bücher aufzusammeln. »Ich muss los, sonst ist mein Flug weg. Habt noch einen schönen Tag.« Hastig lief er davon und verschwand in der Menschenmenge. Und ich fiel Julian um den Hals. Wie sehr konnte man einen Menschen vermissen? Er zog mich noch enger an sich und drückte mir einen Schmatzer auf die Wange. »Es ist so schön, dass du wieder da bist! Lass uns nach Hause fahren. Ich glaube, wir haben uns viel zu erzählen.«

Zu Hause angekommen kuschelten wir uns auf das Sofa und ich erzählte ihm alles, was ich in den letzten Monaten erlebte. Ganz besonders freute ich mich darauf, ihm mein Notizbuch zu zeigen. Ich kramte in meinem Handgepäck, doch es war einfach nicht auffindbar. Plötzlich wurde mir klar, was wohl geschehen sein musste. Mir wurde schlagartig schlecht, mein Magen zog sich zusammen und ich wollte einfach nur heulen. Julian blickte mich verwirrt an. »Was ist los?«

Ich vergrub das Gesicht in den Händen und schluchzte. »Mein Notizbuch! Es ist nicht da. Ich kann dir ganz genau sagen, was passiert ist. Ich bin so blöd!« Julian stand auf und überprüfte mein Handgepäck. »Bist du sicher, dass es nicht in deinem großen Rucksack ist?« Ich nickte bedauernd. »Ganz sicher, weil ich einfach eine Idiotin bin. Ich hatte es in den Händen, als ich aus dem Flieger stieg. Es muss zwischen die anderen Bücher auf den Boden gefallen sein, die der Typ so hektisch aufgesammelt hat. Es ist weg!«

Meine Enttäuschung war so groß, dass nicht mal Julians Umarmung mir Trost spendete. Ich malte mir aus, wie ich verzweifelt an meinem Laptop saß und versuchte, alles neu aufzuschreiben. Nie und nimmer würde mir alles wieder einfallen. »Okay, ganz ruhig. Steht dein Name in dem Buch oder deine Kontaktdaten?« Ich blickte auf und wischte mir die Tränen aus den Augen. »Ja, die schreibe ich eigentlich immer rein.«

»Dann wird er sich bestimmt bei dir melden, sobald es ihm auffällt.« Ich zuckte mit den Schultern. »Vielleicht schreibt er auch ein Buch mit meinem Wissen als Grundlage.« Julian zog eine Augenbraue hoch. »Gerade eben hast du mir noch von dem Affen auf Koks erzählt und von Gedanken, die man unterscheiden muss. Meinst du nicht, du übertreibst ein bisschen?« Er hatte recht, ich übertrieb. Aber ich hasste es, zu warten und ich hasste es noch mehr, wenn unerwartete Dinge auf mich einströmten. »Willkommen in der Realität«, flüsterte eine gehässige Stimme in meinem Kopf.

»Ich sag dir, was wir machen«, fuhr er fort und stupste mich liebevoll in die Seite. »Wir bestellen jetzt eine Pizza und schauen uns eine Komödie an. Lass uns diesen Tag zu zweit genießen. Ich bin mir sicher, er wird sich bei dir melden.« Es fiel mir schwer, aber hatte ich eine Wahl? Alleine schon Julian zuliebe willigte ich ein. Ich schloss meine Augen und schnaufte einmal kräftig durch. In meinen Gedanken wiederholte ich immer wieder »Lass los«. Dinge loszulassen, die außerhalb meiner Macht lagen, fiel mir schwer. Aber vielleicht wurde mir diese Lektion genau deshalb erteilt. Das beklemmende Gefühl und der Verlust blieben. Doch nachdem ich mir einen Moment gab, beruhigte ich mich einigermaßen.

Drei Tage später klingelte mein Telefon. Eine unbekannte Nummer erschien auf dem Display. Vor Aufregung wäre es mir fast aus den Fingern gerutscht. Ich schnappte hastig nach Luft und stotterte ein »Hallo?!« in mein Handy. »Hallo, spreche ich mit Laura? Hier ist Steve, also der Typ, der dich am Flughafen umgerannt hat.« Ich konnte ein freudiges Quietschen nicht unterdrücken und hüpfte durch den Raum. »Oh mein Gott! Du glaubst nicht, wie sehr ich mich über deinen Anruf freue!« Er lachte. »Doch, ich kann es mir vorstellen. Das Buch ist bestimmt sehr wertvoll für dich, oder? Ich konnte nicht anders und habe es ein wenig durchgeblättert. Deine Erkenntnisse über Kreativität sind super spannend.«

»Oh, danke. Interessiert du dich denn auch für das Thema?«

»Ja, tatsächlich blogge ich sogar darüber. Allerdings weniger über spirituelle Ansätze, sondern eher über die wissenschaftlichen Basics. Deine Ansätze sind toll, aber sie sind schon sehr auf die yogische Philosophie heruntergebrochen. Ich glaube, nicht jeder wird einen Zugang dazu bekommen. Es wäre großartig, wenn du noch Übungen abwandeln würdest, die ... naja, sagen wir, etwas weniger spirituell sind?«

Bei all diesen unerklärlichen Zufällen konnte ich nicht anders, als laut zu lachen. Steve schlug vor, mir das Notizbuch persönlich zu bringen. Und bei der Gelegenheit konnten wir uns über das Thema austauschen und gegenseitig unseren Horizont erweitern. Wenige Tage später schon kam er zu Besuch. Er übergab mir nicht nur mein Notizbuch, sondern brachte auch einige neue Einsichten aus einer mir völlig neuen Perspektive zutage.

So erklärte mir Steve beispielsweise, dass sich Kreativität unter anderem durch Tätigkeiten hervorbringen ließe, die uns Spaß bereiteten und auf die wir gerade Lust hatten. Dabei konnte man seinen Gedanken freien Lauf lassen, unbeschwert sein und sich neuen Eindrücken aussetzen. Ihm war das aufgefallen, als er auf YouTube von einem Musikvideo zum anderen gelang und dabei unglaublich viele Inspirationen sammelte, die er für seine Leidenschaft, das Zeichnen, verwenden konnte. Eigentlich hatte er derlei Unterhaltung immer als Zeitverschwendung angesehen und lieber etwas Produktiveres getan. »Manchmal ist es aber wichtig, dem Kopf Freiheit zu geben, um aus allen Eindrücken, dem eigenen Wissen und der

Erfahrung etwas Neues zu schaffen. Und davon abgesehen: Wenn wir davon ausgehen, dass wir nur einmal leben, sollten wir dann nicht bewusst auch öfter das tun, was uns Spaß bereitet?« Er warnte jedoch davor, dass man sich dabei nicht einfach treiben lassen solle. »Es muss schon etwas Exklusives sein, denn sonst besteht die Gefahr, dass du dich mit Inspirationen überfrachtest oder dich einfach nur dauerhaft ablenkst – beides bringt dich nicht weiter.« So entstand die Idee, dass er sich regelmäßig bewusst Zeit für eigene Vorlieben nahm, um sich inspirieren zu lassen. Er nannte es *Kreativ-Date*.

Die Zeit verging wie im Flug. Nachdem wir den ganzen Tag Erkenntnisse austauschten und ich mir einiges notierte, tauschten wir unsere Kontakte aus und versprachen, gemeinsam die Welt ein Stück kreativer zu machen. All das, was ich von ihm lernte, musste ich nun erst einmal mit den Lehren vereinen, die ich zuvor auf meinen Reisen sammelte.

Die Idee mit dem Kreativ-Date gefiel mir. Denn je länger ich darüber nachdachte, desto klarer wurde mir, dass es mir ähnlich ging. Wie oft hatte ich mich schon durch vermeintliche Ablenkung inspirieren können? Aber doch schwang immer ein schlechtes Gewissen mit, dass man, wie Steve es nannte, in diesem Moment nichts Produktives tut. Vermutlich wurde uns das von der Leistungsgesellschaft so indoktriniert. Das machte mich nachdenklich. Wieso sollte man immer produktiv sein? Selbst die Suche nach Kreativität ist in gewisser Form etwas Produktives. Kann man denn nicht einfach mal so etwas tun, worauf man Lust hat – ganz ohne Ziel. Einfach Ja sagen, zu dem, was man sich wünscht? Dieser Erwartungsdruck störte mich schon immer. Und apropos Erwartungsdruck: Funktionierte Kreativität denn nur im

Großen? Sollte sie uns nicht vor allem erfüllen und Spaß machen? Wenn wir in einem Loch feststeckten oder merkten, dass der Druck zu groß wurde, konnte dann das kreative Schaffen im Kleinen, große Wunder bewirken? Vermochte sie unsere Leidenschaft herauszukitzeln? Konnte sie uns verdeutlichen, dass es neben der Idee und der Umsetzung vor allem um den Weg und den Spaß daran ging? All diese Überlegungen ließen mich nicht mehr los. Und je mehr ich darüber nachdachte, desto klarer wurde mir, dass ich daraus Aufgaben formulieren musste.

Das Kreativ-Date

Um kreativ richtig aufzublühen, ist es ratsam, immer wieder auf die Zutaten der Kreativität zurückzugreifen. Wie sollte dies besser gehen als bei einem persönlichen Date mit der eigenen Kreativität? Bei jedem Date ist es möglich, eine oder mehrere Zutaten gezielt zu fördern. Damit die kreative Quelle richtig ins Sprudeln kommt, ist eine regelmäßige Verabredung wichtig.

Wie wäre es, wenn du dich regelmäßig (z.B. einmal die Woche) für mindestens eine Stunde mit deiner Kreativität verabredest, um dich ihrer Pflege und der Zutaten bewusst zuzuwenden? Vielleicht glaubst du, dafür keine Zeit zu haben. Aber du bist die Person, die ihre Prioritäten selbst legt. Eine Stunde in der Woche nur für dich und deine Kreativität – ist das wirklich nicht machbar? Stell dir vor, du reduzierst jeden Tag deine Zeit im Internet für zehn Minuten, dann hast du sehr schnell eine Stunde gespart.

Wie sieht so ein Kreativ-Date aus? Lausche in dich hinein. Dein innerer Künstler weiß, was deiner Quelle gut tut. Vielleicht ist es in dieser Woche ein Spaziergang durch den Wald und in der nächsten ein Disneyfilm. Wichtig ist, dass du diese Zeit nur mit dir verbringst, allein. Stelle dir einfach nur die Frage, was du gerne machen möchtest. Es muss weder vernünftig sein, noch muss es dich zu einem Ergebnis führen. Der Fokus liegt darauf, dass es dir gut tut.

Ideen für dein Kreativ-Date

- ➔ Ein Eis essen gehen
- ➔ Einen deiner Lieblingsfilme schauen
- ➔ Ein Buch lesen
- ➔ Ein Bild malen
- ➔ Eine Wanderung oder einen Spaziergang machen

- → Sport machen (und dabei z.B. eine neue Sportart ausprobieren)
- → Etwas tun, das du als Kind gerne gemacht hast

Aufgaben

- → Notiere mindestens fünf eigene Ideen für Kreativ-Dates
- → Nimm dir regelmäßig Zeit für deine Kreativ-Dates

Ja sagen

Wie oft sagst du zu dir und dem, was dir Spaß macht, ja? Oftmals hängen wir im Alltag fest. Eigentlich hättest du Lust, eine Runde durch den Wald zu spazieren, aber... Du würdest gerne mal wieder ein Bild malen, aber... Schon immer einmal wolltest du in einem wunderschönen Kostüm einen Kostümball besuchen, aber...

Uns fallen Tausende Gründe ein, es nicht zu tun. Wie wäre es, wenn wir stattdessen lieber versuchen, Gründe zu suchen, um es zu tun? Wie würde es sich anfühlen, wenn wir zu unseren Träumen und Wünschen Ja sagen? Könnte das Ja nicht bedeuten, sich zu öffnen und damit gleich mehrere Zutaten unserer Kreativität mit Energie zu versorgen? Wäre es nicht schön, den Alltag durch ein Ja hier und da abwechslungsreicher zu gestalten? Lerne im Hier zu leben statt dich immer auf das Morgen vorzubereiten.

Aufgaben und Anregungen

- → Schreibe dir eine Liste mit mindestens fünf Dingen oder Aktivitäten, zu denen du in letzter Zeit Nein gesagt hast.
- → Warum hast du Nein gesagt?
- → Entscheide dich für mindestens zwei, zu denen du in nächster Zeit Ja sagen wirst.
- → Führe sie zeitnah aus. Auch im Kleinen kann ein großer Zauber liegen. Vielleicht ist es nur der Cappuccino mit der besten Freundin oder doch das lang ersehnte neue Fahrrad?
- → Schreibe auf, wie es sich angefühlt hat, Ja zu sagen.
  Sei für dich und nicht gegen dich. Deine Kreativität ist tief verwurzelt mit deiner Selbstwahrnehmung. Wieso sollte sie sprudeln, wenn du Nein zu dir und deinen Wünschen sagst?

»Unsere Wünsche sind Vorgefühle der Fähigkeiten, die in uns liegen. Vorboten desjenigen, was wir zu leisten imstande sein werden.«

Johann Wolfgang von Goethe

Kreativität im kleinen Rahmen

Was würdest du tun, wenn niemand zuschaut? Wenn es nicht darum ginge, ein Bild auf Instagram zu posten oder Freunde und Familie durch deine Künste zu beeindrucken? Was würdest du tun, wenn es nur darum ginge, was dir Spaß macht? Was würdest du tun, wenn es nur um deine Kreativität und dich ginge?

Vielleicht würdest du verrückt durch den Regen tanzen oder eine kitschige Einhorntorte backen. Eventuell würdest du dich drei Tage in deiner Küche einsperren, um mal wieder richtig beim Kochen experimentieren zu können. Oder du würdest dir ein neues Kissen nähen, weil du im Stoffladen nebenan einen total trashigen Fetzen entdeckt hast – und auch wenn du es nie zugeben würdest, du magst diesen Fetzen.

Egal, was es ist. TU ES! Kreative Ideen müssen nicht immer die Welt verändern, sie müssen nicht immer groß und glänzend sein. Manchmal müssen sie einfach nur eins tun – deinen Durst und deine Lust am Erschaffen stillen. Durch das Umsetzen kleiner, manchmal verrückter Ideen werden die Großen von ganz alleine kommen, wenn du bereit dafür bist.

Während ich eine Idee nach der anderen in meinen Laptop tippte, fiel mir immer mehr ein: Es gab so viele Möglichkeiten, der eigenen Kreativität etwas Gutes zu tun. Anfangs blickte ich nur auf die Dinge, die ich auf meiner Reise lernte, doch nun brodelte es in mir. Ich wandelte das Gelernte ab und setzte es zu neuen Techniken zusammen. Die nächste Übung forderte die Fantasie heraus. Sie sorgte für ein offenes

Mindset und dafür, unserer intrinsischen Motivation zu folgen. Ich nannte sie *Die sieben Leben*.

Die sieben Leben

Was würdest du tun, wenn du sieben weitere Leben zur Verfügung hättest? Wärst du Archäologe geworden oder doch Sänger am Musical? Hätte es dich als Wildlife-Fotograf um die Erde getrieben oder hättest du als Chefkoch deine Gäste mit außergewöhnlichen Gaumenfreuden verwöhnt?

Aufgaben und Anregungen

- → Schreibe sieben Tätigkeiten auf, die du tun würdest, wenn du sieben weitere Leben hättest.
- → Gehe deine Liste durch und wähle einen dieser Berufe aus.
- → Verwirkliche diesen Beruf so schnell wie möglich. War es der Wildlife-Fotograf? Keine Angst, du musst dich nicht in den Flieger nach Afrika setzen. Aber wie wäre es, wenn du dem nächsten Tropenhaus in deiner Nähe einen Besuch abstattest? Nur du und deine Kamera auf Expedition nach wunderschönen Echsen und Schmetterlingen? Wenn du davon träumst, Archäologe zu sein, wieso schenkst du dir dann nicht Zeit, um dir eine spannende Ausgrabungsstätte anzuschauen oder einen Vortrag zu besuchen?

Lebe deine sieben Leben in diesem Leben und genieße die Abwechslung. Sie bereichert dich und deinen Ideenreichtum.

Steve schickte mir immer wieder nützliche Links zu Blogs, Videos oder Fachbeiträgen und inspirierende Geschichten über Kreativität. Die nächsten Wochen verbrachte ich damit, alles genau anzuschauen und interessante Personen zu kontaktieren, die dieses Wissen mit anderen teilten. Immer, wenn Julian arbeitete, stürzte ich mich in die Recherche, stellte unzählige Fragen und hörte genau hin, um noch mehr Futter für mein Buch zu sammeln. All die Infos fluteten mich mit Inspiration und das Schreiben fühlte sich unglaublich gut an. Manchmal engten mich die Dunkelheit und die Kälte zu Hause ein. Ich litt unter einem Kulturschock in meiner eigenen Heimat. Doch der Umstand, Julian wieder an meiner Seite zu haben, streichelte meine Seele und beflügelte meinen Fleiß. Er stand hinter mir und als leidenschaftliche Leseratte fand er die Idee eines Buches großartig. Das Treffen mit Steve hatte mein Wissen tatsächlich noch einmal auf ein anderes Level gehoben. Es fiel mir leichter, Zusammenhänge zu sehen und spirituelle Techniken in etwas Alltägliches zu übersetzen.

Doch egal, wie viele Übungen du machst – manchmal reißt das Leben dir den Boden unter den Füßen weg. Was tust du dann? Wie kannst du dich daran erinnern, dass es dir trotzdem gut geht? Wie kannst du dir verdeutlichen, dass diese Herausforderung geschehen musste, damit du daran wachsen kannst? Wie wäre es mit einer Methode, die dir auch in schweren Zeiten dein Sonnenkind näherbringt?

Die Glücksgeste

Nicht selten entscheidet unsere Perspektive darüber, ob wir glücklich sind oder nicht. Jeder von uns sieht die Welt durch eine andere Brille. Jede Herausforderung, der wir ausgesetzt werden, kann aus verschiedenen Blickwinkeln betrachtet werden. Entweder wir lassen die Schultern hängen und geben auf oder wir durchleben sie. Währenddessen dürfen wir sie blöd finden und es darf uns schlecht gehen, aber irgendwann sollten wir sie verarbeiten, daraus lernen, uns entwickeln, loslassen und weiter machen. Wir sollten die Situation nicht auf Dauer unsere Zukunft negativ beeinflussen lassen, weil wir an ihr festhalten. In schweren Situationen leidet die Kreativität, da wir keine Aufmerksamkeit für sie übrig haben und weil wir aus der Balance geraten. Zu schnell rutschen wir ab in unseren Schattenkind-Modus und setzten uns den Giften der Kreativität aus. Dein Sonnenkind betrachtet schwere Situationen milder. Es ist der Optimist in dir, daher hilft es, in ihm zu verweilen, anstatt immer tiefer zu rutschen.

Aufgaben und Anregungen

- Lege dir eine Geste zu, die dir immer wieder dein Sonnenkind ins Gedächtnis ruft, dich also daran erinnert, wie schön das Leben ist und wie viele tolle Momente du bereits erleben durftest. Du kannst zum Beispiel den Zeigefinger und den Daumen aneinander pressen.
- Lass dich in eine Meditation sinken und visualisiere eine wirklich

schöne Erinnerung. Sie sollte so stark sein, dass sie Emotionen des Glücks in dir hervorruft und du allein durch sie bessere Laune bekommst. Diese Erinnerung kannst du mit einem Bild in deinen Gedanken verknüpfen. Bei mir wären es die Kolibris in Costa Rica.

- → Es funktioniert natürlich auch ganz ohne Meditation und egal, wo du gerade bist.
- → Bei regelmäßigem Üben wird es dir bald gelingen, nur durch die Geste an den wunderschönen Moment zu denken und so bessere Laune zu bekommen.
- → Vielleicht ist es für dich einfacher, die Erinnerung mit einem Gegenstand zu verknüpfen, den du immer bei dir trägst. Sei es ein Edelstein als Glücksbringer oder ein Armband, das dich in die Situation versetzt – Hauptsache, es funktioniert.

Diese Übungen helfen dir, düstere Gedanken und Muster zu vertreiben und zu deinem wahren Ich zurückzukommen. So vermeidest du, deine Kreativität immer mehr Giften auszusetzen und verhinderst gegebenenfalls den Absturz in ein kreatives Loch. Nur wenn du mit dir selbst im Reinen bist, kannst du deine Ideen anerkennen und sie umsetzen.

Selbstliebe und Anerkennung

Wie oft glaubst du, dass alle anderen bessere Ideen haben als du? Wie oft klickst du dich durchs Internet und fragst dich: »Wieso bin ich nicht darauf gekommen?« Ganz einfach! Es sind diese Gedanken, die deine Kreativität in die Schranken weisen. Du fokussierst dich auf die Außenwelt und überhörst das leise Flüstern, das dir Ideen liefert, weil du glaubst, nicht gut genug zu sein. Du erkennst deine Arbeit nicht an. Lerne dich anzuerkennen und dich selbst zu lieben. Wenn du mit dir im Reinen bist, wird dein kreativer See nur so sprudeln vor Ideen!

Aufgaben und Anregungen

- → Lerne, dir selbst etwas Gutes zu tun. So schenkst du dir Selbstliebe.

- → Dies können einfache Dinge sein wie eine ausgewogene bewusste Ernährung und ausreichend Bewegung. Bewegung ist ein wahrer Ideenkatalysator. Dein Körper ist dein Tempel und in einem gesunden Körper wohnt ein gesunder Geist, der bereit ist, deine Ideen wahrzunehmen und umzusetzen.
- → Weißt du noch, was ich in Kambodscha gelernt habe? In der Ruhe liegt die Kraft. Und sie ist ein weiterer Ausdruck von Selbstliebe. Spürst du, dass du eine Pause benötigst? Dann nimm sie dir. Solche Pausen müssen nicht lang sein. Vielleicht ist es ein Tee oder ein Kaffee oder eine kurze Meditation?
- → Auf meiner Reise lernte ich, wie wichtig unser Umfeld ist, wenn es um Kreativität geht. Es kann sowohl fördernd als auch hemmend wirken. Unser Umfeld können wir uns nicht immer aussuchen, aber wohl die Menschen, die wir eng an uns heranlassen. Wir haben die Macht, uns von Menschen zu distanzieren, die uns nicht gut tun und uns mit Pessimismus und Negativität vergiften. Wähle dein enges Umfeld gut aus, denn es hat große Einflüsse auf dein Selbstbild und deine Kreativität.
- → Tu Dinge, die dich glücklich machen. Sie sind der verlässlichste Kompass für deine Kreativität.
- → Kennst du deine inneren Monologe? Die Momente, in denen du dich mit dir selbst im Gespräch befindest? Wie gut bist du zu dir? Oder bist du doch gemeiner als du denkst? Lerne, dir freundlich zu begegnen.
- → Sammle deine Momente des Glücks. Wirklich jeder hat sie! Nimm dir abends vor dem Zubettgehen Zeit, deinen Tag Revue passieren zu lassen. Zähle mindestens drei Dinge auf, über die du dich heute gefreut hast und für die du dankbar bist.

Rückschritte vergeben

Schritte zurück gehören im Leben dazu. Kreativität verläuft nie lineal, auch wenn wir uns dies wünschen. So müssen wir manchen Rückschritt machen, um daraus zu lernen. Projekte können scheitern, Erfolge ausbleiben. Statt dich dafür zu verurteilen, nimm die Situation an und vergebe ihr. Vielleicht warst du noch nicht weit genug für dein Projekt, wirst es aber in zwei Jahren sein. Vergibst du dir nicht, wirst du das Projekt vergraben und ihm nie mehr deine Aufmerksamkeit schenken.

Wie du dir vergeben kannst

→ Hier kommt die Macht der Affirmation ins Spiel. Nutze Affirmationen, um dir zu vergeben und dir zu verdeutlichen, was Rückschritte wirklich sind.

→ Affirmationen kannst du auf verschiedensten Wegen nutzen: entweder während einer Meditation, wo du sie mehrmals im Geiste wiederholst – oder indem du sie aufschreibst. Vielleicht sprichst du sie sogar einmal deinem Spiegelbild zu. Wichtig ist, dass du es regelmäßig über einen längeren Zeitraum tust.

→ Bei Rückschritten könnten deine Affirmationen lauten:
  - Rückschritte sind menschlich und gehören zum Leben dazu.
  - Anstatt mich für meine Rückschritte zu verurteilen, vergebe ich mir und lerne daraus.
  - Ich nutze meine Rückschritte, um Erfahrungen zu sammeln und Anlauf zu nehmen.
  - Ich wachse an meinen Rückschritten.

Genauso wichtig wie Rückschritten zu vergeben ist es, Angst und Wut anzunehmen und nicht zu verleugnen. Jemand, der kreativ blockiert ist, behauptet gerne, er sei zu faul oder generell unkreativ. Aber das stimmt nicht! Oft ist es Angst, Wut, oder eine andere negative Emotion, die uns blockiert und vergiftet. Anstatt die Gefühle zuzulassen, drängen wir sie beiseite. Richtig fließen kann unsere Kreativität jedoch nur, wenn wir in uns aufräumen und mit uns ins Reine kommen. Sich faul oder unkreativ zu nennen, obwohl man durch Trauer blockiert ist, ist grausam, denn man verurteilt sich damit zu Unrecht.

Frei von Angst, Wut und negativen Emotionen werden

Befreie dich von den Gefühlen, statt sie in dir zu vergraben, wo sie gären und immer weiter wachsen, bis sie dich völlig lähmen. Zuerst ist es wichtig, dass du dir klar darüber wirst, warum diese Gefühle in dir wohnen. Wo kommen sie her? Hier macht es Sinn, deinen negativen Glaubenssätzen auf den Grund zu gehen. Nutze Meditationen, Affirmationen und die Arbeit mit deinem Schattenkind. Lerne, dir achtsam zuzuhören. Zuhören können wir uns am besten, indem wir die Außenwelt aussperren.

Digital Detox

Es ist erstaunlich, wie wichtig das Internet in so kurzer Zeit für uns geworden ist. Wie viel Zeit verbringst du pro Tag an deinem Smartphone? Ist es nützliche Zeit oder dümpelst du einfach nur online vor dich hin? Schaust du dir an, was andere machen, wie erfolgreich sie sind, wie toll und sorgenlos ihr Leben auf Social Media zu sein scheint? Denk immer daran, all diese Menschen zeigen nur das, was sie zeigen wollen, nicht mehr und nicht weniger. Das Internet ist über die Jahre zu einem wahren Kreativkiller herangewachsen. Versteh mich nicht falsch, wenn es richtig genutzt wird, kann es ein starkes Medium für die eigene Kreativität sein. Aber Fakt ist, oft verplempern wir unsere Zeit damit. Wie wäre es also, einmal in guten alten Zeiten zu schwelgen und das Internet auszusperren? Wie wäre eine Digital-Detox-Kur? Ich verspreche dir, dies ist der reinste Wellnessurlaub für deine Kreativität. Schiebe die lahmen Ausreden beiseite und versuch es.

Aufgaben und Anregungen

- ➔ Eine Stunde am Tag reicht schon. Entweder morgens nach dem Aufstehen oder abends vor dem Schlafen gehen.
- ➔ Schalte dein Smartphone aus in Zeiten, in denen du fokussiert arbeiten möchtest oder lege es in einen anderen Raum.
- ➔ Du hast Freunde zu Besuch? Übe dich in Achtsamkeit und widme dich nur ihnen und nicht dem, was gerade online passiert.

- → Lege Zeiten für das Internet oder mindestens für Zeitvertreibe wie Social Media fest.
- → Wenn du deiner Kreativität einen richtigen Wellnessurlaub ermöglichen möchtest, schalte dein Smartphone mehrere Tage aus ... Die Online-Welt wird es dir verzeihen. Besser mal nichts posten als irgendwelche nutzlosen Inhalte.

Die Flamme meiner Kreativität loderte. Vorsichtig öffnete ich meinen Laptop, kochte mir einen leckeren Tee, zündete Kerzen an und mummelte mich in meine liebste Wolldecke. Kalter Regen klatschte gegen die Fenster meines Ateliers, doch ich merkte nichts davon. Völlig vertieft las ich mein selbst geschriebenes Buch über die Suche nach den Zutaten der Kreativität. Mit den neuen Erkenntnissen war es an der Zeit, das letzte Kapitel zu verfassen. Danach wollte ich meinem Verlag eine Leseprobe zusenden. Aber eins nach dem anderen. Meine Gedanken schweiften von Argentinien über Costa Rica bis nach Kambodscha und dem Treffen mit Steve. Ich durchlebte Situationen zum zweiten Mal und tauchte ab in meine eigene, sich stetig entwickelnde, Gedankenwelt. Die Worte »Löse deine Fesseln« sickerten wie von alleine zu Papier. Denn darum ging es, die Kreativität war immer ein Teil von uns. Nur fesselten wir sie durch ungesunde Gewohnheiten und viele andere Gifte, die zusammentrafen.

11

Folge deinem Herzen, es kennt den Weg!

Es klopfte an der Tür meine Ateliers. Julian schob seinen Kopf durch einen Spalt: »Hast du kurz Zeit?«

Es fiel mir schwer, meine Freude zu überspielen: »Aber klar! Übrigens, ich glaube ich hab es! Ich habe ein ganzes Buch geschrieben!«

»Ich bin stolz auf dich«, erwiderte er und trat in den Raum. In den Händen hielt er einen Stapel Briefe. »Wenn ich das richtig sehe, möchtest du diese Briefe so schnell wie möglich lesen.«

Ganz oben auf dem Stapel war ein Brief aus Argentinien, er war von Hannah. Ein weiterer von meinem Freund Alfredo und weitere Briefe aus Kambodscha und Tasmanien. Ich schaute ihn mit großen Augen an.

»Anscheinend wirst du vermisst«, sagte er und zwinkerte mir liebevoll zu.

Es schien, als hinterließ ich tatsächlich einen bleibenden Eindruck. Zuerst widmete ich mich Hannahs Brief. Sie übersendete mir liebste Grüße aus Argentinien und schickte mir ein Foto von sich auf dem Gletscher. Im Hintergrund winkten Paul und Adam freundlich.

»Hi, was macht dein Buch? Ich warte ganz gespannt auf ein Exemplar. Ich habe wirklich das Gefühl, dass unsere Wege sich kreuzen mussten. Ohne dich hätte es mich wahrscheinlich nicht nach Argentinien verschlagen. Was für ein atemberaubendes Land. Und das Eis! Dein Weg hat mich wirklich inspiriert und mich darüber nachdenken lassen, wie ich meine Kreativität nutzen möchte. Mein Herz schlägt, seit ich denken kann, für die Musik. Und auch wenn ich noch nicht genau weiß, wo meine Reise mich hinführen wird, so weiß ich, dass ich auf jeden Fall die Musik als Kanal nutzen möchte. Wenn wir uns wiedersehen, werde ich mein Notizbuch mitbringen und dir zeigen, was ich gelernt und erlebt habe. Bis dahin wünsche ich dir von Herzen nur das Beste und warte gespannt auf deine Antwort. Fühl dich gedrückt, deine Hannah.«

Gänsehaut lief meinen Rücken herunter. Wenn ich nur einen Menschen inspirierte, bewegte ich bereits mehr als jemals gedacht. Vor drei Monaten wusste ich nicht einmal, was Kreativität genau bedeutete. Ich konnte es kaum erwarten, die anderen Briefe zu lesen. Als Nächstes nahm ich mir die Zeilen von Meg vor. Sie war zurück in Tasmanien, ihrer Heimat. Nachdem sie die Ausbildung abschloss, fiel ihr auf, wie sehr ihr das wunderbare Umfeld ihrer alten Heimat in den letzten Jahren ihrer Reise fehlte. Anfangs fühlte sie sich frei, doch ihr wurde bewusst, dass das stetige Unterwegssein sie auslaugte. Es war Zeit, sich eine Pause von den nicht abreißenden Eindrücken zu gönnen und wirklich zur Ruhe zu finden. Sie nutzte ihr Notizbuch, um all das, was sie in den letzten Jahren erlebte, in Worte zu fassen. Mein Herz sprang vor Wärme, als ich ihre liebevollen Worte zusammenfaltete und mich dem nächsten Brief widmete.

Mr. Lin, Nika, Kosal und Christina schrieben mir zusammen. Sie legten Bilder der neu errichteten Brunnen bei und berichteten mir, wie ihre kreative Lebensaufgabe voranging.

»Die Zeit vergeht schneller, wenn man in guter Gesellschaft ist. Wir vermissen dich und die gesamte Yogaklasse. Es wird dauern, bis wir uns daran gewöhnt haben, euch nicht mehr jeden Tag um uns zu haben. Wir hoffen aber, dich bald wieder begrüßen zu dürfen. Gestern Abend saßen wir zusammen und unterhielten uns über weitere Ideen für das Projekt hier in Kambodscha. Ehrlich gesagt war uns nicht bewusst, dass wir an einem kreativen Projekt arbeiten, bis du erklärt hast, was kreativ sein bedeutet. Kreativität verbanden wir mit Künstlern oder Erfindern, nicht aber mit unserem Hilfsprojekt. Mittlerweile bauen wir nicht nur Brunnen. Die Organisation reist nun auch in Schulen und lässt Kinder durch Ärzte untersuchen und behandeln. Wir helfen jungen Frauen dabei, ihre Körper besser zu verstehen, denn dies ist in Kambodscha leider ein Tabuthema. Doch nur die Mutigen können etwas bewegen und wir haben das Gefühl, unser Rad gewinnt an Fahrt. Bei deinem nächsten Besuch würden wir dir gerne die Fortschritte zeigen und vielleicht möchtest du unser Projekt weiter durch deine Tätigkeit als Fotografin unterstützen? Wir würden uns sehr darüber freuen. Danke, kleiner Schmetterling! Namasté – Christina, Nika, Lin und Kosal.«

Irgendwann würde ich zurückkommen, um sie bei diesem großartigen Projekt zu unterstützen. Das nahm ich mir in diesem Moment fest vor. Sie nutzen ihre Kreativität und machten die Welt durch ihr Schaffen zu einem besseren Ort. Besser konnte man diese mächtige Energie meiner Meinung nach nicht ausschöpfen. Was würde die Welt für ein Ort sein wenn jeder seine Kreativität zum Guten einsetzte? Ich würde das Projekt vorläufig aus der Ferne unterstützen. Spenden sammeln um sie bei ihren Vorhaben zu unterstützen, das konnte ich auch von hier.

Einen Umschlag hielt ich noch in den Händen. Zugegebenermaßen war ich auf diese Zeilen am gespanntesten. Wie ging es Alfredo? Ich öffnete vorsichtig den Umschlag und mir fiel ein Brief sowie ein Bild in den Schoss. Zuerst griff ich nach dem Bild. Es zeigte den braungebrannten Alfredo im Schnee! Hatte der Alte das Dorf tatsächlich verlassen?

»Hallo kleine Schneeflocke, wenn du diese Zeilen liest, bist du hoffentlich wohlbehalten von deiner langen Reise heimgekehrt und hattest Zeit, deine letzten Erfahrungen niederzuschreiben. Nachdem du fort warst, habe ich dein Geschenk genutzt und viele meiner Gedanken aufgeschrieben. Weißt du, hier auf diesem kleinen Eiland ticken die Uhren langsamer. Das dachte ich zumindest, bis mir klar wurde, dass in meiner Sanduhr nicht mehr all zu viele Körner übrig sind. Deine Geschichte von den Schneeflocken und ihrer Einzigartigkeit ließ mich nicht mehr los. In mir wuchs der Wunsch, einmal in meinem Leben Schnee zu sehen, ihn mit meinen eigenen Fingern zu spüren. Ich brauchte nie viel zum Leben und so legte ich regelmäßig Kleingeld beiseite. Was soll ich sagen? Ich zähle es nie, aber es genügte, um mir diesen einen Wunsch zu erfüllen. Ich bin alt und gesund, habe eine wunderbare Familie und lebe am wohl schönsten Ort der Welt, doch durchfließt mich tiefe Dankbarkeit, dass wir uns trafen. Erst durch unser Zusammenkommen wurde mir klar, dass es okay ist, wenn ich mir einen Wunsch erfülle. Nun stehe ich hier grinsend und bibbernd im Schnee (wie kalt es ist, hast du verschwiegen) und denke an dich. Kalter Wind pustet mir um die Nase, während kleine wunderschöne Schneeflocken auf mich niedersegeln. Ich habe eine Lupe eingepackt, sie ganz genau betrachtet – und du hattest recht! Sie sind wunderschön und so unterschiedlich wie du und ich. Doch eins haben sie alle gemeinsam: ihre Einzigartigkeit. Ich werde jeden Tag glücklich auf meiner Bank sitzen, meine Kokosnuss schlürfen und dann und wann meine Reise in den Schnee unternehmen, ohne dafür jemals wieder ein Flugzeug zu betreten. Es ist nie zu spät, um zu träumen.

Übrigens: Wir haben im Dorf eine Schatzkammer eingerichtet. Wenn eine Familie ein paar Münzen übrig hat, zahlen sie diese dort ein, für unsere Kinder, damit sie sich irgendwann, unabhängig von Geld und Status, einen Herzenswunsch erfüllen können. Regelmäßig werden wir unter ihnen auslosen und Wünsche erfüllen. Ich danke dir für die Inspiration. Komm uns bald besuchen, damit ich dir eine Kokosnuss ausgeben kann! In Liebe, dein Alfredo«

Die Tränen standen mir vor Rührung in den Augen. Alle wurden sie auf ihre eigene wunderschöne Weise kreativ. Die Eine verschrieb sich der Musik, während die anderen dabei waren, ihre Zutaten neu zu mischen, wieder andere sorgten für wahre Wunder in Kambodscha und verbesserten die Leben vieler Menschen. Und Alfredo? Auf seine alten Tage erfüllte er sich seinen Herzenswunsch. Er würde, wenn die Zeit für ihn kam, nichts bereuen. Und ich? Ich schrieb ein Buch, das sich mit der Expedition zu meiner Kreativität befasste und am Ende eine Reise zu mir selbst umriss. Die

Einzigartigkeit jedes Einzelnen von uns ließ unsere Kreativität erblühen. Begaben wir uns auf diese Reise, trauten wir uns, zu leben und zu lieben, zu fallen und wieder aufzustehen, zu weinen und zu lachen, unserem Herz zu folgen, zu spinnen und zu fantasieren. So bekam jeder von uns die Möglichkeit, seine eigene Geschichte zu schreiben und sich auf eine Expedition zu begeben, an deren Ende Klarheit und Ideenreichtum wartete.

Die Briefe und Ideen beflügelten mich. Die Kreativität steckte an. Wenige Tage später setzte ich meine lang geplante Bildidee der Kreativlosigkeit um und mit ihrer Umsetzung sprengte ich die letzten Fesseln. Zeitgleich ging das Manuskript an den Verlag. Aus dem Traum, ein Buch über meine Reise zur Kreativität zu schreiben, wurde tatsächlich Realität.

Nun stand ich hier, wenige Monate später und mein Leben hatte sich grundlegend verändert. Es sprühte vor Farbe. Überglücklich und nervös blätterte ich das erste Exemplar meines Buches durch. Schmetterlinge flatterten durch meinen Bauch und ich zitterte, während ich weitere Exemplare in Seidenpapier einpackte und Briefe dazu legte. Ein Exemplar für jeden von ihnen, wie ich es versprochen hatte.

»Hast du fertig gepackt?«, fragte Julian freudig und drückte mir einen Kuss auf die Wange, während er aufgeregt mit den Flugtickets wedelte. Unser erster Halt war Costa Rica. Alfredo dürfte in wenigen Tagen seinen 90. Geburtstag feiern und ich wollte ihm sein Geschenk persönlich überreichen.

Die Zeit ist unser wertvollstes Gut. Am Ende meiner Tage würde ich nicht bereuen, was ich tat, sondern nur, was ich nicht wagte zu tun. Ihre letzten Worte lauteten »Ich habe dich lieb«, doch zuvor flüsterte sie eindringlich: »Folge deinem Herzen, es kennt den Weg.«

Mein Versprechen an die Kreativität

Ich, ..., bin ein kreativer Mensch. Um meine eigene Expedition zu beginnen, mich zu entwickeln und mit Spaß meine Kreativität zu erforschen, verspreche ich, folgende Vorhaben zu realisieren:

Ich verspreche, meine Zutaten zu pflegen und gut zu mir selbst zu sein. Ich werde die Erkenntnisse aus diesem Buch nutzen, um meinen Kreativ-See zu füllen. Ich werde mich selbst besser kennenlernen, den Giften für meine Kreativität auf die Schliche kommen und sie mit Gegengiften aus der Welt schaffen. Ich bin mir bewusst, dass ich im Zuge dessen regelmäßig die Übungen aus dem Buch absolviere, denn es ist wie mit der Kreativität – ohne zu handeln, werde ich keine Besserung erzielen. Mir ist klar, dass Regelmäßigkeit der Schlüssel ist.

Ich verspreche mir, mich dabei nicht unter Druck zu setzen, mir Pausen zu gönnen und mir selbst mit liebevollen Worten gegenüberzutreten.

Ich genieße jeden Tag, jeden Augenblick und jede Sekunde und mache mir bewusst, dass ich wertvoll bin. Ich folge meinem Herzen, denn es kennt den Weg.

Ich gehe diese Versprechen ein und werde mit der Verwirklichung am .... starten.

Datum: Unterschrift:

Zusammenfassung

Die Zutaten des Kreativ-Cocktails

- → Wissen
- → Fleiß
- → Tagträumen
- → Freude
- → Offenes Mindset
- → Neugierde
- → Intrinsische Motivation
- → Fantasie
- → Innere Balance / Ruhe (Gefühle/Gedanken)
- → Herausforderungen
- → Loslassen
- → Fähigkeit zur Selbstreflexion
- → Intuition / Dein innerer Kompass
- → Bewegung
- → Achtsamkeit / Fokus
- → Persönliche Entwicklung / Wachstum
- → Selbstliebe
- → Positive Routinen

Gifte der Kreativität

- Negative Glaubenssätze
- Übermächtiges Schattenkind
- Negative Emotionen
- Depression
- Lethargie
- Verschlossenes Mindset
- Der zu große Realist
- Drang zur Perfektion
- Arbeitssucht
- Stress
- Druck von innen und außen
- schlechtes Selbstbild
- Die Tugendfalle
- Umfeld / falsche Freunde
- Alltagstrott
- Negative Routinen

Meine Gegengifte

- → Positive Affirmationen – Hilft bei negativen Glaubenssätzen, Perfektion, schlechtem Selbstbild, negativen Emotionen. Teste dieses kraftvolle Werkzeug für dich aus und finde heraus, in welchen Bereichen es bei dir die größte Wirkung erzielt.
- → Yoga und Meditation – Hilft bei: negativen Glaubenssätzen, negativen Emotionen, Unausgeglichenheit wie Stress oder Dauerstress, Druck von innen und außen, ist eine positive Routine und lässt weniger Platz für negative Routinen, öffnet das Mindset. Wie bereits erwähnt, können es bei dir auch andere Praktiken sein. Finde heraus, was dich innerlich zur Ruhe bringt, was dich von Stress befreit und was dir hilft, deine Gedanken zu sortieren, zu reflektieren und zu unterscheiden. Vergiss dabei nie, dass in einem gesunden Körper ein gesunder Verstand ruht, weshalb du immer auch etwas für ihn tun solltest.
- → Positive Routinen – Hilft bei Depressionen, Lethargie, Stress und Dauerstress, negativen Routinen, Druck von innen und außen. Es gibt unzählige Routinen (Spatzieren, regelmäßiger Sport, usw.), die dich in deiner Kreativität unterstützen. Wichtig ist nur, dass sich die Routinen deinem Leben anpassen und nicht umgekehrt, damit sie keinen Stress in dir kreieren und dich am Ende noch in einer Kreativität hemmen.
- → Visualisierung – Super motivierend, um dein Ziel nicht aus den Augen zu verlieren und den Fokus zu bewahren.

Meine Kreativ-Zutaten, Gifte und Gegenmittel

12

Danke

Zuerst möchte ich dir aus tiefstem Herzen danken, dass ich dich mit diesem Buch ein Stück auf deiner kreativen Reise begleiten durfte. Ich wünsche dir, dass deine kreative Quelle vor Inspiration übersprudeln wird und dass es dir durch dein Wissen leichter fällt, die Herausforderungen deines Lebens mit kreativen Ideen zu bewältigen. Du bist einzigartig und das macht jede deiner Ideen besonders. Vor kurzem fragte ich meinen kleinen, elf Jahre alten Bruder, was für Kreativität wichtig ist. Seine Antwort lautete: »Spaß!« In diesem Sinne: Genieße deinen Weg. Der Rest kommt von allein.

Ein Buch schreibt sich niemals alleine. Es stellte mich vor neue Herausforderungen. Ich durchschritt Höhen und Tiefen, war mir manchmal nicht sicher, ob ich diesem Abenteuer überhaupt gewachsen bin. Und doch sitze ich heute vor meinem vollendeten Werk und denke an all die Menschen, die mich auf dieser Reise begleiteten. Zuerst danke ich meinem Verlag, der an mich glaubte und mich einen Roman schreiben ließ, ohne jegliche Sicherheit, dass ich diese Aufgabe bewältigen konnte. Ich danke Nicole, welche mir mit Rat und Tat zur Seite stand, besonders in den emotionalen Momenten. Ich danke meiner Familie, meinen Freunden, Mentoren und meiner Community, weil sie immer hinter mir stehen und mir vergeben, wenn ich mich vier Monate hinter meinem Laptop verstecke, ohne ein Lebenszeichen von mir zu geben.

Im Yoga würde ich nun drei Shantis summen. Mit dem ersten bedanke ich mich bei Lehrern und Mitschülern. Das Zweite richtet sich an Freunde, Familie und Geliebte und das Dritte dankt inneren und äußeren Feinden, die unsere größten Lehrer sind.

Wir planten einen Ratgeber zum Thema Kreativität, doch was entstand, bedeutet mir so viel mehr! Dieses Buch widme ich meiner größten Inspirationsquelle – der Natur. Ich wünsche mir, dass es dich nicht nur kreativer macht, sondern auch sensibilisiert, deine schöpferische Energie für unseren Planeten einzusetzen. Wenn jeder im Kleinen bei sich beginnt, können wir so viel erreichen. Wir haben nur diese eine Erde. Schützen können wir sie nur mit vereinten Kräften.

Meine letzten Gedanken richten sich an meine Oma. Sie weiß es nicht, aber ohne sie wäre dieses Buch nie geschrieben worden. Du hast nie aufgehört meine Reise zu begleiten, denn du hast für immer einen Platz in meinem Herzen.

13

Literatur

Meine eigene Reise machte mir deutlich, dass die Kraft im Handeln liegt statt Tausende von Büchern zu lesen, ohne je das Gelernte umzusetzen. Nichtsdestotrotz findest du hier die Bücher, die meinen Weg begleiteten:

- Julia Cameron: *Der Weg des Künstlers*
- Arun Gandhi: *Wut ist ein Geschenk*
- Konrad Lehmann: *Das schöpferische Gehirn*
- Laura Malina Seiler: *Mögest du glücklich sein*
- Philipp Barth: *Das Buch für Ideensucher*
- James Allen: *Wie wir denken, so leben wir*
- Stefanie Stahl: *Das Kind in dir muss Heimat finden*
- John Strelecky: *Das Café am Rande der Welt*
- Khenpo Sodargye: *Das Glück findet dich dann, wenn du es nicht suchst*
- Dr. Joe Dispenza: *Du bist dein Placebo*
- B.K.S. Iyengar: *Light on Yoga*